*The **Performance of Open Source Applications***

오픈소스 소프트웨어
성능 최적화 보고서

The Performance of Open Source Applications

Edited by Tavish

Front cover photo ⓒMichelle Enemark
Cover design by Amy Brown

The *Performance of Open Source Applications*

오픈소스 소프트웨어
성능 최적화 보고서

초판 1쇄 발행 2014년 5월 21일

엮은이 테이비시 암스트롱
옮긴이 류광
펴낸이 장성두
펴낸곳 제이펍

출판신고 2009년 11월 10일 제406−2009−000087호
주소 경기도 파주시 문발로 141 뮤즈빌딩 403호
전화 070−8201−9010 / **팩스** 02−6280−0405
홈페이지 www.jpub.kr / **이메일** jeipub@gmail.com

편집부 이민숙, 이 슬, 이주원 / **소통·기획팀** 현지환
용지 신승지류유통 / **인쇄** 해외정판사 / **제본** 광우제책사

ISBN 978−89−94506−90−6 (93000)
값 15,000원

제이펍은 독자 여러분의 아이디어와 원고 투고를 기다리고 있습니다. 책으로 펴내고자 하는 아이디어나 원고가 있으신 분께서는
책의 간단한 개요와 차례, 구성과 저(역)자 약력 등을 메일로 보내주세요. jeipub@gmail.com

속도, 정밀도, 그리고 약간의 행운

오픈소스 소프트웨어
성능 최적화 보고서

The Performance of
Open Source Applications

테이비시 암스트롱 엮음 / 류광 옮김

※ 드리는 말씀

- 이 책의 내용은 CC 라이선스(CC BY 3.0)에 따라 사용할 수 있습니다.

- 이 책은 제이펍 출판사의 100번째 도서이며, 이를 기념함과 동시에 오픈소스의 활성화를 위해 특별보급판으로 제작되었습니다.

- 이 책의 로열티는 인권을 보호하고 증진하기 위해 다양한 캠페인을 추진하고 있는 앰네스티 재단에 기부됩니다.

- 이 책에서는 우리말로 이해할 수 있는 용어들은 음차(외국어를 한국어로 옮기지 않고 발음만 표기하는 것)를 최대한 피하고자 노력하였습니다. 기존에 사용하던 용어와 달라서 오는 혼란을 줄이기 위해 최초 표기 시에는 원 단어를 함께 기재하였습니다.
  예 event ➡ 이벤트(×), 사건(event)(○), arena ➡ 어리나(×), 할당장(arena)(○)

- 이 책에 기재한 회사명 및 제품명은 각 회사의 상표 및 등록명이며, ⓒ, ®, ™ 등의 기호는 생략하고 있습니다.

- 이 책에서 사용하고 있는 제품 버전은 독자의 학습 시점에 따라 책의 내용과 다를 수 있습니다.

- 책의 내용과 관련된 문의사항은 역자나 출판사로 연락주시기 바랍니다.
  - 역자: http://occamsrazr.net 혹은 ryu.gwang@gmail.com
  - 출판사: jeipub@gmail.com

차례

제 1 장   크롬의 고성능 네트워킹

_ 일리아 그리고릭(Ilya Grigorik)

제 2 장   SocialCalc에서 EtherCalc로

_ 오드리 탱(Audrey Tang)

제 3 장   Ninja

_에번 마틴(Evan Martin)

제 **11** 장   Warp

_ 가즈 야마모토(Kazu Yamamoto), 마이클 스노이먼(Michael Snoyman),
  안드레아스 보엘미(Andreas Voellmy)

제 **12** 장   생물정보학의 거대 자료 다루기

_ 에릭 맥도널드(Eric McDonald), C. 타이터스 브라운(Titus Brown)

예전에 *Beautiful Code*(2007, O'reilly Media)라는 책을 번역한 적이 있습니다. 페촐드 ^{Petzold}, 커니핸^{Kernighan} 등 유명 개발자, 전산학자들이 자신이 생각하는 코드의 아름다움에 대해 쓴 글을 모은 책이었는데요. 그 책을 제안하고 공동 편집한 그레그 윌슨^{Greg Wilson}은 아마도 "한 가지 주제에 대해 여러 유명·현업 전문가가 쓴 글을 모은 책"이라는 형식에 매료되었나 봅니다. 이후 윌슨은 오픈소스 응용 프로그램의 아키텍처라는 주제를 가지고 에이미 브라운^{Amy Brown}과 함께 비슷한 형식으로 *The Architecture of Open Source Applications* 라는 시리즈를 제2권까지 냈습니다. 본 번역서의 원서인 *The Performance of Open Source Applications*(2013, aosabook.org)는 그 시리즈의 연장선상에 있는 책으로, 제목에서 짐작하 겠지만 주제는 '성능'입니다.

누구나 소스 코드를 읽고 고치고 배포할 수 있는 자유·오픈소스 소프트웨어(F/OSS) 를 옹호하는 사람들 중에는 그것이 "더 옳기 때문에" 옹호하는 사람도 있고 "더 낫기 때 문에"(또는 더 낫게 만들기 쉽기 때문에) 옹호하는 사람도 있습니다. 그리고 제가 보기에 오픈 소스 소프트웨어 생태계는 대체로 후자의 주장에 부합하는 형태로 운영되고 있는 것 같 습니다. "더 낫다"의 중요한 기준 하나가 바로 성능입니다. 하드웨어 속도가 빨라지면서 성 능이 더 이상 중요하지 않게 될 것이라고 말하는 사람들은 예전부터 있었지만, 그런 시절 은 아직도 오지 않았습니다. 대다수의 컴퓨팅 분야에서, 어떤 특정한 기능을 제공하는 소 프트웨어가 단 하나인 경우는 거의 없습니다. 아무도 생각하지 못한 응용 프로그램을 재 빨리 만들어서 반짝 빛을 보는 경우도 있긴 하지만 금세 더 나은 후발 주자에게 선두 자 리를 내주곤 합니다. 그리고 "더 나은"이 "더 빠르거나, 더 작거나, 더 가벼운"을 뜻하는 경우도 많습니다. 게다가 오픈소스 소프트웨어는 기존 독점 소프트웨어의 기능을 재현하는 후발 주자로 출발하는 경우가 많으므로(가장 성공적인 자유/오픈소스 소프트웨어로 꼽히는 GNU/Linux가 바로 그런 예입니다), 성능은 오픈소스 소프트웨어에 특히나 중요한 요인입니다. 그리고 현재의 컴퓨팅이 오픈소스 소프트웨어에 크게 의존하고 있다는 점에서, 오픈소스 소프트웨어의 성능을 주제로 한 이 책은 두께에 비해 상당한 무게를 가지고 있다고 생각합니다.

이 책을 번역하면서 한 가지 흥미로웠던 것은, 책의 원고 자체를 오픈소스 방식으로 작성하고 관리한다는 점이었습니다(https://github.com/aosabook/aosabook/tree/master/posa 참고). 책의 원고는 물론 원고를 인쇄나 전자책 배포용 형식으로 변환하는 도구들의 소스 코드도 모두 공개되어 있는 덕분에, 특화된 Markdown 형식의 원고 텍스트 파일을 PDF 파일이나 epub 파일로 변환하는 과정의 몇 가지 문제점을 직접 바로잡는 경험도 할 수 있었습니다(변환 관련 도구들이 최신이 아니라는 문구가 해당 README.md에 있어서 수정 사항을 원 작성자들에게 보내지는 않았습니다).

내용과 형식에서 여러모로 주목할 만한 점이 많은 책이라서 번역하면서 대체로 즐거웠는데, 책을 읽는 독자도 그만큼 즐겁길 기대합니다. 제 홈페이지 occam's Razor(http://occamsrazr.net/)에 책에 대한 의견이나 질문을 받는 공간을 마련해 두었습니다. '번역서 정보' 페이지에서 해당 페이지로의 링크를 찾을 수 있을 것입니다.

— 옮긴이 **류광**

서문

테이비시 암스트롱Tavish Armstrong

컴퓨터 하드웨어가 이제는 대부분의 개발자가 성능을 걱정할 필요가 없을 정도로 빨라졌다고 말하는 사람들이 많다. 실제로 더글러스 크록포드Douglas Crockford는 바로 그러한 이유로 이 책의 집필 참여 권유를 고사했다.

> 만일 제가 한 장章을 쓴다면 아마도 반反성능(anti-performance)에 관한 글이 될 것입니다. 성능을 위한 대부분의 노력은 헛되이 소모됩니다. 아마도 그런 글을 원하시지는 않겠지요.

같은 생각을 도널드 커누스Donald Knuth가 30년 전에 밝힌 바 있다.

> 이를테면 약 97%의 경우에서 사소한 효율성들은 무시해야 마땅하다. 때 이른(premature) 최적화는 만악의 근원이다.

그러나 제한된 전력과 메모리를 가진 이동기기에서나 수 테라바이트의 자료를 처리해야 하는 자료 분석 프로젝트에서는 **실제로** 코드를 더 빠르게, 자료구조들을 더 작게, 그리고 반응시간을 더 짧게 만들어야 하는 개발자들이 늘고 있다. 운영체제나 네트워크, 컴퓨터 그래픽, 데이터베이스의 기초를 설명하는 교재는 수백 종에 이르지만 실제 응용 프로그램에서 너무 느린 부분을 찾고 고치는 방법을 설명하는 책은 없거나 있어도 너무 적다.

사례연구들을 모은 이 책은 바로 그러한 틈새를 채우고자 하는 우리의 시도이다. 이 책의 각 장은 기존 시스템을 더 빠르게 만들어야 했거나 빠른 무언가를 처음부터 설계해야 했던 실제 개발자들이 저술했다. 저자들은 다양한 종류의 소프트웨어와 성능 목표들을 다룬다. 그러나 저자들은 모두 응용 프로그램 안에서 실제로 어떤 일이 일어나는지, 그리고 커다란 응용 프로그램을 구성하는 서로 다른 부분들이 서로 어떻게 연동되는지를 상세히 파악함으로써 문제를 해결한다는 공통점을 가지고 있다. 이전 작인 *The Architecture of Open Source Applications*에서처럼, 전문가들의 어깨 너머로 세상을 바라봄으로써 독자가 더 나은 개발자가 되는 데 이 책이 도움이 되길 희망한다.

— 테이비시 암스트롱^{Tavish Armstrong}

필진

테이비시 암스트롱(엮은이): 테이비시는 Concordia University에서 소프트웨어 공학을 공부하고 있으며, 2014년 봄에는 졸업할 예정이다. 그의 온라인 홈페이지는 http://tavisharmstrong.com이다.

마이클 스노이먼^{Michael Snoyman}(Warp): 마이클은 FP Complete의 수석 소프트웨어 공학자이다. 그는 안정적이고 성능 높은 웹 응용 프로그램을 작성하는 수단들을 제공하는 Yesod Web Framework의 창시자이자 수석 개발자이다. 그의 정식 연구에는 보험회계학이 포함된다. 이전에 그는 미합중국 자동차 및 주택소유자 보험 산업에서 일하면서 거대 자료 집합들을 분석했다.

가즈 야마모토^{Kazu Yamamoto}(Warp): 가즈는 IIJ Innovation Institute의 선임 연구원이다. 그는 약 20년간 오픈소스 소프트웨어 분야에서 일해 왔다. 그가 만든 소프트웨어로는 Mew, KAME, Firemacs, mighty가 있다..

안드레아스 보엘미^{Andreas Voellmy}(Warp): 안드레아스는 Yale University의 전산학 박사(PhD) 후보생이다. 안드레아스는 소프트웨어로 정의된 네트워크들에 대한 그의 연구에서 Haskell을 사용하고 있으며, Haskell 프로그램을 이용해서 라우터를 제어하기 위한 nettle-openflow 같은 오픈소스 Haskell 패키지들을 공개한 바 있다. 안드레아스는 또한 GHC 프로젝트에 기여했으며, GHC의 입출력 관리자의 유지보수자이다.

일리아 그리고릭^{Ilya Grigorik}(크롬): 일리아는 Google의 Make The Web Fast 팀의 웹 성능 공학자이자 개발자 홍보 담당이다. 거기서 그는 웹을 더 빠르게 만들고 성능에 관한 모범 관행들을 널리 전파하는 데 밤낮을 보낸다. 온라인에서는 블로그 http://igvita.com과 트위터 계정 @igrigorik에서 그를 만날 수 있다.

에번 마틴^{Evan Martin}(Ninja): 에번은 Google에서 9년 동안 프로그래머로 일했다. 그전에는 전산학과 언어학에서 학위를 받았다. 그는 여러 소규모 자유 소프트웨어 프로젝트들에 참여했으며, LiveJournal을 비롯한 주요 프로젝트들 몇 개에도 참여했다. 그의 웹사이트는 http://neugierig.org이다.

브라이스 하워드^{Bryce Howard}(이동기기 성능): 브라이스는 뭔가를 더 빠르게 만드는 데 집착하는 소프트웨어 아키텍트이다. 그는 15년 이상 업계에서 일했으며, 독자가 들어본 적이 없을 여러 신생 기업들에서 일했다. 현재 그는 '저술'에 꽂혀서, O'Reilly Associates를 위해 Amazon Web Services 입문서를 쓰고 있다.

카일 휴이^{Kyle Huey}(Memshrink): 카일은 Mozilla Corporation에서 파이어폭스 웹 브라우저에 쓰이는 Gecko 렌더링 엔진에 대한 일을 하고 있다. San Fransisco로 와서 일하기 전에는 University of Florida에서 수학 학사 학위를 받았다. 그의 블로그는 http://blog.kylehuey.com이다.

클린트 탤버트^{Clint Talbert}(Talos): 클린트는 근 10년간 Mozilla 프로젝트에 참여해 왔다. 처음에는 자원봉사자로, 이후에는 직원으로서 참여하고 있다. 현재 그는 자동화할 수 있는 모든 것의 자동화를 지상명령으로 삼는 Automation and Tools 팀을 이끌고 있으며, 모든 자동화 컴퓨터에서 유휴 주기들을 제거하는 것을 개인적인 사명으로 삼고 있다. 오픈소스와 저술에서의 그의 모험담을 http://clinttalbert.com에서 볼 수 있다.

조엘 마어^{Joel Maher}(Talos): 조엘은 소프트웨어 자동화에 15년 이상의 경력을 가지고 있다. Mozilla에서 지난 5년간 조엘은 Mozilla의 자동화와 도구들을 이동전화기로 확장하는 작업을 수행했으며, Talos 프로젝트의 소유권을 맡아서 Talos의 검사들과 신뢰성을 확장하고 회귀 검출을 개선했다. 자동화가 실행되는 동안에는 바깥으로 나가서 인생의 새로운 과제들에 도전하길 즐긴다. 그의 자동화 모험담을 http://elvis314.wordpress.com에서 볼 수 있다.

오드리 탱^{Audrey Tang}(Ethercalc): 대만에서 독학으로 프로그래밍과 번역을 배운 오드리는 현재 '무제 페이지(Untitled Page; 또는 직책 없는 사환)'라는 직함으로 Socialtext에서 일하고 있다. 또한 그는 Apple에서 지역화와 릴리스 공학 작업도 수행한다. 이전에는 최초의 작동하는 Perl 6 구현인 Pugs 프로젝트를 설계하고 이끌었으며, Haskell과 Perl 5, Perl 6의 언어 설계 공동체에 봉사하면서 CPAN과 Hackage에 다양한 기여를 했다. 트위터 계정은 @audreyt이다.

C. 타이터스 브라운^{C. Titus Brown}(Khmer): 타이터스는 진화 모형화, 물리 기상학, 발생 생물학, 유전학, 생물정보학 분야에서 일해 왔다. 현재 그는 Michigan State University의 조교수로서 그의 관심사를 과학 소프트웨어의 재현성과 유지보수성을 비롯한 여러 새로운 영역으로 넓히고 있다. 그는 또한 Python Software Foundation의 일원이며, 블로그는 http://ivory.idyll.org이다.

에릭 맥도널드^{Eric McDonald}(Khmer): 에릭 맥도널드는 그가 지난 13년간 주로 관여했던 고성능 컴퓨팅에 강조를 둔 과학 소프트웨어 개발자이다. 이전에는 다양한 분야의 물리학자들과 일했지만, 현재는 생물정보학 분야를 돕고 있다. 그는 전산학과 수학, 물리학에 학사 학위들을 가지고 있다. 에릭은 90년대 중반부터 FOSS의 팬이다.

더글러스 C. 슈미트^{Douglas C. Schmidt}(DAnCE): 더글러스 C. 슈미트 박사는 Vanderbilt University의 전산학 교수이자 전산학 및 공학 프로그램의 부의장이며 선임 연구원이다. 더그는 10권의 책을 저술했고 다양한 소프트웨어 관련 주제들에 대한 기술 논문을 500편 넘게 출판했다. 또한 지난 20년간 ACE, TAO, CIAO, CoSMIC의 개발을 이끌고 있다.

아니루다 고칼레^{Aniruddha Gokhale}(DAnCE): 아니루다 S. 고칼레 박사는 Vanderbilt University의 전기공학 및 전산학과의 조교수이자 Vanderbilt University의 Institute for Software Integrated Systems(ISIS)의 선임 연구 과학자이다. 그는 140편이 넘는 기술 논문을 저술 또는 공동 저술했으며, 현재의 연구 초점은 클라우드 컴퓨팅과 사이버 물리 시스템에서 나타나는 난제들에 대한 혁신적인 해법을 개발하는 것이다.

윌리엄 R. 오테^{William R. Otte}(DAnCE): 윌리엄 R. 오테 박사는 Vanderbilt University의 Institute for Software Integrated Systems(ISIS)의 연구 과학자이다. 분산 실시간 내장 시스템에 대한 오픈소스 미들웨어와 모형화 도구 개발에 10년이 넘는 경력을 가지고 있는 그

는 DARPA, NASA, Northrup Grumman, Lockheed-Martin 등 정부 및 주요 기업들과 일했다. 그는 그러한 진척 상황을 서술하는 수많은 기술 논문과 보고서를 출판했으며, 구성 요소 미들웨어를 위한 공개 표준 개발에 참여했다.

마닉 수르타니Manik Surtani(Infinispan): 마닉은 Red Hat의 미들웨어 분과인 JBoss의 핵심 연구 개발 공학자이다. 그는 Infinispan 프로젝트의 창시자이며 JBoss Data Grid의 플랫폼 아키텍트이다. 또한 그는 JSR 347(Data Grids for the Java Platform) 명세의 개발을 이끌고 있으며 JSR 107(Temporary caching for Java)의 전문가 그룹에서 Red Hat을 대표한다. 그의 관심사는 클라우드 및 분산 컴퓨팅, 거대 자료(big data)와 NoSQL, 자율 시스템과 고가용성 컴퓨팅이다.

아세니 카풀킨Arseny Kapoulkine(Pugixml): 아세니는 경력 전체를 작은 틈새 타이틀에서부터 FIFA Soccer 같은 다중 플랫폼 AAA급 블록버스터에 이르기까지 다양한 비디오 게임의 그래픽 프로그래밍과 저수준 시스템 프로그래밍으로 보냈다. 그는 느린 것을 빠르게, 빠른 것은 더 빠르게 만드는 데 흥미를 느낀다. 연락처는 mail@zeuxcg.org, 트위터 계정은 @zeuxcg이다.

아르얀 스헤르페니서Arjan Scherpenisse(Zotonic): 아르얀은 Zotonic의 주 아키텍트들 중 한 명이며 다른 십여 개의 프로젝트들(주로는 Zotonic과 Erlang을 사용하는)도 관리하고 있다. 아르얀은 뒷단(back-end) Erlang 프로젝트와 앞단 Erlang 프로젝트 사이의 틈을 메운다. 규모가변성과 성능 같은 문제들 외에, 아르얀은 창조적인 프로젝트들에도 종종 관여하며, 여러 행사들에서 자주 강연한다.

마크 워렐Marc Worrell(Zotonic): 마크는 Erlang 공동체에서 존경받는 일원이며 Zotonic 프로젝트의 창시자이다. 마크는 대형 Erlang 프로젝트의 컨설팅과 Zotonic 개발에 시간을 보내며, MaxClass와 LearnStone을 만든 Maximonster의 CTO이다.

감사의 글

편집을 맡아 달라고 요청하고 그것이 가능함을 납득시킨 에이미 브라운[Amy Brown]과 그렉 윌슨[Greg Wilson]의 도움이 없었다면 이 책이 나오지 못했을 것이다. 나는 또한 편집의 초기 단계들에서 도움을 준 토니 아클스[Tony Arkles]에게, 그리고 다음과 같은 기술 검토자들에게도 감사한다.

Colin Morris	Kim Moir	Natalie Black
Corey Chivers	Laurie MacDougall Sookraj	Pierre-Antoine Lafayette
Greg Wilson	Logan Smyth	
Julia Evans	Monica Dinculescu	
Kamal Marhubi	Nikita Pchelin	

이 책이 너무 늦지 않게 출판될 수 있었던 것은 다음과 같은 편집실무자들과 보조자들 덕분이다.

Adam Fletcher	Jeff Schwab	Alexandra Phillips
Amy Brown	Jessica McKellar	Peter Rood
Danielle Pham	Michael Baker	
Erik Habbinga	Natalie Black	

그리고 책의 빌드 공정과 그래픽, 조판을 도와준 Amy Brown과 Bruno Kinoshita, Danielle Pham에게 특별한 감사의 뜻을 전해야 마땅할 것이다.

책을 편집하는 것은 어려운 과제이지만, 격려해 주는 친구들이 있다면 일이 쉬워진다. 작업 기간 동안 인내와 열정을 보여준 Natalie Black, Julia Evans, Kamal Marhubi에게 감사한다.

기여

이 책을 만들기 위해 수십 명의 자원봉사자들이 열심히 일했지만, 아직도 할 일이 많다. 독자 여러분도 오류를 보고하고, 내용을 다른 언어로 번역하거나 다른 오픈소스 시스템을 서술함으로써 이 출판 프로젝트에 기여할 수 있다. 참여하고 싶은 독자는 aosa@aosabook.org로 연락해 주시길!

구혜정(LG전자)

이 책은 다양한 전문가가 처음 프로젝트를 기획했던 시점으로 우리를 데려가서는 어떤 고민과 시행착오 끝에 성능 이슈를 해결했는지를 생생하게 보여주고 있습니다. 오픈소스 프로젝트에 반영된 최신 트렌드(언어, 라이브러리, 프레임워크 등)를 엿볼 수 있다는 것 또한 작은 즐거움이었습니다. 유쾌한 이 여행의 끝에는 현업의 시스템을 개선할 수 있는 "인사이트"라는 멋진 기념품이 저를 기다리고 있었습니다.

김인범(SK C&C)

오픈소스에 대한 관심이 예전보다 훨씬 많음을 느낍니다. 이제 많은 이들은 오픈소스 그자체보다는 그것으로부터 파생되는 효과와 성능에 관심을 가지기 시작했습니다. 이런 시점에서 이 책은 우리가 "들어봄 직한" 오픈소스 소프트웨어에 대한 "들어보지 못했던" 내부 아키텍처와 성능에 관한 이야기를 스스럼없이 풀어놓은 정직한 길잡이가 될 것입니다.

이아름

오픈소스 소프트웨어라고 하면 리눅스만 겨우 떠올리던 시절이 엊그제 같은데, 지금은 손으로 꼽기 어려울 정도로 출시되고 있습니다. 베타리딩을 신청할 때 제가 생각했던 오픈소스와 책에서 다루는 오픈소스가 조금은 달라서 처음엔 당황했지만, 책에 나온 링크에 직접 들어가 보고 구글 검색도 해가며 공부했기에 저에게는 정말 좋은 기회였던 것 같습니다. 독자들도 이 책을 통해 많은 것을 얻어 가시리라 생각합니다.

최해성(티켓몬스터)

각 장이 상당히 다양한 주제로 이루어져 있었고, 평소에도 자주 접하던 류광 님의 번역서를 베타리딩한다는 것이 흥미로웠습니다. 그리고 그의 블로그를 통해서 번역에 대한 역자의 고민을 엿볼 수 있었던 좋은 경험이었습니다. 책에는 최적화와 관련된 이슈들이 많이 나옵니다. 업계 최고의 개발자들이 수행한 오픈소스 소프트웨어의 최적화 과정을 보여주고, 그들이 범했던 삽질의 기록물을 통해 최고의 품질을 향해 얼마나 많은 사람이 노력하고 있는지를 절실히 느낄 수 있었습니다.

제이펍은 책에 대한 애정과 기술에 대한 열정이 뜨거운 베타리더들로 하여금
출간되는 모든 서적에 사전 검증을 시행하고 있습니다.

제1장

크롬의 고성능 네트워킹

일리아 그리고릭[Ilya Grigorik]

1.1 구글 크롬의 역사와 기본 지침

구글 크롬[Google Chrome]은 2008년 하반기에 Windows 플랫폼용 베타 버전으로서 처음으로 발표되었다. 또한, 크롬을 위해 구글이 작성한 코드가 관대한 BSD 사용권 하에서 공개되었다. 소위 크로미움 프로젝트[Chromium project]가 바로 그것이다. 이러한 일련의 사건들을 지켜보며 놀란 이들이 많았다. 브라우저 전쟁이 다시 시작되는 것일까? 과연 구글이 훨씬 더 잘 할 수 있을까?

> "마음을 고쳐먹을 정도로 제품이 잘 나왔죠…"
>
> – 에릭 슈미트[Eric Schmidt], 처음에는 구글 크롬 개발을 반기지 않았던[1] 것에 관해.

실제로 구글은 잘 해냈다. 오늘날 크롬은 웹에서 아주 널리 쓰이는 브라우저들 중 하나이며(StatCounter에 따르면 시장 점유율이 35%+[2]), Windows뿐만 아니라 리눅스[Linux]와 OS

---

1   http://blogs.wsj.com/digits/2009/07/09/sun-valley-schmidt-didnt-want-to-build-chrome-initially-he-says/

2   http://gs.statcounter.com/?PHPSESSID=oc1i9oue7por39rmhqq2eouoh0

X, Chrome OS, Android, iOS 플랫폼들도 지원한다. 크롬의 특징과 기능성이 사용자들에게 공감을 일으킨 것은 명백하며, 크롬의 여러 혁신들이 다른 유명 브라우저들에도 채용되었다.

구글 크롬의 착안과 혁신을 설명하는 독창적인 38쪽짜리 만화[3]를 보면 이 인기 있는 브라우저에 깔린 전반적인 사고방식과 설계 과정을 잘 알 수 있다. 그러나 이는 시작일 뿐이었다. 크롬 브라우저의 초기 개발을 추동했던 핵심 원리들은 이후의 개선을 위한 기본 지침으로도 작용하고 있다. 기본 지침(guiding principle)들은 다음과 같다.

속도: 가장 **빠른** 브라우저를 만든다.

보안: 사용자에게 **가장 안전한** 환경을 제공한다.

안정성: **탄력 있고 안정적인** 웹 응용 플랫폼을 제공한다.

단순성: 정교한 기술을 창조하되, 그것을 **단순한 사용자 체험**으로 포장한다.

크롬 개발팀이 보기에, 오늘날 우리가 사용하는 사이트들 중에는 단순히 웹 페이지가 아니라 응용 프로그램(application, '앱')인 것들이 많다. 좀 더 진취적인 응용 프로그램들은 속도와 보안, 안정성을 요구한다. 이 네 가지 지침들은 각자 개별적인 장^章이 필요한 주제이나, 이 책의 주제는 성능이므로 주로 속도에 초점을 두고 이야기하겠다.

1.2 성능의 여러 측면

현대적인 브라우저는 운영체제들처럼 플랫폼^{platform}이다. 구글 크롬도 하나의 플랫폼으로서 설계되었다. 구글 크롬 이전의 모든 주요 브라우저는 획일적인(monolithic) 단일 프로세스 응용 프로그램으로 만들어졌다. 열린 모든 페이지는 동일한 주소 공간을 공유하며, 동일한 자원들을 두고 경합한다. 임의의 한 페이지나 브라우저 자체에 버그가 있으면 사용자 체험(exprience)이 통째로 망가질 수 있다.

---

3   http://www.google.com/googlebooks/chrome/

반면 크롬은 다중 프로세스 모형에 기초해서 작동한다. 이 덕분에 각 탭마다 격리된 프로세스와 메모리, 그리고 견고한 보안 모래상자(sandbox)[4]가 제공된다. 다중 코어 시스템이 점점 널리 쓰이는 요즘에는 프로세스들을 격리시키고 각각의 열린 탭을 문제가 있는 다른 페이지들로부터 보호하는 능력만으로도 성능 면에서 크롬이 다른 경쟁 브라우저들보다 훨씬 더 앞서게 된다. 실제로, 다른 대부분의 브라우저가 이런 방식을 채용했거나 비슷한 아키텍처로 이전하는 도중에 있음을 주목하기 바란다.

웹 프로그램을 위한 독립적인 프로세스가 마련되었다고 할 때, 한 웹 프로그램의 실행에는 크게 세 가지 과제가 관여한다. 하나는 자원들을 가져오는(fetch) 것이고, 또 하나는 페이지를 구성(layout)하고 렌더링하는 것, 그리고 마지막은 JavaScript를 실행하는 것이다. 렌더링 단계와 스크립트 실행 단계는 하나의 스레드에서 맞물려서 실행된다. 이 단계들이 산출하는 DOM(Document Object Model, 문서 객체 모형)을 두 단계가 동시에 수정하는 것은 불가능하다. 부분적으로 이는 JavaScript 자체가 단일 스레드 언어라는 사실에 기인한다. 따라서 렌더링과 스크립트 실행 모듈이 연동하는 방식을 최적화하는 것은 브라우저를 만드는 개발자는 물론이고 응용 프로그램을 개발하는 웹 개발자에게도 아주 중요한 일이다.

크롬은 페이지 렌더링에 블링크[Blink]를 사용한다. 블링크는 빠르고 표준을 준수하는 오픈소스 레이아웃 엔진이다. JavaScript 실행에는 크롬 개발팀이 직접 만든, 고도로 최적화된 JavaScript 실행시점 모듈(runtime)인 V8을 사용한다. 이 역시 독립적인 오픈소스 프로젝트로도 공개되었으며, 다른 여러 유명 프로젝트들에 쓰이고 있다(이를테면 Node.js의 실행시점 모듈로 쓰인다). 그런데 V8의 JavaScript 실행이나 블링크의 파싱 및 렌더링 파이프라인을 최적화한다고 해도, 브라우저가 자원이 도착하길 기다리면서 네트워크에서 막혀 있으면 별로 소용이 없다.

브라우저가 각각의 네트워크 자원의 순서와 우선순위, 잠복지연(latency)을 최적화하는 능력은 전반적인 사용자 체험에 대단히 큰 영향을 미치는 요소들 중 하나이다. 느끼지 못했을 수도 있겠지만, 크롬의 네트워크 스택[★]은 말 그대로 하루가 다르게 똑똑해지고 있

---

4 http://dev.chromium.org/developers/design-documents/sandbox

★ [역주] 어떤 완결적인 서비스나 제품을 구성하는 주요 구성요소들이 주로 수직으로 '쌓여' 있는(추상화의 정도가 아래에서 위로 증가하는) 형태일 때, 그런 서비스나 제품을 스택이라고 부른다. 자료구조로서의 스택과 구분하기 위해 solution stack이라는 용어를 쓰기도 한다.

다. 크롬은 유망한(요청될 가능성이 큰) DNS 조회들을 익히고, 웹의 위상구조(topology)를 기억하고, 유망한 목적지들에 미리 연결하는 등의 방법을 동원해서 각 자원의 잠복지연 비용을 숨기거나 줄이려고 노력한다. 겉으로 보면 이 부분은 그냥 간단한 자원 가져오기 메커니즘이지만, 자세히 들여다보면 웹 성능을 최적화하고 사용자에게 최상의 체험을 제공하는 문제에 관한 공들인, 그리고 매혹적인 사례 연구라 할 수 있다.

그럼 자세히 들여다보기로 하자.

1.3 현대적인 웹 응용 프로그램의 특징

네트워크 상호작용의 최적화 방식에 대한 기술적인 세부사항으로 들어가기 전에, 우리가 마주하고 있는 문제들의 흐름과 현황을 개괄해 보는 것이 좋겠다. 다른 말로 하면, 현대적인 웹 페이지 또는 웹 응용 프로그램은 어떤 모습인가?

웹의 구축 과정을 추적하는 HTTP Archive[5] 프로젝트가 이 질문의 답을 얻는 데 도움이 될 것이다. 이 프로젝트는 웹을 훑으면서 콘텐츠를 모으는 것이 아니라, 가장 인기 있는 사이트들을 주기적으로 훑으면서 각 목적지에 사용된 자원 수, 내용 형식, 헤더, 기타 메타자료에 대한 통계 수치를 기록하고 취합한다. 2013년 1월 현재의 통계치를 보면 아마 놀랄 것이다. 다음은 웹의 상위 목적지 30만 개에서 얻은, 페이지 하나의 평균 수치들이다.

- 크기 **1280KB**
- 구성 자원 수 **88개**
- 연결하는 서로 다른 호스트 수 **15개 이상**

정리하자면, 하나의 페이지는 평균 크기가 1MB 이상이고, 이미지나 JavaScript, CSS 같은 자원들이 88개가 모여 구성되며, 그런 자원들은 해당 목적지의 호스트들과 서드파티 호스트들을 포함해서 15개의 서로 다른 호스트들로부터 전달된다. 더 나아가서, 이러

---

5 http://httparchive.org/

한 수치들은 모두 지난 몇 년간 꾸준히 증가했고[6], 증가세가 멈출 기미는 보이지 않는다. 점점 더 크고 야심찬 웹 응용 프로그램들이 만들어지고 있는 것이다.

 HTTP Archive의 수치들에 간단한 산수를 적용해 보면 평균 자원 크기가 15KB(1280KB / 자원 88개)임을 알 수 있다. 이는 브라우저에서 대부분의 네트워크 전송이 짧고 폭발적임을 뜻한다. 바탕에 깔린 전송층(TCP)은 큰 스트리밍 다운로드에 최적화되어 있기 때문에, 이런 특징은 여러 가지 문제를 가중시킨다. 그럼 좀 더 파고 들어가서, 그런 네트워크 요청들 중 하나를 조사해 보자.

1.4 네트워크 자원 요청 하나의 일생

W3C의 Navigation Timing 명세[7]는 브라우저 API 하나를 제공한다. 이를 통해서 브라우저 안의 모든 요청의 일생(life)에 깔린 시간 및 성능 자료를 들여다 볼 수 있다. 내비게이션 타이밍 자료의 모든 구성요소는 최적의 사용자 체험을 제공하는 데 있어 아주 중요하므로, 각각을 좀 더 자세히 조사해 보자.

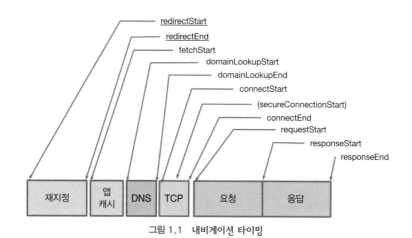

그림 1.1 내비게이션 타이밍

---

6 http://httparchive.org/trends.php

7 http://www.w3.org/TR/navigation-timing/

웹의 한 자원의 URL이 주어지면 브라우저는 우선 자신의 지역 캐시^{cache}와 응용 프로그램 캐시를 점검한다. 만일 이미 가져온 적이 있는 자원이며 적절한 캐시 헤더(Expires, Cache-Control 등)가 주어졌다면[8], 사용자의 요청을 지역 복사본을 이용해서 처리해도 된다. 가장 빠른 요청은 요청되지 않은 요청이다. 그 외의 경우, 즉 자원의 유효성을 다시 점검해야 하거나, 자원의 유효 기간이 만료되었거나, 아직 조회한 적이 없는 자원이면, 반드시 값비싼 네트워크 요청을 처리해야 한다.

호스트 이름과 자원 경로가 주어지면 크롬은 우선 기존의 열린 연결들 중 재사용할 수 있는 것이 있는지 점검한다. 열린 소켓들은 {프로토콜, 호스트, 포트}별로 풀에 저장되어 있다. 단, 만일 사용자가 프록시를 설정해 두었거나 프록시 자동 구성 (proxy auto-config; PAC)[9] 스크립트를 지정해 두었으면 크롬은 해당 프록시를 통해서 연결들을 점검한다. PAC 스크립트를 이용하면 URL이나 기타 특정 규칙에 따라 서로 다른 프록시가 적용되게 할 수 있으며, 각 프록시마다 개별적인 소켓 풀이 존재할 수 있다. 마지막으로, 앞의 조건들이 모두 만족되지 않았다면, 요청의 호스트 이름을 IP 주소로 환원(resolving)하는 과정부터 시작해야 한다. 그런 과정을 흔히 DNS 조회(lookup)라고 부른다.

운이 따른다면, 호스트 이름이 이미 캐시에 들어 있을 수 있다. 그런 경우 그냥 빠른 시스템 호출 한 번으로 DNS 조회 과정이 끝난다. 그렇지 않다면 반드시 먼저 DNS 질의(query)를 수행한 후에야 다른 작업으로 넘어갈 수 있다. DNS 조회에 걸리는 시간은 사용자의 인터넷 제공업체나 목적지 사이트의 인기도, 호스트이름이 임시 캐시에 들어 있을 확률, 그리고 해당 도메인의 공인(authoritative) 이름 서버의 응답 시간에 따라 달라진다. 간단히 말하면 변수가 대단히 많다. 어쨌든, DNS 조회 1회에 수백 밀리초가 걸리는 것도 드문 일이 아니다!

이러한 환원 과정을 통해서 IP 주소를 얻었으면 이제 크롬은 목적지와의 새 TCP 연결을 열 수 있다. 이를 위해서는 소위 '삼중 제어 교환(three-way handshake)', 즉 SYN > SYN-ACK > ACK 과정을 거쳐야 한다. 이 교환 과정 때문에, 각각의 새 TCP 연결마다 반드시 완전한 하나의 잠복지연 왕복운행(round-trip)이 소비된다. 여기에는 그 어떤 지름길도 없다.

---

8   https://developers.google.com/speed/docs/best-practices/caching
9   http://en.wikipedia.org/wiki/Proxy_auto-config

클라이언트와 서버 사이의 거리에 따라, 그리고 선택된 운행 경로에 따라 이 과정에 의해 수십, 수백 밀리초가 지연될 수 있으며, 심지어는 수천 밀리초가 지연될 수 있다. 이 모든 작업과 잠복지연이 응용 프로그램 자료의 바이트 하나가 회선에 진입하기도 전에 일어나는 것임을 주목하기 바란다.

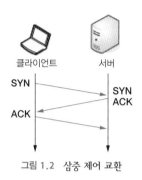

그림 1.2 삼중 제어 교환

TCP 제어 교환 과정이 끝난 후에도, 만일 연결 대상이 보안된 사이트(HTTPS)이면 SSL 제어 교환 과정이 반드시 필요하다. 이에 의해 클라이언트와 서버 사이의 잠복지연 왕복운행 2회가 추가될 수 있다. SSL 세션이 캐시에 저장되어 있다고 해도, '회피'할 수 있는 추가 왕복운행은 하나뿐이다.

여기까지 마치면 드디어 크롬이 HTTP 요청(그림 1.1의 requestStart)을 보낼 수 있다. 요청을 받은 서버는 그것을 처리해서 응답 자료 스트림을 클라이언트에게 보낸다. 이에 의해 최소 1회의 네트워크 왕복운행이 발생하며, 거기에 서버의 요청 처리 시간이 추가된다. 이것으로 요청 하나의 일생이 끝난다. 단, 만일 서버의 응답이 HTTP 재지정(redirect)이면 지금까지의 과정 전체를 다시 반복해야 할 수 있다. 혹시 독자의 웹 페이지들에 불필요한 재지정이 있는지 점검해 보면 좋을 것이다.

지금까지의 지연 시간을 모두 계산해 보았는지? 이해를 돕기 위해, 전형적인 광대역 연결에 대한 최악의 시나리오를 생각해 보자. 다음은 지역 캐시가 적중하지 않고, DNS 조회가 비교적 빠르고(50ms), TCP 제어 교환과 SSL 교섭을 사용하고, 서버의 응답이 비교적 빠르고(100ms), 왕복운행 1회 시간(RTT)이 80ms(이는 미합중국 본토의 평균 왕복운행 시간이다)라고 가정할 때의 시간들이다.

- DNS 조회에 50ms

- TCP 제어 교환에 80ms(1 RTT)

- SSL 제어 교환에 160ms(2 RTT)

- 서버에게 요청을 전달하는 데 40ms

- 서버가 요청을 처리하는 데 100ms

- 서버의 응답이 도착하는 데 40ms

정리하자면, 요청 하나에 총 470ms가 걸린다. 이중, 서버가 실제로 요청을 처리하는데 소비한 시간에 비한 네트워크 잠복지연이 80%를 넘는다. 이 부분에 뭔가 개선이 필요하다. 사실, 다음 사항들을 생각한다면 470밀리초도 낙관적인 추정치일 수 있다.

- 서버의 응답이 초기 TCP 밀집 구간(4~15KB)보다 크다면, 잠복지연 왕복운행이 1회 이상 추가될 수 있다[10].

- 누락된 인증서를 가져와야 하거나 온라인 인증서 상태 점검(online certificate status check, OCSP)을 수행해야 한다면 SSL 지연이 더 길어질 수 있다. 두 작업 모두 완전히 새로운 TCP 연결이 필요하며, 이에 의해 수백에서 수천 밀리초의 잠복지연이 추가될 수 있다.

1.5 "충분히 빠르다"의 의미

앞의 사례들에서 전체 시간의 대부분을 차지하는 것은 DNS 조회나 제어 교환의 네트워크 추가부담들과 왕복운행들이다. 서버 응답 시간은 전체 잠복지연의 20%만 차지한다. 그런데 좀 더 큰 관점에서 보았을 때 이런 지연들이 정말로 문제가 될까? 이 글을 읽는 독자라면 아마 이미 답을 알고 있을 것이다. 답은: 문제가 된다. 그것도 아주 크게.

---

10   이 문제에 대해서는 제10장에서 훨씬 더 자세하게 이야기한다.

과거의 사용자 체험 연구들을 보면, 오프라인이든 온라인이든, 그리고 어떤 종류이든, 임의의 응용 프로그램의 반응성에 관한 사용자의 기대에 일관된 상이 존재함을 알 수 있다[11].

표 1.1 잠복지연에 대한 사용자의 인식

지연	사용자 반응
0~100ms	즉시
100~300 ms	약간의 지연을 인식
300~1000 ms	컴퓨터가 뭔가 하고 있구나...
1초 이상	딴 생각을 하게 됨
10초 이상	나중에 다시 와야지....

표 1.1은 또한, 250ms 이내에 웹 페이지를 렌더링하거나 최소한의 시각적 피드백이라도 제공해야 사용자가 떠나지 않는다는 웹 성능 공동체의 비공식적인 일반 원칙을 설명해 준다. 이는 단지 속도 자체를 위한 속도가 아니다. 구글과 아마존, 마이크로소프트의 연구들에 따르면, 그리고 수천 개의 여러 사이트들에 따르면, 추가적인 잠복지연은 사이트의 하한선에 직접적인 영향을 미친다. 사이트가 **빠를수록** 페이지뷰, 사용자 참여도, 전환율(conversion rate★)이 높아진다.

최적의 잠복지연 한계가 250ms라고 할 때, 위의 시나리오는 암울하다. 서버 처리 시간을 제외한 DNS 조회와 TCP, SSL 제어 교환, 요청 전달 시간만으로도 한계의 50%를 넘는 370ms이다!

대부분의 사용자들에게, 그리고 심지어 웹 개발자들에게도, DNS와 TCP, SSL 지연은 완전히 투명하다. 이들은 대부분이 들여다 볼 생각도 하지 않는 네트워크 계층들에서 처리된다. 그러나, 각각의 추가적인 네트워크 요청에 의해 수십, 수백 밀리초의 잠복지연이 추가될 수 있다는 점에서, 이 단계들은 모두 전반적인 사용자 체험에 아주 중요한 요소들

---

11 http://www.useit.com/papers/responsetime.html

★ 역주 방문자가 사이트 목적에 맞는 행위자로 바뀌는 비율, 이를테면 쇼핑몰 방문자들 중 실제로 상품을 구매하는 비율을 말한다.

이다. 크롬의 네트워크 스택이 단순한 소켓 처리부보다 훨씬 정교한 무엇인 이유가 바로
이것이다.

이제 문제가 어떤 것인지 명확해 졌으니, 구현 세부사항으로 들어가 보자.

1.6 3천 미터 상공에서 본 크롬의 네트워크 스택

다중 프로세스 아키텍처

크롬의 다중 프로세스 아키텍처는 브라우저 안에서 각각의 네트워크 요청이 처리되는 방
식에 중요한 영향을 미친다. 사실 크롬은 내부적으로 네 가지 서로 다른 실행 모형[12]에 기
초해서 프로세스 할당 수행 방식을 결정한다.

기본적으로 데스크톱 크롬 브라우저는 사이트별 프로세스(process-per-site) 모형을 사
용한다. 이 모형은 서로 다른 사이트를 서로 다른 프로세스로 격리하되, 같은 사이트의
인스턴스들은 모두 같은 프로세스로 묶는다. 여러 가지 모형이 있지만, 단순함을 위해 여
기에서는 가장 간단한 경우, 즉 열린 탭들이 각자 서로 다른 프로세스로 실행되는 경우를
이야기하겠다. 네트워크 성능의 관점에서 모형들 사이의 차이는 그리 크지 않으며, 탭별
프로세스 모형이 이해하기가 훨씬 쉽다.

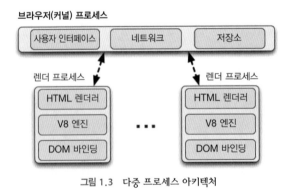

그림 1.3 다중 프로세스 아키텍처

---

12 http://www.chromium.org/developers/design-documents/process-models

이 아키텍처에서는 각 탭마다 하나의 전담 렌더 프로세스^{render process}를 배정한다. 각 렌더 프로세스는 블링크 레이아웃 엔진의 인스턴스와 V8 JavaScript 엔진의 인스턴스, 그리고 그 두 인스턴스를 비롯한 여러 구성요소들을 연결하는[13] 접착제(glue) 코드로 구성된다.

이러한 렌더 프로세스들 각각은 네트워크를 포함한 사용자 컴퓨터의 자원들에 제한적으로만 접근할 수 있는 모래상자 환경 안에서 실행된다. 각 렌더 프로세스는 주 브라우저 프로세스(즉 커널 프로세스)를 통해서만 이 자원들에 접근한다. 이 덕분에 주 브라우저 프로세스는 각 렌더 프로세스에 적절한 보안 및 접근 방침들을 강제할 수 있다.

프로세스 간 통신과 다중 프로세스 자원 적재

크롬에서 렌더러와 커널 프로세스 사이의 모든 통신은 프로세스 간 통신(inter-process communication, IPC)을 통해서 일어난다. 리눅스와 OS X에서는 socketpair()를 사용하는데, 이 함수는 비동기 통신을 위한 명명된 파이프 전송 수단을 제공한다. 렌더러가 각각의 메시지를 직렬화해서 입출력(I/O) 전담 스레드에 넘겨주면 그 스레드가 메시지들을 주 브라우저 프로세스에게 전달한다. 메시지를 받는 쪽에서 커널 프로세스는 하나의 필터 인터페이스를 제공하는데, 크롬은 네트워크 스택이 처리해야 할 자원 IPC 요청들을 이 인터페이스를 이용해서 가로챈다(ResourceMessageFilter[14]를 보라).

이러한 아키텍처의 한 가지 장점은 모든 자원 요청이 전적으로 입출력 스레드들에서 처리되며, UI로부터 비롯된 활동이나 네트워크 사건들이 서로 간섭하는 일이 전혀 없다는 것이다. 자원 필터는 브라우저 프로세스의 입출력 스레드에서 실행되면서 자원 요청 메시지들을 가로채서는 브라우저 프로세스의 ResourceDispatcherHost[15] 단일체 (singleton)에 전달한다.

---

13 이에 대해 좀 더 알고 싶은 독자라면 크로미움 위키의 훌륭한 입문 글을 참고하기 바란다: http://www.chromium.org/developers/design-documents/multi-process-architecture

14 https://code.google.com/p/chromium/codesearch#chromium/src/ppapi/host/resource_message_filter.h

15 https://chromium.googlesource.com/chromium/src/+/git-svn/content/public/browser/resource_dispatcher_host.h

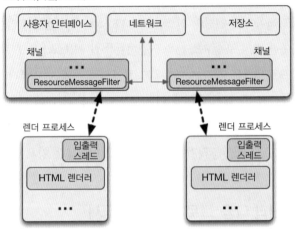

그림 1.4 프로세스 간 통신

단일체 인터페이스 덕분에 브라우저는 각 렌더러의 네트워크 접근을 제어할 수 있다. 또한 효율적이고 일관된 자원 공유도 가능해진다. 몇 가지 예를 들자면:

- **소켓 풀^{pool}과 연결 상한:** 브라우저는 프로파일 당 최대 열린 소켓 개수(256), 프록시 개수(32), {프로토콜, 호스트, 포트} 그룹 개수(6)를 강제할 수 있다. 이러한 상한들 하에서 동일한 {호스트, 포트} 그룹에 대해 최대 6개의 HTTP 연결과 6개의 HTTPS 연결이 가능함을 주목하기 바란다.

- **소켓 재활용:** 연결 재활용을 위해, 요청을 처리한 후 일정 시간 동안 소켓 풀 안에 영속적인(persistent) TCP 연결들을 저장해 둔다. 이에 의해 각각의 새 연결에 의한 추가적인 DNS, TCP, SSL(요구된다면) 설정 추가부담을 피할 수 있다.

- **지연된 소켓 바인딩:** 요청들과 바탕 TCP 연결은 소켓이 응용 프로그램의 요청을 전달할 준비가 되었을 때에만 연관된다. 이 덕분에 요청들의 우선순위가 좀 더 적절하게 결정되고(이를테면 소켓이 연결되어 있는 도중에 고순위 요청이 도착하는 등) 처리량이 높아지며(이를테면 새 연결을 여는 도중에 기존 소켓을 사용할 수 있게 되는, 소위 '따뜻한(warm)' TCP 연결의 재사용) TCP 사전 연결(pre-connect)을 위한 범용 메커니즘과 기타 여러 최적화가 가능해진다.

- **일관된 세션 상태:** 인증(authentication), 쿠키[cookie], 캐싱된 자료를 모든 렌더 프로세스가 공유한다.
- **전역 자원 및 네트워크 최적화:** 브라우저는 모든 렌더 프로세스와 처리 중인 요청들에 근거해서 결정을 내릴 수 있다. 이를테면 전경(foreground) 탭에서 비롯된 요청들에 더 높은 네트워크 우선순위를 부여하는 등.
- **예측성 최적화:** 모든 네트워크 소통량을 주시함으로써, 크롬은 성능 개선을 위한 예측 모형을 구축하고 정련할 수 있다.

렌더 프로세스 자체는 그냥 자원 요청 메시지(고유한 요청 ID를 포함한)를 IPC를 통해서 브라우저 프로세스에게 보낼 뿐이다. 나머지는 모두 브라우저 커널 프로세스가 처리한다.

크로스플랫폼 자원 가져오기

크롬의 네트워크 스택의 구현에서 주된 관심사 중 하나는 서로 다른 여러 플랫폼들, 즉 리눅스, Windows, OS X, 안드로이드, iOS에 대한 이식성이다. 이 난제를 해결하기 위해, 네트워크 스택의 대부분은 단일 스레드 방식의(캐시 스레드와 프록시(proxy) 스레드가 분리되어 있다) 크로스플랫폼 라이브러리로서 구현된다. 이 덕분에 크롬은 모든 플랫폼에서 동일한 기반구조를 재사용할 수 있고, 동일한 성능 최적화를 적용할 수 있으며, 특정 플랫폼에 고유한 최적화의 기회도 커진다.

모든 네트워크 코드가 오픈소스임은 물론이다. 네트워크 코드는 src/net 하위 디렉터리[16]에 있다. 여기서 각각의 구성요소를 자세히 살펴보지는 않겠다. 코드의 전반적인 구성만 봐도 기능과 구조에 대해 많은 것을 파악할 수 있을 것이다. 몇 가지 예가 표 1.2에 나열되어 있다.

좀 더 알고 싶은 독자라면 각 구성요소의 코드를 읽어 보는 것이 큰 도움이 될 것이다. 코드는 문서화가 잘 되어 있으며, 모든 구성요소에 다수의 단위 검사(unit test)가 갖추어져 있다.

---

[16] https://code.google.com/p/chromium/codesearch#chromium/src/net/&ct=rc&cd=1&q=src.net&sq=package:chromium

표 1.2 크롬의 구성요소들

구성요소	설명
net/android	안드로이드 실행시점 모듈과의 바인딩
net/base	호스트이름 환원, 쿠키, 네트워크 변경 감지, SSL 인증서 관리 등의 공통 네트워크 유틸리티들.
net/cookies	HTTP 쿠키의 저장, 관리, 조회
net/disk_cache	웹 자원들을 위한 디스크 및 메모리 캐시 구현
net/dns	비동기 DNS 환원 구현
net/http	HTTP 프로토콜 구현
net/proxy	프록시(SOCKS과 HTTP) 구성, 환원, 스크립트 가져오기 등등.
net/socket	TCP 소켓, SSL 스트림, 소켓 풀의 크로스플랫폼 구현
net/spdy	SPDY 프로토콜 구현
net/url_request	URLRequest, URLRequestContext, URLRequestJob 구현
net/websockets	WebSockets 프로토콜 구현

이동기기 플랫폼의 아키텍처와 성능

이동기기(mobile) 브라우저의 사용량은 지수적으로 증가하고 있다. 현 추세를 보수적으로 외삽한다고 해도, 멀지 않은 미래에 데스크톱 브라우저 사용량을 능가하리라는 예측이 가능하다. 예나 지금이나 최적화된 이동기기 체험을 제공하는 것이 크롬 팀의 최우선 과제임은 말할 필요도 없을 것이다. 2012년 초반에 안드로이드용 크롬[17]이 공표되었으며, 몇 달 후에 iOS용 크롬[18]이 뒤따랐다.

크롬의 이동기기용 버전에서 가장 먼저 주목할 점은, 그것이 그냥 데스크톱용 브라우저를 직접적으로 변형한 것이 아니라는 점이다. 그랬다면 최상의 사용자 체험을 제공하지 못했을 것이다. 본질적으로 이동기기 환경은 자원이 훨씬 더 제한적이며, 운용상의 매개변수가 근본적으로 다른 경우가 많다.

---

17 http://www.google.com/intl/en/chrome/browser/mobile/android.html

18 http://www.google.com/intl/en/chrome/browser/mobile/ios.html

- 데스크톱 사용자는 마우스로 서핑하고, 창들을 겹쳐 놓고 사용할 수 있으며, 화면이 크고, 전원이 부족한 경우가 거의 없고, 네트워크 연결이 훨씬 더 안정적이고, 지역 저장소와 메모리의 용량도 훨씬 크다.
- 모바일 사용자는 터치와 제스처 내비게이션을 사용하고, 화면이 훨씬 작고, 배터리와 전원이 제한적이고, 연결이 종량제 방식인 경우가 많고, 지역 저장소와 메모리가 제한적이다.

더 나아가서, '전형적인 이동기기'라는 것은 없다. 하드웨어 능력이 각기 다른 다양한 기기들이 있을 뿐이다. 크롬이 최상의 성능을 제공하기 위해서는 이러한 운영상의 제한요소들을 모든 기기 각각에 적응시켜야 한다. 다행히, 다양한 실행 모형을 갖춘 덕분에 크롬은 그러한 일을 해낼 수 있다.

안드로이드 기기들에서 크롬은 데스크톱 버전과 동일한 다중 프로세스 아키텍처를 활용한다. 즉, 브라우저 프로세스가 하나 있고, 여러 개의 렌더러 프로세스가 있는 아키텍처이다. 한 가지 차이는, 이동기기의 메모리 제약 때문에 각각의 열린 탭마다 개별적인 전담 렌더러를 실행하지는 못할 수 있다는 점이다. 대신 크롬은 가용 메모리와 기기의 기타 제약조건들에 기초해서 최적의 렌더 프로세스 개수를 결정하고, 렌더 프로세스를 여러 탭들이 적절히 공유하게 한다.

최소한의 자원만 사용할 수 있는 경우나 여러 개의 프로세스를 실행할 수 없는 경우 크롬은 단일 프로세스·다중 스레드 처리 모형으로 전환할 수 있다. 실제로, iOS 기기에서는 바탕 플랫폼의 모래상자 제약 때문에 바로 그런 모형을 사용한다. 즉, 그런 기기들에서는 크롬이 단일 프로세스에서 여러 스레드들로 실행된다.

네트워크 성능은 어떨까? 첫째로, 크롬은 안드로이드와 iOS에 대해 다른 모든 버전과 동일한 네트워크 스택을 사용한다. 이 덕분에 모든 플랫폼에 대해 동일한 네트워크 최적화들(크롬의 성능을 크게 높여 주는)을 적용할 수 있다. 그러나 모험적인 최적화 기법들의 적용 우선순위라던가 소켓 만료시간, 관리 논리, 캐시 크기 등의 여러 변수들은 다른 플랫폼들과 다르다. 이들은 기기와 네트워크의 능력에 맞게 조정되는 경우가 많다.

한 예로, 배터리를 아끼기 위해 이동기기용 크롬은 사용되지 않는 소켓들을 좀 더 늦게 닫는 전략을 채용하기도 한다. 그런 경우 크롬은 무선 신호 사용량을 최소화하기 위해 오직 새 소켓을 열 때에만 기존 소켓들을 닫는다. 같은 맥락에서, 사전 렌더링 (prerendering)이 네트워크와 처리 자원을 상당히 소모할 수 있기 때문에 사용자가 Wi-Fi를 켠 경우에만 사전 렌더링이 활성화되는 경우가 많다.

이동기기 브라우징 체험의 최적화는 크롬 개발팀의 최우선 과제들 중 하나이며, 향후 몇 개월 또는 몇 년 동안 다수의 새로운 개선안이 등장할 것이다. 사실 이는 개별적인 장으로 설명해야 할 정도의 주제인데, 이 책 시리즈의 다음 권에서 다룰 수도 있겠다.

크롬의 예측기를 이용한 모험적 최적화

크롬은 사용하면 할수록 빨라진다. 이러한 특징은 단일체 Predictor 객체의 도움으로 실현된다. 브라우저 커널 프로세스 안에서 인스턴스화되는 이 객체의 유일한 임무는 네트워크 패턴들을 관찰하면서 사용자가 취할 가능성이 큰 동작을 배우고 예측하는 것이다. Predictor 객체가 처리하는 신호들의 예를 몇 가지 들자면 다음과 같다.

- 사용자가 마우스를 링크 위에 올려 두었다면('마우스 호버mouse hover' 사건) 향후 내비게이션 사건이 발생할 가능성이 크다. 이때 크롬은 모험적으로 해당 목적지의 호스트 이름에 대한 DNS 조회를 수행하고 필요하다면 TCP 제어 교환을 시작함으로써 성능을 높일 수 있다. 사용자가 링크를 클릭한 시점(마우스 호버 후 평균적으로 200ms 이내)에서는 이미 DNS와 TCP 단계가 끝난 상태이므로, 내비게이션 사건을 위한 수백 밀리초의 추가적인 잠복지연이 제거된다.
- 사용자가 옴니박스Omnibox 줄(주소창)에 뭔가를 입력하면 가능성 있는 목적지들이 제시되며, 이에 의해 앞에서와 비슷한 DNS 조회, TCP 사전 연결이 시작될 수 있다. 심지어는 숨겨진 탭에서 페이지를 미리 렌더링할 수도 있다.
- 사용자마다 매일 방문하는 선호 사이트들의 목록이 존재한다. 크롬은 그런 사이트들의 부분자원들을 기억해 두고, 모험적으로 그 자원들을 미리 환원하고 심지어는 미리 가져옴으로써 브라우징 체험을 개선할 수 있다.

크롬은 웹의 위상구조를 기억할 뿐만 아니라, 사용자의 브라우징 패턴도 배운다. 이러한 학습 및 예측이 잘 이루어진다면 각각의 내비게이션마다 수백 초의 잠복지연이 제거

될 수 있으며, "페이지가 즉시 뜨는" 성배에 좀 더 다가갈 수 있다. 표 1.3은 이러한 목표를 달성하기 위해 크롬이 사용하는 네 가지 핵심 최적화 기법들이다.

표 1.3 크롬에 쓰이는 네트워크 최적화 기법

기법	설명
사전 DNS 환원	DNS 잠복지연을 피하기 위해 호스트 이름들을 미리 환원한다.
사전 TCP 연결	TCP 제어 교환 잠복지연을 피하기 위해 목적지 서버에 미리 연결한다.
자원 미리 가져오기	페이지 렌더링 속도를 높이기 위해 페이지의 핵심 자원들을 미리 가져온다.
사전 페이지 렌더링	사용자의 동작이 일어난 즉시 내비게이션이 완료될 수 있도록, 페이지와 그 자원들을 미리 모두 가져와서 렌더링한다.

이러한 기법들 각각의 적용 여부를 결정할 때 크롬은 최적의 결과가 나오도록 아주 많은 수의 제약조건들을 고려한다. 이 최적화들은 모두 모험적이다. 잘못 적용하면 오히려 불필요한 작업과 네트워크 소통이 생길 수 있으며, 그래서 사용자가 유발한 실제 내비게이션의 적재(loading) 시간에 악영향을 미칠 수 있다.

크롬이 이러한 문제를 처리하는 방법은 이렇다. 예측기(Predictor 단일체)는 가능한 한 많은 신호를 소비한다. 그러한 신호에는 사용자가 유발한 동작들, 브라우징 이력(history) 자료는 물론 렌더러와 네트워크 스택 자체의 신호들도 포함된다.

크롬 안에서의 모든 네트워크 활동을 중재하는 임무를 맡은 ResourceDispatcherHost 처럼, Predictor 객체도 사용자와 네트워크에 의해 유발된 크롬 내부 활동에 대해 다양한 필터들을 생성한다. 이를테면:

- 렌더 프로세스의 신호들을 감지하기 위한 IPC 채널 필터.
- 각 요청마다 추가되는 ConnectInterceptor 객체. 이 객체는 각 요청에 대한 네트워크 소통 패턴을 관찰하고 성공 수치들을 기록하는 데 쓰인다.

이해를 돕기 위한 예로, 다음은 렌더 프로세스가 브라우저 프로세스에게 보내는 메시지 안에 포함시킬 수 있는 다양한 여러 힌트들을 정의하는 ResolutionMotivation 열거형(url_info.h[19])이다.

---

19   http://code.google.com/searchframe#OAMlx_jo-ck/src/chrome/browser/net/url_info.h&l=35

```
enum ResolutionMotivation {
  MOUSE_OVER_MOTIVATED,       // 사용자가 링크 위에 마우스를 올린 경우.
  OMNIBOX_MOTIVATED,          // 옴니박스가 이 목적지의 환원을 제시했음.
  STARTUP_LIST_MOTIVATED,     // 이 자원이 상위 10개의 시동 목록에 있음.
  EARLY_LOAD_MOTIVATED,       // 종종 실제 요청이 일어나기 전에 미리 연결을
                              // 준비하고 자원들을 가져오기도 한다.

  // 다음은 내비게이션에 의해 유발되는 예측적 미리 가져오기에 관련된 것이다.
  // 이들이 적용될 때에는 referring_url_도 설정된다.
  STATIC_REFERAL_MOTIVATED,   // 외부 데이터베이스가 제시한 환원.
  LEARNED_REFERAL_MOTIVATED,  // 이전의 내비게이션 이력에 기초한 환원.
  SELF_REFERAL_MOTIVATED,     // 두 번째 연결의 필요성에 대한 추측.

  // <중략> ...
};
```

이러한 힌트들이 주어졌을 때, 예측기의 목표는 예측이 성공할 가능성을 평가하는 것, 그리고 자원들을 사용할 수 있는 경우에는 활동을 유발하는 것이다. 모든 힌트에는 성공 확률과 우선순위, 만료 시간이 부여될 수 있으며, 크롬이 모험적 최적화들을 담은 내부 우선순위 대기열을 관리할 때 그런 정보들의 조합이 쓰이기도 한다. 마지막으로, 예측기는 그 대기열로부터 비롯되어서 전송된 요청들에 대해 그 성공률을 추적한다. 그러한 수치들은 이후의 결정을 더욱 최적화하는 데 도움이 된다.

크롬 네트워크 아키텍처 요약

* 크롬은 렌더 프로세스들이 브라우저 프로세스와 격리된 형태의 다중 프로세스 아키텍처를 사용한다.
* 크롬은 자원 전송기(dispatcher) 인스턴스를 하나만 사용한다. 이 인스턴스는 브라우저 커널 프로세스 안에서 실행되며, 모든 렌더 프로세스가 공유한다.
* 네트워크 스택의 대부분은 단일 스레드 방식의 크로스플랫폼 라이브러리로서 구현된다.
* 네트워크 스택은 모든 네트워크 연산을 비차단(non-blocking) 방식으로 관리한다.
* 네트워크 스택의 공유는 효율적인 자원 우선순위화와 재사용을 가능하게 하며, 실행 중인 모든 프로세스에 대한 전역적인 최적화를 수행할 수 있는 능력을 브라우저에게 부여한다.

- 각각의 렌더 프로세스는 IPC를 통해서 자원 전송기(ResourceDispatcherHost 단일체)와 통신한다.
- 자원 전송기는 커스텀 IPC 필터를 통해서 자원 요청들을 가로챈다.
- 예측기는 자원 요청들과 응답 메시지를 가로채서 향후 네트워크 요청들을 파악하고 최적화하는 데 사용한다.
- 예측기는 파악된 네트워크 소통 패턴에 기초해서 DNS 조회와 TCP 연결 일정을 모험적으로 수립할 수 있다. 이에 의해, 사용자가 내비게이션을 유발했을 때 수백 밀리초가 절약된다.

1.7 브라우저 세션의 일생

3천 미터 상공에서 내려다 본 크롬 네트워크 스택의 모습을 머리에 담아 두고, 이번에는 사용자와 마주한 측면들에 관련해서 브라우저 안에서 수행되는 최적화들을 좀 더 자세히 살펴보자. 좀 더 구체적으로, 사용자가 방금 새 프로파일을 생성하고 크롬을 사용하기 시작했다고 가정하자.

콜드부트 체험의 최적화

사용자가 브라우저를 처음 띄웠을 때 브라우저는 사용자의 선호 사이트들이나 내비게이션 패턴을 거의 알지 못한다. 그러나 다수의 사용자들은 브라우저를 콜드부트^{cold boot}★한 후 매번 동일한 경로를 따른다. 이를테면 전자우편 편지함을 살펴본 후 즐겨 찾는 뉴스 사이트나 소셜 사이트, 인터넷 포털 등을 방문하는 등이다. 구체적인 사이트들은 다르겠지만, 그런 일상적인 세션들의 유사성은 크롬의 예측기가 콜드부트 체험을 가속화할 수 있는 여지를 제공한다.

★ [역주] 일반적으로 콜드부트는 전원이 꺼진 상태에서 컴퓨터를 켜서 시동하는 것을 뜻한다. 지금 문맥에서는 주 메모리에 브라우저 프로그램의 인스턴스가 전혀 들어 있지 상태에서 브라우저를 새로 띄우는 것, 아주 간단히 말하면 컴퓨터를 켠 후 처음으로 또는 브라우저를 완전히 닫은 후에 다시 브라우저를 띄우는 것을 말한다.

크롬은 브라우저가 시작된 후 사용자가 방문할 가능성이 큰 상위 10개의 유망한 호스트 이름들을 기억해 둔다. 전체적인 유망 사이트 상위 10개 아니라, 브라우저를 새로 시작한 후의 유망 사이트 상위 10개임을 주목하기 바란다. 브라우저를 시동하는 과정에서 크롬은 그런 유망 목적지들에 대해 DNS 조회를 미리 수행할 수 있다. 궁금한 독자라면 크롬에서 새 탭을 열고 chrome://dns로 이동해 보기 바란다. 그러면 독자의 시동 시 호스트이름 목록을 볼 수 있다. 페이지 상단에는 현재 프로파일에 대한 시동 시 유망 후보 목적지 상위 10개가 나와 있다.

그림 1.5의 스크린샷은 본 필자의 크롬 프로파일의 예이다. 이 예를 보면 필자의 브라우징 패턴을 짐작할 수 있을 것이다. 이글을 쓸 때처럼 저술 작업을 할 때에는 Google 문서 사이트에 자주 들린다. 이 목록에 구글의 호스트 이름들이 많이 등장하는 것은 필자로서는 당연한 일이다.

Future startups will prefetch DNS records for 10 hostnames

Host name	How long ago (HH:MM:SS)	Motivation
http://www.google-analytics.com/	15:31:33	n/a
https://a248.e.akamai.net/	15:31:30	n/a
https://csi.gstatic.com/	15:31:16	n/a
https://docs.google.com/	15:31:18	n/a
https://gist.github.com/	15:31:34	n/a
https://lh6.googleusercontent.com/	15:31:16	n/a
https://secure.gravatar.com/	15:31:29	n/a
https://ssl.google-analytics.com/	15:31:29	n/a
https://ssl.gstatic.com/	15:31:16	n/a
https://www.google.com/	15:31:16	n/a

그림 1.5 시동 DNS

옴니박스와의 상호작용 최적화

크롬의 혁신 중 하나는 바로 옴니박스를 도입한 것이다. 이전 브라우저들과는 달리, 이 주소창은 단순히 목적지 URL을 입력 받는 것보다 훨씬 많은 기능을 제공한다. 사용자가 과거에 방문한 페이지들의 URL을 기억하는 것은 물론, 사용자의 내비게이션 이력에 대한 전문 검색(fulltext search) 기능도 제공한다. 또한 옴니박스는 사용자가 선택한 검색 엔진과도 밀접히 통합되어 있다.

사용자가 뭔가를 입력하면 옴니박스는 자동으로 적절한 동작을 제안한다. 그것은 사용자의 내비게이션 이력에 기초한 하나의 URL일 수도 있고 검색 질의일 수도 있다. 내부적으로, 크롬은 제안할 각 동작마다 주어진 질의는 물론 과거의 성과도 고려해서 점수를 매긴다. 이에 해당하는 자료를 사용자가 직접 살펴보는 것도 가능하다. chrome://predictors를 방문하면 된다.

크롬은 사용자가 입력한 접두사들과 자신이 제안한 동작들, 그리고 각각의 적중 비율을 기억해 둔다. 필자의 프로파일(그림 1.6)의 경우, 옴니박스에 'g' 자를 입력한 경우 76%는 목적지가 Gmail이었다. 그다음에 'm'을 입력해서 "gm"이 되면 목적지가 Gmail일 확률이 99.8%까지 올라간다. 실제로, 기록된 412회의 방문 중 "gm"을 입력한 후에 Gmail 이외의 곳으로 간 적은 딱 한 번이다.

☑ Filter zero confidences

Entries: 125

User Text	URL	Hit Count	Miss Count	Confidence
g	http://gmail.com/	594	186	0.7615384615384615
gi	http://githubarchive.org/	25	55	0.3125
gi	https://gist.github.com/	16	49	0.24615384615384617
gis	https://gist.github.com/	19	1	0.95
gist	https://gist.github.com/	19	1	0.95
githuba	http://githubarchive.org/	3	0	1
gm	http://gmail.com/	411	1	0.9975728155339806

그림 1.6 옴니박스 URL 예측

이것이 네트워크 스택과 무슨 관련이 있을까? 이 URL 예측기 목록 페이지에서 노란 바탕과 녹색 바탕의 유망 후보 항목들은 ResourceDispatcher에 중요한 신호들이기도 하다. 유망 후보(노란색)의 경우 크롬은 해당 호스트에 대한 사전 DNS 조회를 시작할 수 있다. 확실성이 더 큰 후보(녹색)의 경우에는 호스트 이름을 환원한 후 TCP 연결을 미리 준비할 수 있다. 더 나아가서, 사용자가 입력을 다 마치기 전에 DNS와 TCP가 준비된다면, 숨겨진 탭에서 해당 페이지 전체를 미리 렌더링할 수도 있다.

입력된 접두사에 잘 부합하는 항목을 과거의 내비게이션 이력에서 찾을 수 없을 때에는 검색 요청이 주어질 가능성이 있다는 판단하에서 크롬이 사용자의 검색 제공자에 대한 DNS 조회와 TCP 연결을 미리 시작할 수 있다.

평균적인 사용자가 옴니박스에 질의를 입력하고 자동 완성 제안들을 평가하는 데 걸리는 시간은 수백 밀리초이다. 그 동안 배경에서 크롬은 사전 조회 및 연결을 수행할 수 있으며, 경우에 따라서는 페이지를 미리 렌더링할 수도 있다. 사용자가 Enter 키를 누르는 시점에서는 네트워크 잠복지연의 상당 부분이 이미 제거된 상황이 된다.

캐시 성능 최적화

최고의, 그리고 가장 빠른 요청은 요청되지 않은 요청이다. 성능을 이야기하면서 캐시^{cache}를 언급하지 않을 수는 없다. 혹시 독자의 웹 사이트가 웹 페이지를 구성하는 모든 자원에 대해 Expires와 ETag, Last-Modified, Cache-Control 응답 헤더[20]를 제공하는 않는다면, 지금 당장 고치길 권한다.

크롬의 내부 캐시는 두 가지 방식으로 구현되어 있다. 하나는 지역 디스크에 저장하는 형태이고 또 하나는 모든 것을 메모리에 저장하는 형태이다. 메모리 내부 구현은 '암행(incognito)[★] 브라우징 모드[21]에 쓰이는 것으로, 창을 닫으면 캐시가 깨끗이 지워진다. 두 방식 모두 동일한 내부 인터페이스(disk_cache::Backend와 disk_cache::Entry)를 구현한다. 이 덕분에 아키텍처가 아주 단순해지며, 관심 있는 개발자가 실험적인 캐시 구현을 만들어서 시험하는 것도 가능하다.

내부적으로 디스크 캐시는 자신만의 독자적인 자료구조들을 구현한다. 그러한 자료구조들은 모두 프로파일당 하나의 캐시 폴더에 저장된다. 이 폴더 안에는 여러 색인 파일들이 있는데, 그 파일들은 브라우저 시작 시 메모리에 대응(mapping)된다. 또한 실제 자료와 관련 HTTP 헤더들, 그리고 기타 관리용 정보를 담는 자료 파일들도 있다.[22] 마지막으로, 디스크 캐시는 접근 빈도나 자원 연령 같은 수치들을 고려해서 캐시 자료들의 등급을 매기는 최근 최소 사용(least recently used; LRU) 전략을 이용해서 자료들을 정리한다.

크롬 캐시의 상태에 대해 좀 더 알고 싶은 독자라면 새 탭에서 chrome://net-internals/#httpCache로 가보기 바란다(그림 1.7). 또는, 실제 HTTP 메타자료와 캐시 응답들을 보고 싶다면 chrome://cache를 방문하면 된다. 그 페이지는 현재 캐시에 있는 모든 자원을 나열한다. 페이지 검색 기능으로 특정 자원을 찾은 후 해당 URL을 클릭하면 캐시에 있는 헤더들과 응답 바이트들을 실제로 볼 수 있다.

---

20   https://developers.google.com/speed/docs/best-practices/caching

21   http://support.google.com/chrome/bin/answer.py?hl=en&answer=95464

22   크기가 16KB 이하인 자원들은 공유 자료 블록 파일들에 함께 저장되고, 그보다 큰 자원은 디스크에 개별적인 파일로서 저장된다.

★   역주 크롬 한국어 버전은 Incognito 창을 '시크릿' 창이라고 표현한다.

그림 1.7 크롬 캐시 상태 살펴보기

사전 DNS 조회의 최적화

사전 DNS 조회는 앞에서 여러 번 언급했으므로, 그 구현을 살펴보기 전에 우선 사전 DNS 조회(호스트 이름 환원)가 실행되는 경우들과 이유를 정리하고 넘어가는 것이 좋겠다.

- 렌더 프로세스 안에서 실행되는 블링크 문서 파서parser가 현재 페이지의 모든 링크의 호스트 이름 목록을 제공하고, 크롬이 그 호스트 이름들을 미리 환원하기로 결정한 경우
- 마우스 호버나 '버튼 누름' 사건이 발생하고, 렌더 프로세스가 사용자가 곧 내비게이션 동작을 취할 가능성이 있다고 판단한 경우
- 옴니박스가 유망도 높은 제안에 기초해서 호스트 이름 환원을 요청한 경우
- 예측기가 과거의 내비게이션과 자원 요청 자료에 기초해서 호스트 이름 환원을 요청한 경우
- 페이지 소유자가 명시적으로 크롬에게 호스트 이름을 미리 환원해야 한다고 지시한 경우

이 모든 경우에서 사전 DNS 조회 요청은 하나의 힌트로만 취급된다. 즉, 사전 조회가 반드시 일어난다는 보장은 없다. 크롬은 각 신호를 자신의 예측기와 함께 사용해서 힌트를 평가하고 동작을 결정한다. 즉 크롬이 제 때 호스트 이름을 미리 환원할 수 없는 '최악

의 경우' 사용자는 크롬이 명시적인 DNS 환원과 TCP 연결 과정을 수행하고 실제 자원 가져오기를 마칠 때까지 기다려야 한다. 그러나 그런 경우에도 예측기는 해당 사실을 기억해 두고 향후의 결정 과정을 적절히 조정할 수 있다. 크롬은 사용할수록 빠르고 똑똑해진다.

앞에서는 이야기하지 않았지만, 크롬은 각 사이트의 위상구조를 파악하고 그 정보를 이용해서 향후의 방문들을 가속화하는 능력도 가지고 있다. 앞에서 언급한, 서로 다른 15개 이상의 호스트들에서 제공되는 88개의 자원으로 이루어진 평균적인 페이지를 예로 들어서 이 부분을 좀 더 이야기해 보자. 크롬은 페이지를 구성하는 부분자원(subresource)들 중 자주 요청되는 것들의 호스트 이름들을 기록해 두고, 이후 방문 시 그 자원들 일부 또는 전체에 대해 사전 DNS 조회와 사전 TCP 연결을 적용할 수 있다.

Host for Page	Page Load Count	Subresource Navigations	Subresource PreConnects	Subresource PreResolves	Expected Connects	Subresource Spec
https://plus.google.com/	688	6	4	17	0.013	https://apis.google.com/
		2	3	8	0.065	https://csi.gstatic.com/
		152	27	33	0.194	https://lh3.googleusercontent.com/
		2	3	1	0.509	https://lh6.googleusercontent.com/
		896	296	386	1.853	https://plus.google.com/
		79	22	18	0.194	https://ssl.gstatic.com/

그림 1.8 부분자원 통계치

크롬에 저장되어 있는, 현재 프로파일에 대한 부분자원 호스트이름들을 보고 싶다면 chrome://dns를 방문하면 된다. 독자가 자주 방문하는 목적지 호스트 이름을 검색해서 그 사이트가 어떤 호스트들의 자원들로 이루어져 있는지 파악해 보기 바란다. 그림 1.8을 보면 Google+에 대해 크롬이 기억하고 있는 여섯 부분자원 호스트 이름들과 사전 DNS 조회나 사전 TCP 연결이 실행된 횟수, 그리고 각 자원의 평균 제공 횟수를 알 수 있다. 크롬 예측기가 최적화를 수행할 수 있는 것은 바로 이러한 내부적인 통계치 덕분이다.

내부적인 신호들 외에, 사이트 소유자도 자신의 웹 페이지에 추가적인 마크업을 포함시킴으로써 사전 호스트 이름 환원을 브라우저에게 요청할 수 있다.

```
<link rel="dns-prefetch" href="//미리_환원할_호스트_이름.com">
```

그냥 브라우저의 자동화된 최적화에 의존하지 않고 이렇게까지 하는 한 가지 이유는, 미리 환원했으면 하는 호스트 이름이 페이지의 어디에도 언급되어 있지 않을 수 있다는 점이다. 대표적인 예가 재지정(redirect)이다. 예를 들어 한 링크가 가리키는 호스트(분석 추적 서비스 등)가 사용자를 실제 목적지로 재지정하는 경우가 흔히 있는데, 이때 링크 자체만으로는 크롬이 실제 목적지를 유추할 수 없다. 이런 경우 페이지 소유자가 직접 힌트를 주면 브라우저가 실제 목적지의 호스트 이름을 미리 환원할 수 있게 된다.

이 모든 것이 내부적으로 어떻게 구현되어 있을까? 지금까지 살펴본 다른 모든 최적화와 마찬가지로, 이 질문에 대한 답은 크롬의 버전에 따라 다르다. 이는 크롬 개발팀이 항상 성능 개선을 위한 새롭고 더 나은 방법을 시험하고 있기 때문이다. 그러나 크게 보면 크롬의 DNS 조회 기반구조의 구현은 크게 두 종류이다. 역사적으로 크롬은 플랫폼 독립적인 getaddrinfo() 시스템 호출에 의존해 왔다. 즉, 실질적인 조회 작업은 운영체제에 맡기는 것이다. 그러나 이러한 접근방식은 크롬 고유의 비동기 DNS 환원기 구현으로 차츰 대체되고 있다.

운영체제에 의존하는 원래의 구현의 장점은 코드가 더 적고 간단하다는 것, 그리고 운영체제의 DNS 캐시를 활용할 수 있다는 것이다. 그러나 getaddrinfo()는 차단되는 시스템 호출이다. 그래서 여러 개의 조회를 병렬로 실행하려면 크롬이 전담 일꾼 스레드(worker thread) 풀을 만들어서 관리해야 한다. 이러한 합류(join)되지 않는 스레드들의 풀 하나는 최대 여섯 개의 일꾼 스레드를 담을 수 있다. 6이라는 수는 최소 공통분모에 해당하는 하드웨어 실험을 통해 얻은 것이다. 일부 사용자의 경우 병렬 요청 개수가 그보다 많으면 라우터(router)에 부하가 과도하게 걸릴 수 있다.

일꾼 스레드 풀 방식에서 크롬은 그냥 각 스레드마다 getaddrinfo()를 호출한다. 호출이 반환될 때까지 일꾼 스레드는 차단된다. 호출이 반환되면 스레드는 반환된 결과를 그냥 폐기하고 다음 사전 조회 요청을 처리한다. 결과는 운영체제의 DNS 캐시에 저장되며, 이후 같은 호스트에 대해 getaddrinfo()를 호출하면 즉시 결과가 반환된다. 이는 간단하고 효과적이며 실제로 잘 작동한다.

그러나, 효과적이긴 하지만 충분히 좋은 것은 아니다. getaddrinfo()에 의존해서는 각 레코드의 TTL(time-to-live; 유효 수명)이라던가 DNS 캐시 자체의 상태 같은 여러 유용한 정보를 얻을 수 없다. 성능 개선을 위해, 크롬 개발팀은 자신만의 크로스플랫폼 비동기 DNS 환원기를 구현하기로 결정했다.

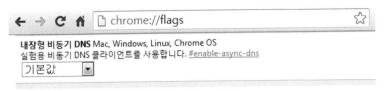

그림 1.9 비동기 DNS 환원기 활성화

새 비동기 환원기를 만들어서 DNS 조회를 크롬에서 직접 실행함으로써, 다음과 같은 새로운 최적화들이 가능해진다.

- 재전송 타이머들을 좀 더 잘 제어할 수 있으며, 여러 개의 질의를 병렬로 수행할 수 있다.
- 항목들의 TTL을 볼 수 있으므로 인기 있는 항목들을 크롬이 미리 갱신하는 것이 가능하다.
- 이중 스택 구현(IPv4와 IPv6)에 대해 DNS 조회를 좀 더 잘 수행할 수 있다.
- RTT나 기타 신호에 기초해서 서로 다른 서버들에 대해 실패 복구를 수행할 수 있다.

이 모든 것과 기타 여러 가지 것들은 크롬 개발팀 내부의 지속적인 실험과 개선을 위한 착안으로 작용한다. 그렇다면, 이러한 착안들의 영향을 어떻게 파악하고 측정할 것인가라는 질문이 자연스럽게 제기된다. 답은 간단하다. 크롬은 개별 프로파일마다 상세한 네트워크 성능 통계치를 관리한다. 새 탭을 열고 chrome://histograms/DNS를 방문하면 수집된 DNS 수치들의 막대그래프를 볼 수 있다(그림 1.10).

```
Histogram: DNS.PrefetchResolution recorded 2621 samples, average = 126.6 (flags = 0x1)
0    0                                                              (0 = 0.0%)
15   --------------------------------------------------------O      (366 = 14.0%) {0.0%}
17   -----------------------------------------------O               (292 = 11.1%) {14.0%}
19   ----------------------------------------------O               (289 = 11.0%) {25.1%}
21   -------------------------------O                              (195 = 7.4%) {36.1%}
23   ------------------------O                                     (187 = 7.1%) {43.6%}
26   ---------------O                                             (112 = 4.3%) {50.7%}
29   -----------O                                                 (85 = 3.2%) {55.0%}
32   ---------O                                                   (79 = 3.0%) {58.2%}
36   ------O                                                      (59 = 2.3%) {61.2%}
40   ----O                                                        (51 = 1.9%) {63.5%}
45   ----O                                                        (47 = 1.8%) {65.4%}
50   ---O                                                         (42 = 1.6%) {67.2%}
```

그림 1.10 사전 DNS 조회 막대그래프

이 막대그래프는 사전 DNS 조회 요청 잠복지연들의 분포를 보여준다. 사전 조회 질의들의 약 50%(제일 오른쪽 열)가 20ms(제일 왼쪽 열) 이내에 완료되었다. 이 자료는 최근 브라우징 세션들(표본 9869개)에 기초한 것으로, 사용자만 볼 수 있다. 만일 사용자가 자신의 크롬 사용 통계치들의 보고를 허락했다면, 이 자료의 요약본이 익명화되어서 주기적으로 크롬 엔지니어링 팀에 전송된다. 크롬 개발자들은 이에 근거해서 자신의 실험들의 영향을 파악하고 적절히 조율한다.

사전 연결을 이용한 TCP 연결 관리 최적화

호스트 이름을 미리 환원해 두었고, 옴니박스나 크롬 예측기의 추정에 따르면 조만간 내 비게이션 사건이 발생할 가능성이 크다고 하자. 그렇다면 한 걸음 더 나아가서, 사용자가 실제로 요청하기 전에 목적지 호스트에 미리 연결해서 TCP 제어 교환을 완료하는 것이 바람직할 것이다. 그렇게 하면 잠복지연 왕복운행 1주기를 미리 제거함으로써 손쉽게 사용자의 대기 시간을 수백 밀리초 절약할 수 있다. 이상이 바로 사전 TCP 연결의 작동 방식이자 취지이다.

사전 TCP 연결이 적용된 호스트들을 보고 싶다면 새 탭에서 chrome://dns로 가면 된다.

Host for Page	Page Load Count	Subresource Navigations	Subresource PreConnects	Subresource PreResolves	Expected Connects	Subresource Spec
https://plusone.google.com/	51	36	23	18	1.215	https://plusone.google.com/

그림 1.11　사전 TCP 연결이 적용된 호스트들

우선 크롬은 호스트 이름에 대해 사용 가능한 소켓이 소켓 풀들에 있는지 점검한다. TCP 제어 교환과 느린 시작 조건을 피하기 위해 크롬은 연결 유지(keep-alive) 소켓들을 일정 기간 동안 풀에 유지해 둔다. 그런 소켓이 있으면 재사용을 시도한다. 만일 소켓이 없으면 TCP 제어 교환을 수행한 후 풀에 넣는다. 잠시 후 사용자가 실제로 내비게이션을 요청하면 즉시 HTTP 요청을 보낼 수 있다.

좀 더 알고 싶은 독자라면 chrome://net-internals#sockets를 방문해 보길 바란다. 현재 크롬에 열려 있는 모든 소켓의 상태를 이 페이지에서 볼 수 있다. 그림 1.12에 예가 나와 있다.

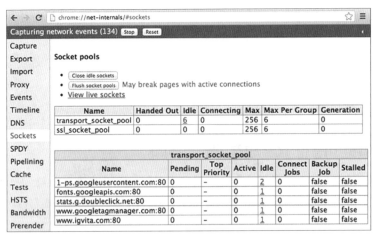

그림 1.12 열린 소켓들

각 소켓별로 시간대 정보를 조사하는 것도 가능함을 주목하기 바란다. 연결 및 프록시 시간들이나 각 패킷의 도착 시간 등 많은 정보를 얻을 수 있다. 게다가 이 자료를 추가적인 분석이나 버그 보고를 위해 저장할 수도 있다. 좋은 계장(instrumentation) 수단은 모든 성능 최적화에서 필수적인 요소이며, chrome://net-internals는 크롬의 모든 네트워킹 정보의 집결지이다. 아직 살펴보지 않았다면 지금이라도 살펴보길 권한다.

미리 가져오기 힌트를 이용한 자원 적재 최적화

브라우저의 사용자 체험 최적화를 돕기 위해 페이지 작성자가 자신의 사이트의 구조나 배치에 기초한 추가적인 내비게이션 힌트나 페이지 문맥을 제공하기도 한다. 크롬이 지원하는 그러한 힌트는 두 종류이다. 다음 예에서 보듯이, 두 힌트 모두 적절한 마크업을 통해서 페이지에 포함된다.

```
<link rel="subresource" href="/javascript/myapp.js">
<link rel="prefetch"    href="/images/big.jpeg">
```

부분자원 힌트와 미리 가져오기 힌트는 매우 비슷해 보이지만 그 의미론은 아주 다르다. 링크 자원(link 요소)에 'prefetch'라는 관계(rel 특성)를 지정하면 브라우저는 이 자원이 향후 내비게이션에 필요할 수 있음을 인지한다. 다른 말로 하면, 이는 본질적으로 페이지 경계를 넘는 힌트이다. 반면 어떤 링크 자원의 관계를 'subresource'로 지정하는 것은 그 자원이 현재 페이지에 쓰이는 것이며, 따라서 브라우저가 문서에서 해당 자원을 만나기 전에 미리 가져오는 것이 바람직함을 뜻한다.

예상했겠지만, 두 힌트의 의미론이 다르기 때문에 자원 적재기(resource loader)가 이 힌트들을 처리하는 방식도 아주 다르다. 브라우저는 미리 가져오기 자원('prefetch'가 지정된)들의 우선순위를 낮게 잡고, 현재 페이지의 적재를 마친 후에만 이 자원들을 가져온다. 반면 부분자원들은 우선순위가 높다. 이들은 발견 즉시 적재가 시작되며, 현재 페이지들의 다른 자원들과 경쟁하게 된다.

두 힌트 모두, 적절한 문맥에서 제대로 사용한다면 사이트에 대한 사용자 체험의 최적화에 큰 도움이 된다. 마지막으로, 이러한 미리 가져오기가 HTML5 명세의 일부라는[23] 점과 현재 미리 가져오기는 파이어폭스^{Firefox}와 크롬이 지원하지만 부분자원은 크롬만 지원한다는[24] 점도 주목하기 바란다.

브라우저 사전 갱신을 이용한 자원 적재 최적화

안타깝게도 모든 사이트 소유자가 마크업을 통해서 부분자원 힌트를 브라우저에게 제공할 의사나 능력을 가지고 있지는 않다. 또한, 그런 힌트를 제공한다고 해도, 브라우저가 그 힌트들을 인식하고 필수 부분자원들을 가져오기 시작하려면 먼저 HTML 문서가 서버에서 브라우저로 전달되어야 한다. 서버 응답 시간이나 클라이언트와 서버 사이의 네트워크 잠복지연에 따라서는 HTML 문서 전달에 수백, 심지어 수천 밀리초가 걸릴 수 있다.

그러나 앞에서 보았듯이 크롬은 사전 DNS 조회를 위해 이미 유명 자원들의 호스트 이름들을 기억하고 있다. 따라서, 미리 DNS를 조회하고 TCP를 연결하는 것처럼, 자원들 역시 모험적으로 미리 가져오면 도움이 될 것이다. 그것이 바로 **사전 갱신**(prefreshing)이 하는 일이다. 대략적인 과정은 다음과 같다.

23　http://www.whatwg.org/specs/web-apps/current-work/multipage/links.html#link-type-prefetch
24　http://www.chromium.org/spdy/link-headers-and-server-hint/link-rel-subresource

- 사용자가 대상 URL을 요청한다.
- 크롬은 예측기에게 대상 URL에 연관된 부분자원들을 파악하고 있는지 묻고, 예측기의 예측 결과에 따라 사전 DNS 조회와 사전 TCP 연결, 사전 자원 갱신 과정을 시작한다.
- 파악된 부분자원이 캐시에 있다면 즉시 디스크에서 메모리로 적재한다.
- 파악된 부분자원이 캐시에 없거나 유효 기간이 만료되었으면 네트워크 요청을 진행한다.

사전 자원 갱신은 크롬에서 모든 실험적 최적화가 어떤 식으로 진행되는지 잘 보여주는 예이다. 이론적으로는 최적화에 의해 성능이 더 나아져야 하지만, 다른 비용을 치러야하는 경우도 많다. 어떤 최적화 기법을 크롬에 실제로 포함시킬 것인지를 신뢰성 있게 결정하는 방법은 단 한 가지이다. 그 기법을 구현하고, 특정한 사전 출시 채널들을 통해서 실제 사용자들과 실제 네트워크, 실제 브라우징 패턴으로 A/B 실험을 해보는 것이다.

2013년 초 현재, 크롬 팀은 사전 갱신 최적화의 구현을 논의하는 단계이다. 만일 수집된 결과들이 긍정적이라면 2013년 말경에 사전 갱신이 크롬에 포함될 것이다. 크롬의 네트워크 성능 개선 과정은 결코 멈추지 않는다. 개발팀은 항상 새로운 접근방식과 착안, 기법들을 실험한다.

사전 렌더링을 이용한 내비게이션 최적화

지금까지 말한 모든 최적화는 사용자가 직접적으로 내비게이션을 요청한 시점과 해당 페이지가 탭에 렌더링되는 시점 사이의 잠복지연을 줄이는 데 도움이 된다. 그런데 페이지가 진정으로 '즉시 뜨는' 체험을 제공하는데 이러한 최적화들이 얼마나 도움이 될까? 이전에 본 사용자 체험 자료에 따르면, 사용자가 '즉시'라고 느끼기 위해서는 지연 시간이 100ms 미만이어야 한다. 따라서 네트워크 잠복지연에 허비할 시간은 별로 없다. 페이지가 100ms 미만의 시간으로 탭에 렌더링되게 하려면 어떻게 해야 할까?

답은 많은 사용자들이 흔히 사용하는 행동인, 탭을 여러 개 열어 두고 전환하는 방식에 있다. 한 탭에서 다른 탭으로의 전환은 '즉시' 일어나며, 같은 자원들을 하나의 전경

탭에서 순차적으로 내비게이션하면서 기다리는 것보다 훨씬 빠르다. 그렇다면 브라우저가
이를 위한 API를 제공하면 어떨까?

```
<link rel="prerender" href="http://example.org/index.html">
```

예상했겠지만, 이것이 바로 크롬의 사전 렌더링(prerendering)이다[25]. "prerender"를 만나
면 크롬은 "prefetch" 힌트에서처럼 하나의 자원을 내려 받는 것으로 그치는 것이 아니라
해당 페이지와 그 부분자원들을 모두 숨겨진 탭에서 실제로 렌더링한다. 사용자는 아직
숨겨진 탭을 볼 수 없다. 사용자가 실제로 내비게이션을 요청하면 탭이 배경에서 전경으
로 나타나며, 이에 의해 '즉시 뜨는' 체험이 제공된다.

이를 실제로 시험해 보고 싶다면 http://prerender-test.appspot.com에 체험용 시
연 페이지가 있다. 또한 현재 프로파일에 대한 사전 렌더링된 페이지들의 이력과 상태를
chrome://net-internals/#prerender에서 볼 수 있다(그림 1.13).

그림 1.13 현재 프로파일의 사전 렌더링 페이지들

---

25 https://developers.google.com/chrome/whitepapers/prerender

예상했겠지만 숨겨진 탭에서 한 페이지 전체를 렌더링하는 데에는 많은 자원(CPU와 네트워크 모두)이 소비된다. 따라서 이 최적화는 숨겨진 탭이 사용될 것이 확실한 경우에만 적용되어야 한다. 예를 들어 사용자가 옴니박스를 사용하는 경우 적중 확률이 높은 제안에 대해 사전 렌더링이 유발될 수 있다. 마찬가지로, 구글 검색은 첫 번째 검색 결과가 실제로 사용자가 원하는 목적지일 확률이 크다고 추정한 경우 종종 자신의 마크업에 사전 렌더링 힌트를 포함시킨다(소위 구글 순간 페이지(Instant Page)가 바로 이것이다).

물론 독자의 사이트에 사전 렌더링 힌트들을 추가하는 것도 가능하다. 단, 사전 렌더링에는 다음과 같은 여러 제약조건과 한계가 있음을 주지할 필요가 있다.

- 모든 프로세스에 대해 많아야 하나의 사전 렌더링 탭만 허용된다.
- HTTPS 페이지나 HTTP 인증을 요구하는 페이지는 허용되지 않는다.
- 요청된 자원 또는 부분자원에 비멱등非冪等(non-idempotent) 요청★이 요구되는 경우 사전 렌더링은 폐기된다(오직 GET 요청만 허용된다).
- 모든 자원 전송은 가장 낮은 네트워크 우선순위로 처리된다.
- 페이지 렌더링은 가장 낮은 CPU 우선순위로 처리된다.
- 메모리 요구량이 100MB를 넘으면 페이지가 폐기된다.
- 플러그인 초기화는 지연되며, 만일 HTML5 매체 요소가 존재하면 사전 렌더링이 폐기된다.

간단히 말하면 사전 렌더링은 반드시 일어난다는 보장이 없으며, 오직 안전한 페이지에 대해서만 적용된다. 또한, 숨겨진 페이지 안에서 JavaScript나 기타 논리 코드가 실행될 수 있으므로, 페이지 가시성 API[26]를 활용해서 페이지가 가시적인지 점검하는 것이 바람직하다. 이는 꼭 사전 렌더링이 아니더라도 필요한 일이다.[27]

---

26   https://developers.google.com/chrome/whitepapers/pagevisibility

27   http://www.html5rocks.com/en/tutorials/pagevisibility/intro/

★   역주 몇 번을 반복해도 같은 결과(서버의 응답이나 시스템의 상태)가 나오는 요청을 멱등(idempotent) 요청이라고 말한다. GET 요청이라고 해도, 예를 들어 페이지를 적재할 때마다 조회수가 올라가고 그 조회수가 페이지의 일부인 경우에는 멱등 요청이 아닐 수 있다.

1.8 크롬은 사용하면 할수록 빨라진다

크롬의 네트워크 스택이 단순한 소켓 관리자보다 훨씬 많은 것을 제공함은 분명하다. 지금까지, 사용자가 웹을 돌아다니는 동안 크롬이 배경에서 수행하는 다양한 수준의 잠재적 최적화들을 간략하게나마 살펴보았다. 크롬이 웹의 위상구조와 사용자의 브라우징 패턴을 파악할수록 크롬의 성능은 더욱 좋아진다. 마치 마법처럼, 크롬은 사용하면 할수록 빨라진다. 물론 마법은 아니다. 이제는 독자도 숨겨진 작동방식을 알게 되었으니 말이다.

마지막으로, 크롬 개발팀이 계속해서 새로운 착안들을 시험하고 성능을 개선하고 있음을 주목해 주었으면 좋겠다. 이러한 과정은 결코 멈추지 않는다. 독자가 이 글을 읽는 시점에서는 이미 이 글에서 다루지 않은 새로운 실험과 최적화들이 개발, 검사, 채용되었을 것이다. 모든 페이지에 대해 페이지 즉시 적재(100ms 미만)라는 최종 목표에 도달한다면 그때는 잠시 쉴 수 있겠지만, 그때까지는 언제나 할 일이 많을 것이다.

제2장

SocialCalc에서 EtherCalc로

오드리 탱^{Audrey Tang}

EtherCalc[1]는 동시 편집에 최적화된 온라인 스프레드시트이다. 그리고 SocialCalc는 EtherCalc가 사용하는 브라우저 내 스프레드시트 엔진이다. 댄 브리클린^{Dan Bricklin}(스프레드시트의 창시자[★])이 설계한 SocialCalc는 기업 사용자들을 위한 사회적(social) 협동 도구 모음인 Socialtext 플랫폼의 일부이다.

2006년 SocialCalc를 개발하면서 Socialtext 팀은 성능을 주요 목표로 삼았다. 그들이 주목한 점은, JavaScript로 수행되는 클라이언트 쪽 계산이 비록 Perl로 수행되는 서버 쪽 계산보다 수십 배 느리긴 하지만, 그래도 AJAX 왕복운행 도중 발생하는 네트워크 잠복지연보다는 훨씬 빠르다는 것이었다.

---

1   http://ethercalc.net/
★   _{역주} 브리클린은 1975년에 최초의 스프레드시트 프로그램인 VisioCalc를 출시했다.

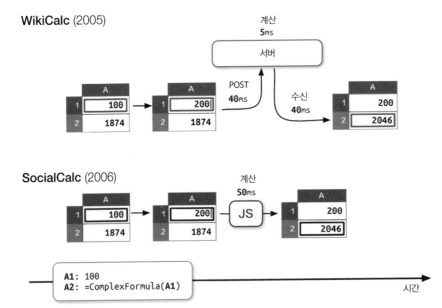

그림 2.1   WikiCalc와 SocialCalc의 성능 모형. 2009년 이후로 JavaScript 실행 시간이 50ms에서 10ms 미만으로
줄어들었다.

SocialCalc는 모든 계산을 브라우저에서 수행한다. 서버는 오직 스프레드시트의 적재
와 저장만 담당한다. 간단한 대화방 비슷한 아키텍처를 이용한 스프레드시트 동시적 협
동 작업 방식을 *Architecture of Open Source Applications*[BW11] 끝 부분에 실린 SocialCalc
관련 장에서 소개한 바 있다.

그런데 SocialCalc를 실제로 배치해서 시험해 보니 성능과 규모가변성(scalability) 특성
들에서 몇 가지 단점이 드러났다. 그것이 동기가 되어서, 받아들일 만한 성능에 도달하기
위한 일련의 시스템 전반적인 재작성 과정을 진행했다. 이번 장에서는 받아들일 만한 성
능을 내는 아키텍처에 어떻게 도달했으며 우리가 프로파일링 도구들을 어떻게 사용했는
지, 그리고 성능 문제를 극복하기 위해 어떤 새로운 도구들을 만들었는지 살펴본다.

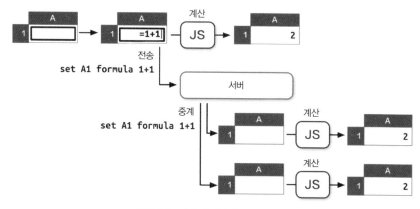

다중 플레이어 SocialCalc (2009)

그림 2.2 다중 플레이어 SocialCalc

설계상의 제약조건들

Socialtext 플랫폼은 '방화벽 뒤(behind-the-firewall) 배치' 옵션과 '클라우드cloud 배치' 옵션을 모두 제공한다. 이 때문에 EtherCalc의 자원 및 성능 요구사항에 독특한 제약이 생긴다.

이 글을 쓰는 현재, Socialtext의 VMWare vSphere 기반 인트라넷intranet 배치를 위해서는 CPU 코어 2개와 RAM 4GB가 필요하다. 클라우드 기반 호스팅의 경우 전형적인 Amazon EC2 인스턴스는 그보다 약 두 배의 수용 능력(코어 4개, RAM 7.5GB)을 요구한다.

다중 입주(multi-tenant) 방식의 호스팅 전용 시스템에서는 성능 문제가 있으면 그냥 하드웨어를 더 투입해서 해결할 수 있지만(이를테면, 나중에 구글 문서의 일부가 된 DocVerse처럼), 방화벽 뒤 배치에서는 그렇지 않다. 이 옵션에서는 서버의 수용 능력이 중간 수준이라고 가정해야 한다.

인트라넷 배치와는 달리 클라우드 호스팅 기반 인스턴스들은 수용 능력이 우월하고 필요에 따라 확장이 쉽지만 브라우저로부터의 네트워크 연결이 대체로 더 느리고 잦은 연결 단절 및 재연결 위험이 잠재한다는 문제가 있다.

정리하자면, 다음과 같은 자원 제약조건들이 EtherCalc의 아키텍처 지침들에 영향을 주었다.

메모리: 사건 기반(event-based) 서버에서는 작은 용량의 RAM으로도 수천 개의 동시 연결로 규모를 확장할 수 있다.

CPU: SocialCalc의 원래 설계에 기초해서, 우리는 대부분의 계산과 모든 콘텐트 렌더링을 클라이언트 쪽 JavaScript에 맡겼다.

네트워크: 스프레드시트의 내용이 아니라 연산들을 전송함으로써 대역폭 사용량을 줄이고 불안정한 네트워크 연결을 복구할 수 있다.

2.1 초기 원형

우리는 Perl 5로 구현된 WebSocket 서버로 시작했다. 이 구현은 비차단(non-blocking) 웹 서버인 Feersum[2]에 기반을 둔 것이다. Socialtext가 개발한 libev[3]에 기초한 Feersum은 아주 빨라서, 단일 CPU에서 초당 10,000 개 이상의 요청을 처리할 수 있다. Feersum 위에는 유명한 Socket.io JavaScript 클라이언트(WebSocket을 지원하지 않는 구식 브라우저와의 하위 호환성을 제공)를 활용하기 위한 PocketIO[4] 미들웨어가 놓인다.

초기 원형(prototype)은 대화(chat) 서버와 아주 비슷하다. 각각의 협동 세션은 하나의 대화방이다. 클라이언트들은 지역에서 실행한 명령들과 커서 이동들을 서버에 보내고, 서버는 그것들을 같은 대화망의 다른 모든 클라이언트에 중계(relay)한다.

그림 2.3은 전형적인 연산 흐름을 보여주는 도식이다.

서버는 각 명령을 타임스탬프와 함께 기록한다(log). 한 클라이언트가 연결이 끊긴 후 다시 연결되어도, 그 클라이언트는 단절된 후의 모든 요청을 담은 기록을 서버에게서 받아서 그 명령들을 지역에서 재생(playback)함으로써 다른 동료(peer)들과 같은 상태에 도달할 수 있다.

---

2 https://metacpan.org/release/Feersum
3 http://software.schmorp.de/pkg/libev.html
4 https://metacpan.org/release/PocketIO

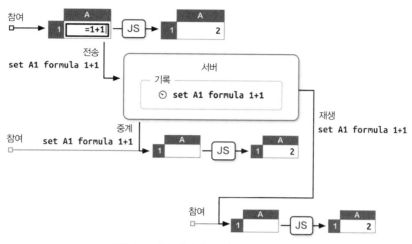

그림 2.3 기록 및 재생 기능을 가진 원형 서버

이 간단한 설계는 서버 쪽 CPU와 RAM 요구량을 최소화하며, 네트워크 실패에 대한 적당한 복원 능력을 제공한다.

2.2 첫 번째 병목

2011년 6월부터 이 원형(prototype)을 현장에서 시험하기 시작하고 얼마 되지 않아, 오래 지속되는 세션에서 성능 문제가 드러났다. 스프레드시트는 오래 열려 있는 문서이며, 한 주 동안 하나의 협동 세션의 누적 수정 횟수가 수천에 달할 수 있다. 소박한 기록 관리 모형에서는 클라이언트가 그런 편집 세션에 참여한 경우 수천 개의 명령을 재생해야 하며, 따라서 사용자가 처음으로 뭔가를 수정할 수 있으려면 상당히 긴 시간을 기다려야 한다.

이 문제를 완화하기 위해 우리는 스냅숏^{snapshot} 메커니즘을 구현했다. 하나의 방에 명령이 100개 전송될 때마다 서버는 활성화된 클라이언트 각각의 상태를 점검하고, 가장 최근 받은 스냅숏을 누적 명령 기록 다음에 저장한다. 새로 참여한 클라이언트는 저장된 스냅숏과 스냅숏 이후에 취해진 새 명령들을 받는다. 따라서 새 클라이언트는 많아야 99개의 명령들만 재생하면 된다.

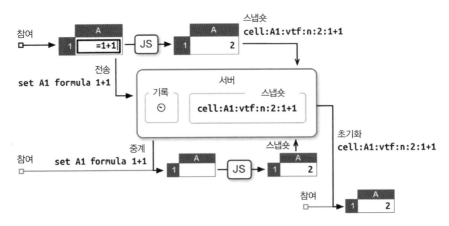

그림 2.4 스냅숏 메커니즘을 가진 원형 서버

이러한 우회책으로 새 클라이언트들에 관한 CPU 문제는 해결되었지만, 대신 각 클라이언트의 업로드 대역폭에 부담이 가중되어서 네트워크 성능 문제가 생겼다. 연결이 느린 경우 클라이언트가 보낸 이후의 명령들의 수신이 지연된다.

게다가 서버로서는 클라이언트가 제출한 스냅숏의 무결성을 검증할 방법이 없다. 따라서 오류가 있거나 불순한 의도로 만들어진 스냅숏 때문에 모든 새 클라이언트의 상태가 오염되어서 기존 동료들과의 동기화가 깨질 수 있다.

예민한 독자라면 두 문제 모두 서버가 스프레드시트 명령을 실행할 능력이 없다는 점에서 비롯되었음을 눈치챘을 것이다. 서버가 클라이언트의 명령을 받을 때마다 자신의 상태를 스스로 갱신한다면 누적 명령 기록을 유지할 필요가 아예 없다.

브라우저 내 SocialCalc 엔진은 JavaScript로 작성된 것이다. 이를 Perl로 이식하는 것도 생각해 보았지만, 그러면 코드 기반(code base) 두 개를 유지해야 하므로 비용이 너무 크다. 우리는 또한 내장 JavaScript 엔진(V8[5]나 SpiderMonkey[6] 등)도 시험해 보았지만, Feersum의 사건 루프 안에서 실행하는 경우 또 다른 성능상의 문제를 유발했다.

결국, 2011년 8월에 우리는 서버를 Node.js로 다시 작성하기로 결정했다.

---

5   https://metacpan.org/release/JavaScript-V8
6   https://metacpan.org/release/JavaScript-SpiderMonkey

2.3 Node.js로 이식

초기의 재작성 작업은 매끄럽게 진행되었다. 이는 Feersum과 Node.js 모두 동일한 libev 사건 모형에 기초하고 있으며 Pocket.io의 API가 Socket.io와 밀접하게 부합하기 때문이다. ZappaJS[7]가 제공하는 간결한 API 덕분에, 기능적으로 동등한 서버를 단 80줄짜리 코드로 구현하는 데 한나절밖에 걸리지 않았다.

초기의 마이크로 벤치마킹 결과[8]를 보면, Node.js로의 이식에 의해 최대 산출량이 약 절반으로 줄었음을 알 수 있다. 2011년 당시 전형적인 Intel Core i5 CPU에서 원래의 Feersum은 초당 5000개의 요청을 처리했지만, Node.js상의 Express는 초당 2800개의 요청이 최대였다.

첫 번째 JavaScript 이식이라는 점을 감안하면 이러한 성능 감소는 받아들일 만 했다. 사용자에 대한 잠복지연이 크게 는 것도 아니고, 또 시간이 지나면 점차 개선되리라고 생각했기 때문이다.

이후 우리는 클라이언트 쪽 CPU 사용량을 줄이고 각 세션에서 진행 중인 상태에 맞게 서버 쪽 SocialCalc 스프레드시트를 갱신하는 데 쓰이는 대역폭을 최소화하는 데 주력했다.

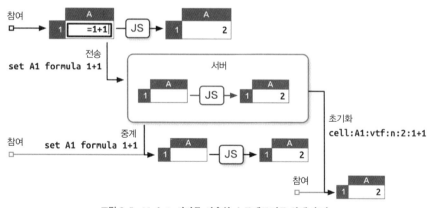

그림 2.5 **Node.js 서버를 이용한 스프레드시트 상태 유지**

---

7   http://zappajs.com/

8   https://github.com/c9s/BenchmarkTest/

2.4 서버 쪽 SocialCalc

이 작업을 가능하게 한 핵심 기술은 W3C 문서 객체 모형(DOM)의 완전한 구현인 jsdom[9]이다. jsdom 덕분에, Node.js에서 클라이언트 쪽 JavaScript 라이브러리를 시뮬레이션된 브라우저 환경으로 적재할 수 있다.

jsdom을 이용하면 임의의 개수의 서버 쪽 SocialCalc 스프레드시트들을 손쉽게 생성할 수 있다. 각 스프레드시트는 약 30KB의 RAM을 차지하며, 각자 자신만의 모래상자 안에서 실행된다.

```
require! <[ vm jsdom ]>
create-spreadsheet = ->
  document = jsdom.jsdom \<html><body/></html>
  sandbox  = vm.createContext window: document.createWindow! <<< {
    setTimeout, clearTimeout, alert: console.log
  }
  vm.runInContext """
    #packed-SocialCalc-js-code
    window.ss = new SocialCalc.SpreadsheetControl
  """ sandbox
```

각각의 협동 세션은 하나의 모래상자 안 SocialCalc 제어기(controller)에 대응된다. 각 제어기는 도착한 명령들을 실행한다. 그런 다음 서버는 갱신된 제어기 상태를 새로 참여한 클라이언트들에게 보낸다. 이 덕분에 누적 명령 기록을 유지할 필요가 없어진다.

벤치마크 결과가 만족스러웠기 때문에 우리는 Redis[10] 기반 영속층(persistence layer)을 작성하고 공개 베타 테스팅을 위해 EtherCalc.org를 띄웠다. 그 후 6개월간 시스템의 규모가 놀랄 만큼 잘 확장되어서, 단 한 번의 사고도 없이 수백 건의 스프레드시트 연산을 처리했다.

2012년 4월 OSDC.tw 컨퍼런스에서 EtherCalc에 관해 강연한 후, 나는 Trend Micro로부터 자신의 해커톤hackathon에 참여해 달라는 요청을 받았다. EtherCalc를 그들의 실시간 웹

---

9 https://github.com/tmpvar/jsdom
10 http://redis.io/

소통량 감시 시스템을 위한 프로그래밍 가능한 시각화 엔진으로 개조해 보자는 것이었다.

그런 용도를 위해 우리는 스프레드시트의 개별 칸(cell)에 GET/PUT 요청을 통해서 접근할 수 있으며 POST 요청을 이용해서 스프레드시트에 직접 명령을 실행할 수도 있는 REST API를 만들었다. 해커톤 기간 동안 새 REST 처리부는 초당 수백 개의 호출을 받아서 브라우저상의 그래프들과 공식(formula) 칸 내용을 갱신했으며, 그러면서도 속도가 느려지거나 메모리가 새는 일은 전혀 없었다.

그러나 시연일 막바지에 소통량 자료를 EtherCalc에 공급하고 브라우저 내 스프레드시트에 공식을 입력하기 시작하자마자 서버가 갑자기 멈추고 모든 활성 연결들이 얼어붙었다. 서버의 Node.js 프로세스를 재시동했지만 곧이어 CPU가 100% 점유되면서 다시 서버가 멈추었다.

당황한 우리는 더 작은 자료집합으로 대체했다. 그러자 서버가 제대로 작동하면서 시연을 마칠 수 있었다. 그러나 애초에 서버가 왜 멈추었는지는 알 수 없었다.

2.5 Node.js 프로파일링

CPU 점유율이 왜 그렇게 치솟았는지 파악하기 위해서는 프로파일러[profiler]가 필요했다.

초기의 Perl 원형을 프로파일링하는 것은 아주 간단했다. 주로는 NYTProf[11] 프로파일러 덕분이었다. 이 프로파일러는 함수별, 행별, 연산부호(opcode)별, 블록별 시간 정보와 상세한 호출 그래프 시각화[12] 및 HTML 보고서를 제공한다. NTYProf 외에 우리는 오래 지속되는 프로세스들을 Perl의 내장 DTrace 지원 기능[13]을 이용해서 추적했다. 이로부터 함수 진입 및 종료에 대한 실시간 통계치를 얻을 수 있었다.

반면 Node.js의 프로파일링 도구들은 부족한 면이 많다. 이 글을 쓰는 현재 DTrace 지원은 여전히 32비트 모드의 illumos 기반 시스템[14]으로만 제한된다. 그래서 우리는 접근

---

11 https://metacpan.org/module/Devel::NYTProf

12 https://metacpan.org/module/nytprofcg

13 https://metacpan.org/module/perldtrace

14 http://blog.nodejs.org/2012/04/25/profiling-node-js/

가능한 프로파일링 인터페이스를 제공하는 Node Webkit Agent[15]에 주로 의존했다. 단, 그 인터페이스로는 함수 수준 통계치들만 얻을 수 있다.

다음은 전형적인 프로파일링 세션의 모습이다.

```
# "lsc"는 LiveScript 컴파일러이다.
# WebKit 에이전트를 띄우고 app.js를 실행한다:
lsc -r webkit-devtools-agent -er ./app.js
# 또 다른 터미널 탭에서 프로파일러를 띄운다:
killall -USR2 node
# WebKit 브라우저에서 이 URL을 열면 프로파일링이 시작된다:
open http://tinyurl.com/node0-8-agent
```

과도한 배경 부하를 재연하기 위해 우리는 Apache 벤치마킹 도구 ab[16]를 이용해서 많은 수의 REST API 호출을 동시에 수행했다. 커서 이동이나 공식 갱신 등의 브라우저 쪽 연산들은 머리 없는(headless) 브라우저★인 Zombie.js[17]를 Node.js에서 jsdom과 함께 실행해서 흉내 냈다.

모순적이게도, 병목은 jsdom 자체에 있었다.

그림 2.6에 나온 보고서에 따르면 RenderSheet가 CPU 사용량의 대부분을 차지한다. 서버가 명령 하나를 받을 때마다, RenderSheet는 그 명령에 영향을 받는 칸들의 innerHTML을 다시 그리는 데 수 마이크로초를 소비한다.

모든 jsdom 코드가 하나의 스레드에서 실행되므로, 모든 REST API 호출은 그 이전의 명령의 렌더링이 끝날 때까지 차단된다. 동시성이 높은 상황에서는 이 대기열이 너무 길어져서 잠재적인 버그가 발동하며, 결과적으로 서버가 멈추게 된다.

힙 사용량을 조사해 보니 렌더링된 결과들이 전혀 참조되지 않은 상태였다. 이는 서버 쪽에서 실시간 HTML 표시가 필요하지 않았기 때문이다. HTML 내보내기(export) API에만 참조가 남아 있었는데, 이것만 있으면 각 칸의 innerHTML 렌더링을 스프레드시트의 메모리 내부 자료구조로부터 재구축할 수 있다.

---

15 https://github.com/c4milo/node-webkit-agent
16 http://httpd.apache.org/docs/trunk/programs/ab.html
17 http://zombie.labnotes.org/
★   [역주] 사용자 인터페이스가 없는 브라우저를 말한다.

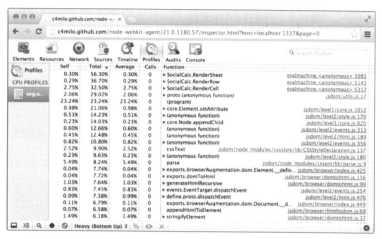

그림 2.6 프로파일러 스크린샷(jsdom 제거 전)

그래서 우리는 RenderSheet 함수에서 jsdom을 제거하고 HTML 내보내기를 위한 최소한의 DOM을 20줄의 LiveScript로 구현했다[18]. 그런 다음 프로파일러를 다시 실행한 결과가 그림 2.7에 나와 있다.

그림에서 보듯이 상황이 훨씬 나아졌다. 산출량이 거의 네 배로 개선되고 HTML 내보내기가 20배 빨라졌으며, 서버가 죽는 문제가 사라졌다.

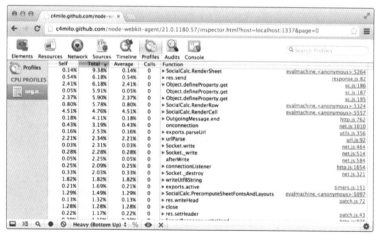

그림 2.7 갱신된 프로파일러 스크린샷(jsdom 제거 후)

---

18 https://github.com/audreyt/ethercalc/commit/fc62c0eb#L1R97

2.6 다중 코어 규모 확장

이러한 개선 작업을 마친 후 우리는 드디어 EtherCalc를 Socialtext 플랫폼에 통합시킬 확신이 생겼다. 그러한 통합이 성공하면 위키^wiki 페이지들뿐만 아니라 스프레드시트들도 동시에 편집할 수 있게 된다.

실제 운용 환경에서의 적절한 반응 시간을 보장하기 위해, 우리는 역 프록싱(reverse-proxying) nginx 서버를 배치하고 `limit_req`[19] 지시자를 이용해서 API 호출 비율에 상한을 두었다. 이 기법은 방화벽 뒤 시나리오와 전용 인스턴스 호스팅 시나리오 모두에 만족스러운 결과를 제공함이 판명되었다.

중소규모 기업 고객들에게는 Socialtext가 세 번째 배치 옵션을 제공한다. 바로 다중 입주 호스팅(multi-tenant hosting)이다. 이 방식에서는 하나의 큰 서버로 3만 5천 개 이상의 회사를 처리한다. 회사당 평균 사용자 수는 100명이다.

이 다중 입주 시나리오에서는 REST API 호출을 요청하는 모든 고객이 호출 비율 상한을 공유한다. 따라서 각 클라이언트의 실질적인 상한은 훨씬 제한적으로, 초당 약 5회 정도이다. §2.5에서 말했듯이 이 한계는 Node.js가 모든 계산을 단 하나의 CPU로 수행하는 데에서 비롯된 것이다.

다중 입주 서버에서 여분의 CPU들을 활용하는 방법은 없을까?

다른 다중 코어 호스트에서 실행되는 Node.js 서비스들에서는 사전 분기(pre-forking) 클러스터^cluster 서버[20]를 이용해서 각 CPU마다 프로세스를 생성했다.

그러나, EtherCalc가 Redis를 통해서 다중 서버 규모 확장을 지원하긴 하지만, 단일 서버에서 Socket.io 클러스터링[21]과 RedisStore[22]를 연동하려면 논리가 대단히 복잡해져서 디버깅이 훨씬 더 어려워진다.

---

19   http://wiki.nginx.org/HttpLimitReqModule#limit_req

20   https://npmjs.org/package/cluster-server

21   http://stackoverflow.com/a/5749667

22   https://github.com/LearnBoost/Socket.IO/wiki/Configuring-Socket.IO

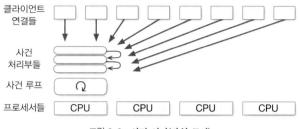

그림 2.8 사건 서버(단일 코어)

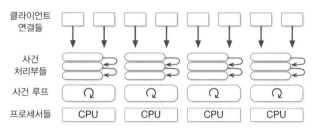

그림 2.9 사건 클러스터 서버(다중 코어)

게다가 클러스터의 모든 프로세스가 CPU를 많이 소비하는 처리에 묶여 있으면 이후의 연결들이 여전히 차단될 수 있다.

그래서 고정된 개수의 프로세스들에 대한 사전 분기를 사용하는 대신 우리는 각각의 서버 쪽 스프레드시트마다 하나씩의 배경 스레드를 만들어서 명령 실행 작업을 모든 CPU 코어에 분산시키는 방법을 찾아보았다.

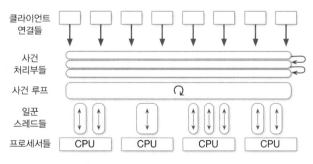

그림 2.10 스레드식 사건 서버(다중 코어)

그러한 목적에는 W3C의 Web Worker API[23]가 딱 맞았다. 원래 브라우저를 위해 만들어진 이 API는 스크립트들을 배경에서 독립적으로 실행하는 방법을 정의한다. 이를 이용하면 오래 걸리는 과제를 연속해서 실행하면서도 주 스레드의 반응성을 유지할 수 있다.

결국 우리는 Node.js를 위한 Web Worker API의 크로스플랫폼 구현인 webworker-threads[24]를 작성했다.

webworker-threads를 이용하면 아주 간단하게 새 SocialCalc 스레드를 만들고 통신할 수 있다.

```
{ Worker } = require \webworker-threads
w = new Worker \packed-SocialCalc.js
w.onmessage = (event) -> ...
w.postMessage command
```

이 해법은 두 마리 토끼를 모두 잡아 준다. 필요할 때마다 EtherCalc에 더 많은 CPU를 할당할 수 있는 자유가 생기며, 단일 CPU 환경에서 배경 스레드 생성의 추가부담은 무시할 수 있는 수준이다.

2.7 교훈

구속은 자유

*The Design of Design*에서 프레드 브룩스[Fred Brooks]는 설계자의 검색 공간을 줄임으로써 만들어지는 제약조건들이 오히려 설계자가 설계 과정에 집중하고 신속히 처리하게 하는 데 도움이 된다고 주장했다. 그러한 제약조건들에는 설계자가 스스로 강제하는 것들도 포함된다:

---

23 http://www.w3.org/TR/workers/

24 https://github.com/audreyt/node-webworker-threads

설계 과제에 대한 설계자의 인위적인 제약조건에는 설계자가 그것을 얼마든지 느슨하게 만들 수 있다는 멋진 속성이 있다. 이상적으로, 그런 제약조건들은 설계자를 설계 공간의 탐험되지 않은 구석으로 인도함으로써 창조성을 자극한다.

EtherCalc 개발 도중 그러한 제약조건들은 본질적으로 여러 반복(iteration)들 전체에서 **개념적 통합성(conceptual integrity)**을 유지해야 한다는 것이었다.

예를 들어 세 가지 서버 배치 방식(방화벽 뒤, 클라우드, 다중 입주 호스팅)에 맞는 세 가지 서로 다른 동시성 기반구조를 채용하는 것이 매력적으로 보일 수 있다. 그러나 그러한 섣부른 최적화는 개념적 통합성을 크게 훼손할 수 있다.

대신 나는 EtherCalc를 하나의 자원 요구사항을 만족하는 대신 다른 요구사항을 희생하지 않고도 잘 수행되도록, 즉 CPU와 RAM, 네트워크 사용량을 동시에 최소화할 수 있도록 하는 데 집중했다. 실제로 RAM 요구량이 100MB 미만이어서 Raspberry Pi 같은 내장형 플랫폼에서도 EtherCalc를 호스팅할 수 있다.

이러한 스스로 강제한 제약조건들 덕분에, 자원들 중 하나만이 아니라 세 가지 모두 제한된 PaaS 환경(이를테면 DotCloud, Nodejitsu, Heroku)에 EtherCalc를 배치하는 것이 가능했다. 이에 의해 사용자가 개인 스프레드시트 서비스를 아주 쉽게 설치할 수 있으며, 그래서 개별 통합자들로부터 더 많은 기여를 받을 수 있었다.

최악이 최선

시카고에서 열린 YAPC::NA 2006 컨퍼런스에서 나는 오픈소스의 전망을 예측해 달라는 요청을 받았다. 이에 대한 나의 답변은 다음과 같다.[25]

증명할 수는 없지만, 내년의 JavaScript 2.0은 스스로의 힘으로 주류 언어가 되고, 셀프 호스팅을 완성하고, JavaScript 1로의 하위 컴파일을 지원하고, 모든 환경에서 Ruby를 대신해서 '차기 대세(next big thing)'가 될 것이라고 생각합니다.

---

25 http://pugs.blogs.com/pugs/2006/06/my_yapcna_light.html

CPAN과 JSAN은 합쳐질 것이라고 생각합니다. JavaScript는 모든 동적 언어의 공통 뒷단(backend)이 될 것이며, 따라서 동일한 개발 도구들을 이용해서 Perl로 작성한 코드를 브라우저와 서버, 그리고 데이터베이스에서 실행하게 될 것입니다.

왜냐하면, 다들 알다시피 더 못한 것이 더 낫고(worse is better), 따라서 최악의 스크립팅 언어는 최고의 스크립팅 언어가 될 수밖에 없기 때문입니다.

이러한 전망은 2009년에 네이티브 기계어의 속도로 실행되는 새로운 JavaScript 엔진들이 등장하면서 현실이 되었다. 이 글을 쓰는 현재 JavaScript는 "한 번만 작성하고 어디에서나 실행하는" 가상 기계가 되었다. 이제는 다른 주요 언어들을 JavaScript로 컴파일해서 실행할 수 있으며, 그래도 성능상의 불이익이 거의 없다[26].

JavaScript는 클라이언트 쪽 브라우저와 서버 쪽 Node.js뿐만 아니라 Postgres 데이터베이스로도 진출했다[27]. 자유로이 재사용 가능한 엄청나게 많은 모듈들을[28] 다양한 실행시점 환경들에서 공유하는 호사를 누리게 된 것이다.

JavaScript 공동체가 급격하게 성장한 비결은 무엇일까? EtherCalc 개발 도중 당시 막 생겨난 NPM 공동체에 참여하면서 나는, JavaScript가 미리 정해진 강제 규칙이 별로 없고 다양한 용도에 잘 적응시킬 수 있는 언어라는 점이 바로 그 비결임을 깨달았다. 이 덕분에 혁신자들이 어휘와 관용구(이를테면 jQuery와 Node.js 등)에 집중할 수 있고 개발팀마다 공통의 자유로운 언어 핵심으로부터 자신만의 **좋은 부분들**(Good Parts)★을 추상화할 수 있다.

새로운 사용자들은 언어의 아주 간단한 부분집합으로 시작할 수 있다. 경험 있는 개발자들에게는 기존 관례를 더 나은 관례로 진화시키는 도전 과제가 주어진다. 소수의 핵심 설계자 집단이 예측할 수 있는 모든 용도에 맞는 완전한 언어를 만들길 기대하는 대신, JavaScript의 풀뿌리 개발 관행은 "더 못한 것이 더 낫다(Worse is Better)"[29]라는 Richard P. Gabriel의 잘 알려진 격언을 반영한다.

---

26   http://asmjs.org
27   http://pgre.st/
28   https://npmjs.org/
29   http://www.dreamsongs.com/WorseIsBetter.html
★   역주 JSON으로 유명한 Douglas Crockford의 저서 *JavaScript: The Good Parts*(O'Reilly Media, 2008)에서 빌려온 것으로 보인다.

LiveScript의 재등장

Coro::AnyEvent[30]의 직접적인 Perl 구문과는 달리 Node.js의 콜백 기반 API에서는 함수 호출들이 깊게 내포되기 때문에 재사용이 어렵다.

여러 흐름 제어 라이브러리들을 실험해 본 후 결국 나는 JavaScript로 컴파일되며 Haskell과 Perl의 구문에 크게 영향을 받은 새로운 언어인 LiveScript[31]로 이 문제를 해결하기로 결정했다.

사실 EtherCalc는 총 네 개의 언어로 이식되었다. 순서대로 JavaScript와 CoffeeScript, Coco, 그리고 LiveScript이다. 각 반복마다 표현력이 높아졌으며, 그러면서도 상위·하위 호환성을 완전히 유지한다. 이는 js2coffee[32]나 js2ls[33] 같은 노력 덕분이다.

LiveScript는 독자적인 바이트코드로 해석되는 것이 아니라 JavaScript로 컴파일되므로 함수 수준 프로파일러들과 완벽히 호환된다. 생성된 코드는 현대적인 네이티브 런타임을 완전히 활용하며, 손으로 직접 조율한 JavaScript 코드만큼이나 좋은 성능을 낸다.

구문 측면을 보면, LiveScript에서는 콜백들의 내포 문제를 백콜[backcall][34]과 중첩 (cascade)[35] 같은 혁신적인 구성체를 이용해서 제거한다. LiveScript는 함수적 합성과 객체지향적 합성을 위한 강력한 구문 도구들을 제공한다.

LiveScript를 처음 보았을 때 나는 "Perl 6 안에서 밖으로 나오려고 애쓰는 더 작은 언어"[★]라는 느낌을 받았다. LiveScript는 JavaScript 자체와 동일한 의미론을 채용하고 구문적 인간공학에 철저히 집중한 덕분에 그러한 목표를 훨씬 더 수월하게 달성할 수 있었다.

---

30 https://metacpan.org/module/Coro::AnyEvent
31 http://livescript.net/
32 http://js2coffee.org/
33 http://js2ls.org/
34 http://livescript.net/#backcalls
35 http://livescript.net/#cascades
★ [역주] C++의 창시자 Stroustrup의 저서 *The Design and Evolution of C++*(Addison-Wesley, 1994)에 나오는 "Within C++, there is a much smaller and cleaner language struggling to get out."에서 빌려온 것으로 보인다. 참고로, 후일 Stroustrup는 "(그 문구에서 말한)더 작고 깔끔한 언어가 Java나 C#은 아니다"라고 밝힌 바 있다.

결론

SocialCalc 프로젝트의 잘 정의된 명세와 팀 개발 공정과는 달리 EtherCalc는 2011년 중반부터 2012년 후반까지 필자 개인의 단독 실험이었으며, Node.js가 실제 운영에 적합한지를 평가하기 위한 토대로도 작용했다.

이러한 제약 없는 자유 덕분에 광범위한 대안 언어와 라이브러리, 알고리즘, 기반구조를 탐험해볼 신나는 기회가 생겼다. 모든 기여자들과 협력자들, 그리고 통합자들에 매우 감사하며, 특히 이 기술들을 실험해보라고 격려해준 Dan Bricklin과 Socialtext의 동료들에게 감사한다. 모두들 고맙습니다!

제3장

Ninja

에번 마틴Evan Martin

Ninja는 Make 같은 빌드 시스템build system이다. 이 시스템은 원본 파일들을 처리해서 대상 (target) 파일들을 만드는 데 필요한 명령들을 입력받는다. Ninja는 그 명령들을 이용해서 대상들을 최신의 상태로 만든다. 다른 빌드 시스템들과는 달리 Ninja의 주된 설계 목표는 속도였다.

Ninja는 구글 크롬Google Chrome 개발 도중에 작성되었다. 나는 크롬을 좀 더 빨리 빌드할 수는 없는지 실험하는 과정에서 Ninja를 만들기 시작했다. Ninja의 다른 주요 설계 목표 는, 더 큰 빌드 시스템 안에 손쉽게 내장시킬 수 있어야 한다는 것이다.

Ninja는 상당히 성공적이었으며, 점차 크롬에 쓰이는 다른 빌드 시스템들을 대신하 게 되었다. Ninja를 공개한 후에는, 유명한 CMake 빌드 시스템으로 Ninja 파일을 생성하 는 기능을 다른 사람들이 구현해서 기여했다. 이제는 Ninja가 LLVM이나 ReactOS 같은 CMake 기반 프로젝트의 개발에도 쓰인다. TextMate처럼 커스텀 빌드로부터 직접 Ninja 를 대상으로 하는 프로젝트들도 있다.

나는 2007년부터 2012년부터 크롬 개발에 참여했는데, Ninja는 2010년에 시작했다.

크롬처럼 커다란 프로젝트(이 글을 쓰는 현재 C++ 소스 파일이 약 4만 개이고 출력된 이진 파일들의 크기는 약 90MB이다)의 빌드 성능에 영향을 주는 요인들은 아주 많다. 당시 나는 컴파일을 여러 컴퓨터들에 분산하는 기법에서부터 링크 관련 요령들에 이르기까지 많은 요인들을 건드려 보았다. 기본적으로 Ninja는 단 하나의 조각, 즉 한 빌드의 앞부분(front)만을 대상으로 한다. 여기서 앞부분이란 빌드 시작 시점과 첫 번째 컴파일이 시작되는 시점 사이의 구간을 말한다. 이 부분이 왜 중요한지 이해하려면 크롬 자체의 성능에 대해 크롬 개발팀이 어떤 생각을 가지고 있었는지 알 필요가 있다.

3.1 크롬의 간단한 역사

크롬의 모든 목표를 논의하는 것은 이 글의 범위를 넘는 일이다. 설계 목표들 중 하나만 이야기하자면, 바로 속도이다. 성능은 모든 컴퓨터 과학에 걸친 광범위한 목표이며, 크롬은 캐싱에서 병렬화, 즉석(JIT) 컴파일에 이르기까지 사용 가능한 거의 모든 요령을 활용한다. 속도 중에는 시동 속도(start up speed)가 있다. 즉, 사용자가 아이콘을 (더블)클릭했을 때부터 프로그램이 화면에 나타나기까지의 시간인데, 다른 종류의 속도들에 비하면 좀 하찮아 보일 수도 있겠다.

시동 속도에 왜 신경을 쓸까? 브라우저가 빠르게 시동되면 사용자에게 가볍다는 느낌을 준다. 즉, 웹에서 뭔가를 하는 것이 마치 텍스트 파일을 여는 것처럼 사소한 일처럼 느껴지는 것이다. 더 나아가서, 잠복지연(latency)이 사용자의 만족도나 사용자의 사고 흐름 단절에 미치는 영향은 인간-컴퓨터 상호작용 분야에서 잘 연구되어 있다. 잠복지연은 특히 구글이나 아마존Amazon 같은 웹 기업들의 주된 관심사이다. 이들은 잠복지연을 측정하고 실험하기에 좋은 위치에 있으며, 실제로 그런 실험들을 수행한 바 있다. 실험에 따르면 단 몇 밀리초의 지연이라도 사람들의 사이트 사용 빈도나 구매 빈도에 높은 영향을 미친다. 작은 실망이 무의식적으로 누적되어서 큰 효과를 내는 것이다.

시동 속도를 높이기 위한 구글의 접근방식은 크롬의 수석 엔지니어들 중 하나가 고안한 교묘한 요령에서 비롯된 것이다. 화면에 창을 보여주는 뼈대 응용 프로그램이 개발된 시점부터 그들은 시동 속도를 측정하는 벤치마크를 작성하고 그것을 추적하는 지속적 빌드를 마련했다. 그 후부터, Brett Wilson의 말을 빌리면 "아주 간단한 규칙: 이 검사는 결코 더 느려져서는 안 된다"가 적용되었다. 크롬에 코드가 추가됨에 따라, 이 벤치마크의 유지를 위해 추가적인 엔지니어링 노력이 요구되었다.[2] 경우에 따라서는 어떤 작업을 그것이 정말로 필요해질 때까지 지연하기도 하고, 시동 도중 쓰이는 자료를 미리 계산해 두기도 했지만, 나에게 큰 인상을 남긴 주된 '요령'은 그냥 해야 할 작업을 더 줄이는 것이었다.

내가 크롬 팀에 참여했을 때 빌드 도구를 다룰 생각은 없었다. 내가 경험을 쌓은, 그리고 선택한 플랫폼은 리눅스Linux였으며, 나는 리눅스 전문가가 되고 싶었다. 초기에는 프로젝트의 범위를 제한하기 위해 크롬이 Windows용으로만 만들어졌다. Windows 버전이 완성되어야 리눅스용 버전으로 넘어갈 것이라는 생각에서 나는 Windows 구현의 완성을 돕는 것을 내 임무로 삼았다.

다른 플랫폼에 대한 작업을 시작할 때 처음으로 넘어야 할 산은 빌드 시스템을 마련하는 것이다. 당시 크롬은 이미 큰 프로젝트였고(사실 완성된 프로젝트였다. Windows 버전은 다른 어떤 이식 작업도 시작되기 전인 2008년에 출시되었다), 그래서 Visual Studio 기반 Windows 빌드를 통째로 다른 빌드 시스템으로 전환하는 노력은 진행 중인 개발과 계속해서 충돌했다. 마치 아직 사용 중인 건물의 토대를 다른 것으로 대체하는 느낌이었다.

크롬 개발팀 팀원들은 GYP[3]라는 점진적 해법을 고안했다. 이를 이용하면 크롬에 이미 쓰이는 Visual Studio 빌드 파일들은 물론 다른 플랫폼들에 쓰일 빌드 파일들을 한 번에 크롬 하위 구성요소 하나씩 생성할 수 있었다.

GYP의 입력은 간단하다. 원하는 출력 이름과 원본(소스) 파일들의 목록, "각 IDL 파일을 처리해서 추가적인 소스 파일을 생성하라" 같은 커스텀 규칙, 몇 가지 조건부 행동들(이를테면 특정 플랫폼에서는 특정 파일들만 사용한다 등등)을 담은 텍스트 파일이다. 그러한 고수준 서술이 주어지면 GYP는 플랫폼 고유의 빌드 파일들을 생성한다.[4]

---

1   http://blog.chromium.org/2008/10/io-in-google-chrome.html

2   http://neugierig.org/software/chromium/notes/2009/01/startup.html

3   GYP는 Generate Your Projects의 약자이다.

4   이는 Autotools에 쓰이는 패턴, 즉 원본 파일들의 목록을 담은 Makefile.am을 configure 스크립트가 처리해서 좀 더 구체적인 빌드 명령들을 생성하는 것과 동일한 패턴이다.

Mac에서 '플랫폼 고유의 빌드 파일'은 당연히 Xcode 프로젝트 파일이다. 그런데 리눅스에서는 당연한 선택이 존재하지 않는다. 초기에는 Scons 빌드 시스템을 사용했으나, GYP가 생성한 Scons 빌드의 경우 Scons가 어떤 파일들이 변했는지 계산하는 과정 때문에 빌드가 실제로 시작되는 데 30초가 걸린다는 점을 알게 되었다. 크롬의 덩치가 대략 리눅스 커널 프로젝트 수준이라는 점에서, 기존의 접근방식을 크게 뜯어고칠 필요가 있었다. 그래서 나는 소매를 걷어붙이고 GYP가 커널의 Makefile들에 쓰이는 요령들을 이용해서 보통의 Makefile들을 생성하게 만드는 코드를 작성했다.

의도한 것은 아니지만, 나는 빌드 시스템의 광기에 사로잡히게 되었다. 소프트웨어의 빌드 시간을 늘리는 요인은 느린 링커에서부터 허술한 병렬화에 이르기까지 아주 다양하며, 나는 그 모든 요인을 조사했다. Makefile 접근방식은 초기에는 아주 빨랐지만, 크롬의 더 많은 부분을 리눅스로 이식하면서 빌드에 쓰이는 파일의 수가 늘어나자 점점 느려졌다.[5]

이식판에 대한 작업을 진행하면서 나는 빌드 공정에서 특히나 실망스러운 부분을 발견했다. 파일 하나를 수정하고 make를 실행한 후 세미콜론을 하나 빼먹었음을 깨닫고 다시 make를 실행한다고 할 때, 매번 빌드 시간이 너무 오려 걸려서 무슨 일을 하고 있었는지 까먹게 될 정도였다. 나는 최종 사용자를 위해 우리가 잠복지연과 얼마나 격렬히 싸웠는지 다시 생각해 보았다. 빌드에 시간이 그렇게 오래 걸릴 필요가 없으며 빌드 시스템이 해야 할 일이 사실 그렇게 많지 않다는 생각에서 나는 빌드 시스템을 얼마나 간단하게 만들 수 있는지를 파악하기 위한 하나의 실험으로서 Ninja를 작성하기 시작했다.

3.2 Ninja의 설계

고수준의 관점에서 볼 때, 임의의 빌드 시스템이 수행하는 주된 과제는 세 가지이다. 빌드 시스템은 (1) 빌드 목표들을 적재, 분석하고, (2) 그 목표들을 달성하기 위해 필요한 단계들을 파악하고, (3) 그 단계들을 수행한다.

---

5 크롬 자체도 아주 빠르게 성장했다. 현재 주당 회부(commit) 수는 약 1000인데, 대부분은 코드 추가이다.

단계 (1)의 시동 과정을 빠르게 하기 위해, Ninja는 빌드 파일들을 적재하는 과정에서 최소한의 작업만 수행해야 했다. 보통의 경우 빌드 시스템은 사람이 사용하므로, 빌드 시스템은 사람이 빌드 목표들을 편하게 지정할 수 있는 고수준 구문을 제공한다. 이는 또한 프로젝트를 실제로 빌드할 때 빌드 시스템이 그 명령들을 좀 더 구체적인 형태로 변환해야 함을 의미한다. 예를 들어 빌드 과정의 한 지점에서 Visual Studio는 출력 파일이 어디로 가야 하는지, C++이나 C 컴파일러로 컴파일해야 하는 파일들이 어떤 것인지를 빌드 구성에 기초해서 구체적으로 결정해야 한다.

이 때문에 GYP의 Visual Studio 파일 생성 작업은 원본 파일들의 목록을 Visual Studio 구문으로 번역하는 것으로만 한정되었다. 그것으로 실질적인 작업을 수행하는 것은 Visual Studio의 몫이다. Ninja와의 연동에서는 GYP가 좀 더 많은 작업을 수행할 기회를 찾을 수 있었다. 어떤 의미로 보면, GYP는 Ninja 빌드 파일들을 생성할 때 위의 계산들 모두를 한 번씩 수행한다. 그런 다음 GYP는 그러한 중간 상태의 스냅숏을 Ninja가 이후의 각 빌드에 대해 빠르게 적재할 수 있는 형태로 저장한다.

그래서 Ninja의 빌드 파일 언어는 사람이 직접 작성하기에는 불편할 정도로 단순하다. 파일 확장자에 기초한 조건부 처리나 규칙은 없다. 대신, 구체적인 원본 파일 경로와 그로부터 만들어지는 구체적인 출력 파일 경로들이 나열될 뿐이다. 추가적인 해석 과정이 필요하지 않으므로 Ninja는 그 파일들을 빠르게 적재할 수 있다.

언뜻 생각하기와는 달리, 이러한 최소주의적 설계는 더 큰 유연성으로 이어진다. Ninja에는 출력 디렉터리나 현재 구성 같은 흔히 쓰이는 고수준 빌드 개념이 없기 때문에, 빌드 구성 방식에 대해 각자 다른 의견을 가진 더 큰 시스템들(이를테면 나중에 우리가 실제로 경험한 CMake 등)에 Ninja를 좀 더 쉽게 끼워 넣을 수 있다. 한 예로, Ninja에는 빌드 출력들(이를테면 목적 파일들)을 원본 파일들과 같은 곳에 넣어야 할지(이를 지저분한 방식이라고 생각하는 사람들이 있다) 아니면 개별적인 빌드 출력 디렉터리에 따로 두어야 할지(이를 이해하기 힘든 방식이라고 생각하는 사람들이 있다)를 신경 쓰지 않는다. Ninja를 공개하고 한참 지난 후에야 나는 이에 관한 적절한 비유를 생각해 내었다: 다른 빌드 시스템들은 컴파일러이지만, Ninja는 어셈블러이다.

3.3 Ninja가 하는 일

대부분의 작업을 빌드 파일 생성기에게 미룬다면, Ninja에게 남은 일은 무엇일까? 앞에서 말한 이상은 원칙적으로는 좋지만, 실제 세상의 요구는 항상 좀 더 복잡하다. 개발 과정에서 Ninja의 기능들이 추가되거나 제거되는데, 매 변경 지점마다 중요한 질문은 항상 "작업을 더 줄일 수 있는가?"였다. Ninja의 작동 방식을 간략히 설명하자면 다음과 같다.

빌드 규칙들에 오류가 있으면 사람이 빌드 파일들을 디버깅해야 한다. 이를 위해 .ninja 빌드 파일은 Makefile처럼 보통의 텍스트로 되어 있으며, 가독성 개선을 위한 몇 가지 추상들을 지원한다.

첫째 추상은 '규칙(rule)'이다. 규칙은 개별 도구의 명령줄(command-line) 실행을 나타낸다. 하나의 규칙은 서로 다른 여러 빌드 단계들에 공유된다. Ninja 문법의 한 예로, 다음은 gcc 컴파일러를 실행하는 'compile'이라는 규칙의 선언과 특정한 파일에 그 규칙을 적용하는 두 build 문장이다.

```
rule compile
  command = gcc -Wall -c $in -o $out
build out/foo.o: compile src/foo.c
build out/bar.o: compile src/bar.c
```

둘째 추상은 변수(variable)이다. 위의 예에서 달러 표시가 붙은 식별자들($in과 $out)이 바로 변수이다. 한 명령의 입력과 출력 모두 변수들로 표현할 수 있으며, 긴 문자열을 짧은 이름으로 나타내는 데에도 변수가 쓰인다. 다음은 앞의 'compile' 규칙을 좀 더 확장한 것으로, 컴파일러 플래그들에 변수를 활용한다.

```
cflags = -Wall
rule compile
  command = gcc $cflags -c $in -o $out
```

한 규칙에 쓰이는 변수 값들을 build 블록의 범위 안에서 일시적으로 재정의하는 것이 가능하다. 새 정의를 들여 쓰면 된다. 위의 예를 이어서, 다음은 특정 파일을 위해 cflags의 값을 조정한 예이다.

```
build out/file_with_extra_flags.o: compile src/baz.c
  cflags = -Wall -Wextra
```

규칙은 함수와 거의 같고, 변수는 인수(argument)처럼 작동한다. 이 두 기능은 프로그래밍 언어와 위험할 정도로 가깝다. 즉, "작업을 줄인다"는 목표에 해가 될 수 있다. 그러나 이들은 반복된 문자열을 줄여 준다는 중요한 이점을 가지고 있기 때문에 사람은 물론 컴퓨터에게도 유용하다(파싱할 텍스트의 양이 적어진다는 점에서).

빌드 파일을 파싱하고 나면 의존성(dependency)들의 그래프가 만들어진다. 최종 출력 이진파일은 일단의 목적 파일들의 링크에 의존하며, 각 목적 파일은 원본 파일의 컴파일 결과이다. 좀 더 구체적으로, 이 그래프는 일단의 '노드(입력 파일)'들이 '간선(edge; 빌드 명령)'들을 가리키고, 그 간선들이 또 다른 노드(출력 파일)들을 가리키는[6] 형태의 이분열(bipartite) 그래프이다. 빌드 공정은 이 그래프를 운행함으로써 수행된다.

빌드할 대상 출력이 주어지면 Ninja는 우선 그래프를 훑으면서 각 간선의 입력 파일들의 상태를 식별한다. 즉, 그 입력 파일들의 존재 여부와 수정 시간을 파악한다. 그런 다음 Ninja는 하나의 계획(plan)을 수립한다. 여기서 계획은 중간 파일들의 수정 시간에 근거해서 최종 대상을 최신의 상태로 만들기 위해 반드시 수행해야 할 간선들의 집합이다. 계획을 수립한 다음에는 그것을 수행한다. 즉, 그래프의 간선들을 훑으면서 해당 명령을 실행하고 명령이 성공적으로 수행되었는지 점검한다.

이 모든 것이 일단 제자리를 잡자, 나는 크롬을 위한 벤치마크 기준선, 즉 하나의 빌드를 성공적으로 완료한 후 Ninja를 다시 실행하는 데 걸리는 시간을 확립할 수 있었다. 이 시간은 빌드 파일들을 적재하고, 빌드 상태를 점검하고, 더 할 일이 없다는 결론을 얻기까지의 시간이다. 이것이 나의 새로운 시동 벤치마크 수치였다. 그러나 크롬이 성장함에 따라, 그 수치들이 역행하지 않도록 하기 위해서는 Ninja를 계속해서 더 빠르게 만들어야 했다.

---

6   이러한 추가적인 간접은 출력이 여럿인 명령들을 정확하게 모형화하기 위해 필요한 것이다.

3.4 Ninja의 최적화

Ninja의 초기 구현은 빠른 빌드를 위해 자료구조들을 세심하게 배치하긴 했지만 최적화의 측면에서 특별히 교묘한 요령을 사용하지는 않았다. 일단 프로그램이 제대로 작동하자 나는 프로파일러를 돌려보면 성능상의 문제가 되는 부분을 파악할 수 있을 것이라고 추측했다.[7]

수년 간 프로파일러로 파악한 프로그램의 문제 지점들은 다양했다. 자주 쓰이는 함수 하나가 성능에 큰 부담을 주어서 그 함수를 미시적으로 최적화해야 한 경우도 있고, 꼭 필요한 경우에만 메모리를 할당하거나 복사하지 않아서 생기는 좀 더 광범위한 문제가 발견되기도 했다. 또한 더 나은 자료 표현이나 자료구조가 가장 큰 영향을 준 경우도 있다. 그럼 Ninja의 주요 구성요소별로 성능상의 흥미로운 이야기 몇 가지를 소개하겠다.

파싱

초기에 Ninja는 손으로 직접 작성한 렉서[lexer]와 재귀적 하강 파서(recursive descent parser)를 사용했다. 개인적으로 해당 문법이 충분히 단순하다고 생각하지만, 크롬 같은 대형 프로젝트[8]에서는 그냥 빌드 파일(확장자가 .ninja인)들을 파싱하는 데에만 놀랄 만큼 많은 시간이 걸릴 수 있다.

프로파일링 결과, 문자 하나를 분석하는 다음과 같은 함수에 주목하게 되었다.

```
static bool IsIdentifierCharacter(char c) {
  return
    ('a' <= c && c <= 'z') ||
    ('A' <= c && c <= 'Z') ||
    // ...이런 식으로 계속됨...
}
```

---

7 Ninja에는 164개의 검례(test case)들로 이루어진 커다란 검사 모음(test suite)이 있다. 이 검례 자체는 1초 미만으로 실행된다. 이러한 검사 모음의 존재는, 성능 변화가 프로그램의 정확성에는 영향을 미치지 않음을 개발자가 확신하는 데 도움이 된다.

8 현재 크롬 빌드는 10MB 이상의 .ninja 파일들을 생성한다.

간단한 해결책은 입력 문자를 색인으로 사용해서 참조할 수 있는 256 항목짜리 참조표(lookup table)를 사용하는 것이다. 이를 통해서 200ms를 절약할 수 있었다. 그런 참조표는 다음과 같은 파이썬^{Python} 코드로 간단하게 만들어 낼 수 있다.

```
cs = set()
for c in string.ascii_letters + string.digits + r'+,-./\_$':
    cs.add(ord(c))
for i in range(256):
    print '%d,' % (i in cs),
```

이 요령을 적용하니 Ninja가 상당히 빨라졌지만, 시간이 지나면서 성능을 더욱 높여야 할 필요가 생겼다. 결국 우리는 좀 더 근본적인 영역인, PHP에 쓰이는 렉서 생성기 re2c를 건드리게 되었다. 이 생성기는 다음 예처럼 복잡한 참조표들과 트리들로 이루어진 난해한 코드를 생성할 수 있다.

```
if (yych <= 'b') {
    if (yych == '`') goto yy24;
    if (yych <= 'a') goto yy21;
    // ...이런 식으로 계속됨...
```

애초에 입력을 텍스트로 처리하는 것이 바람직한가는 여전히 의문의 여지로 남아 있다. 언젠가는 대부분의 경우에 파싱을 아예 피할 수 있도록 Ninja의 입력을 컴퓨터 친화적인 형식으로 생성해야 하는 때가 올지도 모른다.

정규화

Ninja는 문자열을 이용해서 경로들을 식별하는 방법을 사용하지 않는다. 대신 각 경로를 고유한 Node 객체에 대응시키고, 코드의 나머지 부분에서는 그 Node 객체를 사용한다. 이러한 객체를 이용하면, 주어진 경로를 디스크상에서 단 한 번만 점검하고 그 점검 결과(구체적으로는 수정 시간)를 다른 코드에서 재사용할 수 있다.

Node 객체를 가리키는 포인터는 해당 경로에 대한 고유한 식별자 역할을 한다. 두 Node가 같은 경로를 지칭하는지 알고 싶으면 그냥 포인터들만 점검하면 된다. 비용이 좀 더 큰 문자열 비교를 수행할 필요가 없는 것이다. 한 예로, Ninja는 빌드 입력들의 그래프를 훑는 과정에서 의존성 순환 점검을 위해 의존적 Node들의 스택을 유지한다. 만일 A가 B에 의존하고 B가 C에 의존하는데 C가 A에 의존한다면 의존성 순환이 존재하는 것이며, 그러면 빌드를 진행할 수 없다. 의존 관계의 파일들을 나타내는 이 스택은 단순한 포인터 배열로 구현할 수 있으며, 중복 점검 시 그냥 포인터 상등 비교만 수행하면 된다.

하나의 파일에 대해 항상 동일한 Node가 사용되게 하기 위해서는 한 파일에 대한 모든 가능한 이름이 반드시 동일한 Node 객체에 대응되어야 한다. 이를 위해 입력 파일들에 언급된 모든 경로에 대해 **정규화**(canonicalization) 과정을 적용한다. 정규화 과정은 foo/../ bar.h 같은 경로를 그냥 bar.h로 변환한다. 원래 Ninja는 모든 경로가 규범적인 형태이어야 한다는 방침을 강제했지만, 그런 방침에는 몇 가지 문제가 있었다. 하나는 사용자가 지정한 경로(이를테면 명령줄 ninja ./bar.h)가 제대로 작동하리라고 기대하는 것이 합당하다는 점이다. 또 하나는, 변수들을 합쳤을 때 비규범적인 경로가 만들어질 수 있다는 것이다. 마지막으로, gcc가 출력하는 의존성 정보가 비규범적일 수 있다.

그래서 결국 Ninja가 수행하는 일의 거의 대부분을 경로 처리가 차지했으며, 프로파일링 결과에서 경로의 정규화 부분이 또 다른 열점(hot point)이 되었다. 원래의 구현은 성능이 아니라 명확함을 염두에 두고 작성한 것이었기 때문에, 이중 루프 제거라든가 메모리 할당 회피 같은 표준적인 최적화 기법들이 크게 도움이 되었다.

빌드 기록

앞에서 말한 미시적 최적화들보다는 알고리즘이나 접근방식의 변경을 통한 구조적 최적화가 성능에 더 큰 영향을 주는 경우가 많다. Ninja의 **빌드 기록**(build log)에서 실제로 그런 일이 있었다.

리눅스 커널 빌드 시스템의 한 부분은 출력들을 생성하는 데 쓰인 명령들을 기록한다. 이해를 돕기 위한 예로, 입력 파일 foo.c를 컴파일해서 출력 파일 foo.o를 만든 후, 다른 컴파일 플래그들로 출력 파일을 다시 빌드하도록 빌드 파일을 변경했다고 하자. 출력을 다시 빌드해야 함을 빌드 시스템이 알아채게 하려면 foo.o가 빌드 파일 자체에 의존함을 명시하거나(이 경우, 프로젝트 조직화 방식에 따라서는 빌드 파일의 변경에 의해 프로젝트 전체가 재빌드될 수 있다), 아니면 각 출력을 생성하는 데 쓰이는 명령들을 기록하고 각 빌드마다 그것들을 비교해야 한다.

커널 빌드 시스템은(따라서 크롬 Makefile과 Ninja는) 후자의 접근방식을 사용한다. 빌드 도중 Ninja는 각 출력의 생성에 쓰인 완전한 형태의 명령들을 빌드 기록 파일에 저장한다.[9] 이후의 빌드에서 Ninja는 이전의 빌드 기록을 적재하고 새 빌드의 명령들을 빌드 기록의 명령들과 비교해서 바뀐 것들을 검출한다. 빌드 파일 적재나 경로 정규화처럼, 이 과정 역시 프로파일링 결과의 또 다른 열점이었다.

몇 가지 사소한 최적화 후에, Ninja에 많은 기여를 한 Nico Weber가 빌드 기록의 새로운 형식(format)을 구현했다. 새 형식에서는 명령 자체(아주 길고 파싱하는 데 오랜 시간이 걸리는 경우가 많은) 대신 명령의 해시hash를 기록한다. 이후의 빌드에서 Ninja는 실행할 명령의 해시를 기록된 해시와 비교한다. 두 해시가 다르면 출력 파일을 갱신할 필요가 있는 것이다. 이 접근방식은 아주 성공적이었다. 해시를 이용하자 빌드 기록의 크기가 극적으로 줄었으며(Mac OS X의 경우 200MB에서 2MB 미만으로), 빌드 기록 적재 시간은 20배 이상 빨라졌다.

의존성 파일들

빌드들 사이에서 반드시 기록하고 재사용해야 할 또 다른 종류의 메타자료 저장소가 있다. C/C++ 코드를 제대로 빌드하려면 빌드 시스템은 반드시 헤더 파일들 사이의 의존성을 처리해야 한다. foo.c에 #include "bar.h"라는 줄이 있고 bar.h 자체에는 #include "baz.h"라는 줄이 있다고 하자. 이 세 파일(foo.c, bar.h, baz.h) 모두 컴파일 결과에 영향을 미친다. 예를 들어 baz.h를 변경하면 foo.o도 반드시 재빌드해야 한다.

빌드 도중에 '헤더 스캐너header scanner'를 이용해서 이런 의존성을 추출하는 빌드 시스템도 있지만, 속도가 느리며 #ifdef 지시문이 있는 경우 의존성을 정확하게 파악하기 힘들다. 또 다른 대안은 헤더들을 포함한 모든 의존성이 빌드 파일에 명시적으로 지정되어 있

---

9 또한 각 명령의 시작 시간과 종료 시간도 저장한다. 이러한 정보는 여러 파일들로 된 빌드들을 프로파일링하는 데 유용하다.

도록 강제하는 것인데, 이 방식에서는 개발자의 부담이 너무 크다. #include 문을 추가하거나 제거할 때마다 빌드 파일을 수정하거나 재생성해야 한다.

더 나은 접근방식은 출력의 빌드에 쓰이는 헤더들을 컴파일 시점에서 gcc가 출력하게 만들 수 있다는(Microsoft의 Visual Studio도 가능하다) 점을 활용하는 것이다. 그러한 정보(출력 생성에 쓰이는 명령과 상당히 비슷한 형태이다)를 기록하고 빌드 시스템이 다시 적재한다면 의존성들을 정확하게 추적할 수 있다. 그 어떤 출력도 만들어진 적이 없는 첫 번째 빌드에서는 어차피 모든 파일이 컴파일되므로 헤더 의존성은 신경 쓸 필요가 없다. 첫 컴파일 이후에, 출력에 쓰이는 어떤 파일을 수정하면(의존성 파일을 더 추가하거나 제거하는 것을 포함해서) 재빌드가 촉발되어서 의존성 정보가 최신의 상태로 갱신된다.

컴파일 도중에 gcc는 헤더 의존성 정보를 Makefile의 형식으로 기록한다. Ninja에는 Makefile 문법(의 단순화된 부분집합)을 인식하는 파서가 있다. 다음번 빌드에서 Ninja는 그 파서를 이용해서 모든 의존성 정보를 적재한다. 그런데 이 자료의 적재 과정이 주된 병목이다. 최근의 한 크롬 빌드에서 gcc가 출력한 의존성 정보 Makefile들의 총 용량은 90MB에 달하며, 거기에 담긴 경로들은 모두 정규화를 거쳐야 한다.

다른 파싱 작업들과 마찬가지로, re2c를 활용하고 불필요한 복사를 피하는 것이 성능에 도움이 되었을 것이다. 그러나 작업들을 최대한 GYP로 떠넘긴 것과 아주 비슷하게, 이 파싱 작업을 시동의 필수 경로 이외의 시점으로 미루는 것이 가능하다. 가장 최근 버전의 Ninja(이 글을 쓰는 현재 기능이 완성되긴 했지만 아직 공표되지는 않았음)는 빌드 도중 그러한 기법을 적극적으로 활용한다.

일단 Ninja가 빌드 명령들을 실제로 실행하기 시작하는 때가 되면 성능에 큰 영향을 미치는 작업은 모두 끝난 것이다. 이때부터 Ninja는 그냥 실행한 명령이 끝나길 기다리기만 한다. 헤더 의존성에 대한 새로운 접근방식에서는 바로 그러한 대기 시간을 활용해서 gcc가 출력한 Makefile들을 파싱하고, 경로들을 정규화하고, 의존성들을 처리해서 빠르게 직렬화 가능한 이진 형식의 의존성 정보 파일을 생성한다. 다음 빌드에서는 그냥 그 파일을 적재하기만 하면 된다. 이 기법의 효과는 엄청나다. 특히 Windows에서 더하다. (이 점에 대해서는 다음 절에서 좀 더 이야기한다.)

의존성 정보를 담은 '의존성 기록' 파일에는 수천 개의 경로들과 그 경로들 사이의 의존성이 기록된다. 이 기록을 적재하거나 의존성을 추가하는 작업이 빠르게 이루어져야 한다. 이 기록에 정보를 추가하는 과정은 또한 빌드 취소 같은 실행 중지 상황에서도 안전하게 진행되어야 한다.

데이터베이스 비슷한 여러 접근방식들을 고려한 후에 나는 다음과 같은 간단한 구현 방식을 고안해 냈다. 의존성 기록 파일은 일련의 레코드들로 이루어진다. 각 레코드는 경로이거나 의존성들의 목록이다. 파일에 기록된 각 경로에는 정수 일련번호가 부여된다. 의존성들의 목록은 그러한 정수들의 목록이다. 파일에 의존성들을 추가할 때 Ninja는 아직 일련번호가 부여되지 않은 각 경로마다 새 레코드를 기록한다. 이후 실행에서 파일을 적재할 때에는 간단한 배열을 이용해서 일련번호를 해당 Node 포인터에 대응시킨다.

빌드의 실행

위에서 이야기한 의존성에 근거해서 실행이 필요하다고 판정된 명령의 실질적인 실행에 관련된 성능은 이 글의 주된 관심사가 아니다. 어차피 대부분의 작업은 Ninja가 아니라 해당 명령(컴파일러, 링커 등등)이 수행하기 때문이다.[10]

Ninja는 기본적으로 빌드 명령들을 시스템의 가용 CPU 개수에 기초해서 병렬로 실행한다. 동시에 실행되는 명령들의 출력이 뒤섞일 수 있으므로, Ninja는 한 명령의 출력을 버퍼에 담고 명령이 완료되면 실제로 내보낸다. 이 덕분에 마치 명령들이 순차적으로 실행된 듯한 출력 결과가 나온다.[11]

이러한 명령 출력에 대한 제어 덕분에 Ninja는 자신의 총 출력량을 세심하게 제어하는 능력도 가지게 된다. 빌드 도중 Ninja는 자신이 실행되고 있음을 뜻하는 한 줄의 상태만 출력한다. 빌드가 성공적으로 완료된 경우 Ninja의 출력은 단 한 줄이다.[12] 물론 이것이 Ninja의 실행 속도를 높여 주지는 않지만, 그래도 Ninja가 빠르다는 느낌을 주는 데에는 도움이 된다. 원래의 목표에서 이러한 체감 성능은 실제 성능만큼이나 중요하다.

---

10 이런 접근방식의 사소한 장점 하나는, CPU 코어가 많은 시스템의 경우 빌드 전체 과정이 더 빨라진다는 것이다. 이는 빌드를 구동하는 과정에서 Ninja가 CPU를 별로 사용하지 않으며, 따라서 빌드 명령들이 더 많은 코어를 사용할 수 있게 되기 때문이다.

11 대부분의 성공적인 빌드 명령들은 아무것도 출력하지 않으므로, 이는 병렬로 실행된 명령들 여러 개가 실패한 경우에 해당한다. 그런 경우 오류 메시지들이 순차적으로 나타난다.

12 조용히, 빠르게 치고 빠진다는 이러한 특징에서 'Ninja'라는 이름이 비롯되었다.

Windows 지원

나는 Linux용으로 Ninja를 작성했다. 이를 Mac OS X에서 돌아가도록 만든 이는 앞에서 언급한 Nico이다. Ninja가 좀 더 널리 쓰임에 따라, Windows 지원을 묻는 사람들이 생겨났다.

겉으로 보면 Windows 지원이 그리 어렵지 않았다. 그냥 경로 구분자를 역슬래시로 바꾼다거나 경로 안에 콜론을 사용할 수 있도록(c:\foo.txt 등) Ninja의 문법을 바꾸는 정도면 가능할 것 같았다. 그러나 그런 사소한 변경들을 마치고 나자 더 큰 문제들이 떠올랐다. Ninja는 Linux의 몇 가지 행동 방식을 가정하고 만들어진 것인데, Windows는 작지만 중요한 방식으로 다르게 행동한다.

예를 들어 Windows에서는 한 명령의 최대 길이가 비교적 짧다. 이 때문에 프로젝트의 대부분의 파일들을 언급하는 최종 링크 단계로 전달되는 명령을 구축할 때 문제가 생길 수 있다. 이에 대한 Windows의 해결책은 '응답(response)' 파일이며, 이들에 대한 기능은 Ninja에만 들어 있다(Ninja 앞의 생성기 프로그램에는 없다).

좀 더 중요한 성능상의 문제는, Ninja는 수많은 파일들을 다루어야 하는데 Windows에서 파일 연산들이 느리다는 것이다. Visual Studio의 컴파일러는 컴파일 도중에 헤더 의존성들을 그냥 그대로 출력하기만 하므로, 현재 버전의 Windows용 Ninja에는 컴파일러의 출력을 Ninja가 인식하는 gcc 스타일의 Makefile 의존성 목록으로 변환하는 도구가 포함되어 있다. 파일 수가 많다는 점은 리눅스에서도 이미 병목으로 작용하지만, 파일을 여는 연산의 비용이 훨씬 비싼 Windows에서는 더욱 큰 문제가 된다. 앞에서 언급한 새로운 빌드 시점 의존성 파싱 접근방식이 Windows에 완벽하게 적용된다. 이를 이용하면 중간 도구를 완전히 제거할 수 있다. Ninja에는 이미 명령 출력 버퍼링 기능이 있으므로, 그 버퍼로부터 의존성들을 직접 파싱함으로써 디스크상의 gcc용 Makefile 생성을 우회할 수 있다.

파일의 수정 시간을 얻는 연산(Windows에서는 GetFileAttributesEx()[13], Windows 이외의 플랫폼에서는 stat())은 Windows 쪽이 리눅스 쪽보다 약 100배 느린 것으로 보인다.[14] 안티

---

13 Windows의 stat()은 GetFileAttributesEx()보다도 느리다.

14 이는 디스크 캐시가 작동할 때의 수치이므로, 디스크 성능이 요인은 아니다.

바이러스 소프트웨어 같은 '불공평한' 요인들 때문일 수도 있으나, 일반적으로 최종 사용자 시스템에 실제로 그런 요인들이 존재하므로 Ninja의 성능이 떨어지게 된다. Ninja처럼 수많은 파일의 상태를 얻을 필요가 있는 Git 버전관리 시스템은 Windows에서 다수의 스레드들을 이용해서 파일 점검 작업을 병렬로 실행할 수 있다. Ninja도 그런 기능을 채용해야 할 것이다.

3.5 결론 및 설계 대안

메일링 리스트에는 Ninja가 메모리 상주 데몬이나 서버로서, 특히 파일 수정 감시기(이를테면 리눅스의 inotify)와 연동해서 작동해야 한다는 제안이 종종 등장한다. 자료를 적재하는 데 걸리는 시간과 그것을 다시 기록하는 데 걸리는 시간에 관련된 모든 걱정거리는 만일 Ninja가 빌드들 사이에서 계속 메모리에 남아 있다면 별 문제가 되지 않는다.

사실 나는 원래 Ninja를 그런 식으로 설계했다. 그러나 첫 번째 빌드가 작동하는 것을 본 즉시 나는 Ninja가 서버 구성요소 없이도 작동하게 만드는 것이 가능함을 깨달았다. 크롬이 계속 커지다 보면 서버가 필요할 수도 있겠지만, 나는 항상 좀 더 복잡한 작동방식을 동원하는 대신 작업을 줄임으로써 속도를 올린다는 더 간단한 접근방식에 더 마음이 끌린다. 그냥 추가적인 구조 조정(렉서 생성기나 Windows의 새 의존성 형식에 대해 했던 것 같은)으로도 충분하길 바랄 뿐이다.

소프트웨어에서 단순함은 하나의 미덕이다. 항상 문제는 단순함을 얼마나 오래 유지할 수 있는가이다. Ninja는 특정한 값비싼 과제들을 다른 도구(GYP나 CMake)에 위임함으로써 빌드 시스템의 복잡성을 상당 부분 잘라 냈다. 그리고 그 덕분에 애초에 Ninja를 염두에 두고 만든 프로젝트가 아닌 다른 프로젝트들에서도 Ninja를 유용하게 사용할 수 있다. 나는 Ninja의 단순한 코드가 기여자들을 격려했으리라고 믿는다. OS X 지원, Windows 지원, CMake 지원 작업의 상당 부분과 기타 여러 기능을 기여자들이 구현해냈다. Ninja의 간단한 작동 방식은 다른 사람들이 다른 언어로 Ninja를 재구현하는 실험으로 이어졌다(내가 알기로는 Scheme과 Go 구현이 존재한다).

몇 밀리초를 줄이는 것이 정말로 중요할까? 소프트웨어의 좀 더 큰 관심사들에 비하면 하찮은 일일 수도 있다. 그러나 빌드가 더 느린 프로젝트들을 경험해 본 나는 이러한 속도 향상에서 단순한 생산성 향상 이상의 것을 발견한다. 전환(turnaround)이 빠르면 프로젝트가 가볍다는 느낌을 받으며, 그러면 프로젝트를 가지고 노는 것이 즐거워진다. 그리고 가지고 놀기 즐거운 코드는 애초에 내가 소프트웨어를 작성하는 이유이다. 그런 의미에서 속도는 일차적으로 중요한 요인이다.

3.6 감사의 글

Ninja의 여러 기여자에게 특별한 감사의 뜻을 전한다. Ninja의 GitHub 프로젝트 페이지[15]에 일부 기여자들이 나와 있다.

---

15 https://github.com/martine/ninja/contributors

제**4**장

빛의 속도로 XML 파싱하기

아세니 카풀킨Arseny Kapoulkine

4.1 소개

XML은 계통적(hierarchical)인 구조를 가진 문서를 인간이 읽기 쉬운 텍스트 기반 형식으로 부호화(encoding)하는 데 쓰이는 일단의 규칙들을 정의하는 표준화된 마크업markup 언어이다. XML은 널리 쓰이고 있으며, 아주 짧고 간단한 문서(SOAP 질의문 같은)에서부터 복잡한 자료 관계(COLLADA)를 가진 수기가 바이트짜리 문서(OpenStreetMap)에 이르기까지 다양한 문서에 널리 쓰이고 있다. XML 문서를 처리하는 프로그램을 만들기 위해서는 XML 파서parser라고 부르는 특별한 라이브러리가 필요하다. XML 파서는 텍스트 형식의 문서를 내부적인 표현으로 변환한다. XML은 파싱 성능과 인간의 가독성, 그리고 파싱 코드의 복잡성 사이의 절충에 해당한다. 따라서 빠른 XML 파서가 있다면 응용 프로그램 자료 모형의 바탕 형식으로서 XML이 채택될 가능성이 좀 더 커진다.

이번 장에서는 필자가 C++로 성능이 아주 높은 XML 파서인 pugixml[1]을 작성할 때 사용한 여러 가지 성능 개선 요령들을 설명한다. 이 글의 기법들은 XML 파서에 쓰인 것이지만, 대부분은 다른 형식의 파서들이나 심지어는 파서와 무관한 소프트웨어(이를테면 파서 이외의 분야에도 널리 쓰이는 메모리 관리 알고리즘 등)에도 적용할 수 있다.

서로 상당히 다른 XML 파싱 접근방식들이 존재하므로, 그리고 XML 파서는 XML에 익숙한 사람들도 잘 모르는 추가적인 처리도 수행해야 하므로, 구현 세부로 들어가기 전에 우선 전반적인 과제를 개괄할 필요가 있겠다.

4.2 XML 파싱 모형들

세상에는 사용하기 적합한 상황들이나 성능, 메모리 요구량이 서로 다른 여러 가지 XML 파싱 모형이 존재한다. 흔히 쓰이는 모형들은 다음과 같다.

- SAX(Simple API for XML) 파서는 문서 스트림과 '태그의 시작', '태그의 끝', '태그 안의 문자 자료' 등을 처리하는 여러 콜백 함수들을 입력으로 받는다. 파서는 문서의 자료에 따라 적절한 콜백을 호출한다. 이런 파서에서 파싱을 위한 문맥은 현재 요소(element)의 트리 깊이로 제한된다. 이 덕분에 파싱에 필요한 메모리 요구량이 크게 줄어든다. 이런 종류의 파싱은 주어진 한 시점에서 문서의 일부만 사용 가능한 형태의 문서 스트리밍에 적용할 수 있다.

- 끌어오기 파싱(pull parsing)은 파싱 공정 자체는 SAX와 비슷하나(문서를 한 번에 한 요소씩 파싱한다는 점에서), 제어가 역전되어 있다. 즉, SAX에서는 파싱 공정을 파서가 콜백들을 통해서 제어하지만, 끌어오기 파싱에서는 사용자가 반복자(iterator) 비슷한 객체를 통해서 제어한다.

- DOM(Document Object Model; 문서 객체 모형) 파서는 문서 전체를 하나의 텍스트 스트림 또는 버퍼로서 입력받아서 하나의 문서 객체를 생성한다. 이 문서 객체는 전

---

1 http://pugixml.org

체 문서 트리의 메모리 내부 표현으로, 트리의 개별 노드는 구체적인 XML 요소 또는 특성(attribute)이다. 노드는 또한 그 노드에 대해 허용되는 일단의 연산들(이를테면 "이 노드의 모든 자식 요소를 반환하라" 등)을 제공한다. pugixml은 바로 이 모형을 따른다.

일반적으로 파싱 모형은 문서 크기와 구조를 고려해서 선택해야 한다. pugixml은 DOM 파서이므로 본질적으로 다음과 같은 문서들에 효과적이다.

- 메모리 안에 들어갈 정도로 작은 문서
- 방문할 노드들이 서로 참조하는 복잡한 구조를 가진 문서
- 복잡한 방식으로 변환해야 하는 문서

4.3 pugixml 설계상의 선택들

pugixml은 주로 DOM 파싱의 문제에 초점을 둔다. 이는, pugixml을 만들 당시(2006년) 빠르고 가벼운 SAX 파서들은 이미 있었지만(Expat 등) 실제 업무에 사용할 정도의 수준을 가진 XML DOM 파서들은 대부분 그리 가볍지 않거나, 그리 빠르지 않거나, 가볍지도 않고 빠르지도 않았기 때문이다. 그래서 필자는 아주 빠르고 가벼운 DOM 기반 XML 조작 라이브러리를 pugixml의 주된 목표로 삼았다.

XML은 W3C의 한 권고안[2]이 정의한다. 이 권고안(recommendation)은 두 종류의 파싱을 명시하는데, 하나는 유효성 검증(validating) 파싱이고 또 하나는 유효성 비검증(non-validating) 파싱이다. 간단히 말하면, 유효성 비검증 파서는 XML 문법만 점검하는 반면 유효성 검증 파서는 문법뿐만 아니라 자료의 의미론도 점검할 수 있다. 유효성 비검증 파서라도 자원을 비교적 많이 사용하는 몇 가지 검증 작업을 수행해야 한다.

성능이 주된 목표인 경우에는 성능과 표준 준수 사이의 적절한 절충점을 선택할 필요

---

2   http://www.w3.org/TR/REC-xml/

가 있다. pugixml에서는 다음과 같은 절충점을 선택했다: pugixml은 모든 적격(well-formed)★ 문서를 완전히, 필요한 모든 변환까지 포함해서 파싱하되, 문서 형식 선언(document type declaration, DTD)은 파싱하지 않는다.[3] pugixml는 빠르게 검증할 수 있는 규칙들만 점검하므로, 종종 적격이 아닌 문서도 성공적으로 파싱된다.

XML 문서에 담긴 자료를 특정한 방식으로 변환한 후에 사용자에게 제공해야 할 때도 있다. 그러한 변환들로는 줄의 끝(end-of-line) 처리, 특성 값 정규화, 문자 참조 확장 등이 있다. 이러한 변환들에는 성능 비용이 따른다. pugixml은 이들을 최대한 최적화하며, 최상의 성능을 위해 이 변환들을 아예 비활성화하는 수단도 제공한다.

주어진 과제는 표준을 준수하며 특정한 변환들을 요구하는 XML 문서를 성공적으로 파싱하는, 합당한 수준에서 최대한 빠르고 현업에 사용할 수 있는 수준의 DOM 파서를 만드는 것이다. 성능상의 이유로, "현업에 사용할 수 있는"은 주로 잘못된 구조를 가진 자료가 주어져도 파서가 죽지 않는 정도의 능력을 의미한다. 성능 향상을 위해 버퍼 넘침(buffer overrun) 점검을 생략할 수는 없는 일이다.

다음 절에서는 pugixml이 사용하는 파싱 공정을 논의한다. 그 다음에는 pugixml이 문서 객체 모형을 저장하는 데 사용하는 자료구조와 그 자료구조를 위한 메모리를 할당하는 데 사용하는 알고리즘을 설명한다.

4.4 파싱

DOM 파서의 목표는 XML 문서를 담은 문자열을 입력받아서 그 문서를 메모리 안에서 표현하는 객체들의 트리를 산출하는 것이다. 일반적으로 파서는 두 부분으로 나뉜다. 하나는 렉서lexer이고 또 하나는 파서이다. 렉서는 문자 스트림을 입력받아서 토큰token 스트림

---

3   문서 형식(DOCTYPE) 선언을 파싱하긴 하지만 그 내용은 무시된다. 이러한 결정은 성능 문제와 구현 복잡성, 그리고 기능 요구에 기초한 것이다.

★   역주 XML의 필수 문법을 준수하는 문서를 적격 문서라고 부르고, 적격이면서 DTD까지 만족하는 문서를 유효한(valid) 문서라고 부른다.

을 산출한다. (XML 파서에 쓰이는 토큰들로는 왼쪽 꺾음 괄호, 물음표, 태그 이름, 특성 이름 등이 있다.) 그 토큰 스트림을 입력받은 파서는 문법에 기초해서 구문 트리(syntax tree)를 산출하는데, 이때 재귀적 하강 같은 여러 파싱 알고리즘들 중 하나를 사용한다. 태그[tag] 이름처럼 문자열 자료로 된 토큰을 만나면 렉서나 파서는 그 문자열 내용을 힙에 복사하고 그 문자열에 대한 참조를 트리 노드에 저장한다.

파싱 성능을 높이기 위해 pugixml은 전형적인 접근방식에서 쓰이는 것과는 다른 여러 기법들을 사용한다.

토큰 스트림 대 문자 스트림

앞에서 언급했듯이, 전통적으로 파서는 렉서를 이용해서 문자 스트림을 토큰 스트림으로 변환한다. 파서가 역추적(backtracking)을 많이 수행해야 하는 경우에는 그러한 변환이 성능에 도움이 될 수 있지만, XML 파서에서는 렉서 단계가 그냥 문자당 추가부담을 가중하는 또 다른 수준의 복잡성일 뿐이다. 그래서 pugixml은 토큰 스트림 대신 문자 스트림에 대해 파싱을 수행한다.

보통의 경우 하나의 스트림은 UTF-8 문자들로 구성되며, pugixml은 그러한 스트림을 바이트별로 읽어 들인다. UTF-8의 구조 때문에, 특정한 비 ASCII 문자들을 찾는 것이 아닌 한 UTF-8 바이트열을 따로 파싱할 필요는 없다. 유효한 UTF-8 스트림에서 128 미만의 모든 바이트는 독립적인(즉, 다른 어떤 UTF-8 문자의 일부가 아닌) ASCII 문자이기 때문이다.[4]

제자리 파싱

전형적인 파서 구현에는 비효율적인 부분이 여럿 있다. 그중 하나는 문자열 자료를 힙에 복사하는 것이다. 전형적인 파서에서는 원래의 스트림에 있는 모든 문자열을 힙에 복사해야 하며, 그 과정에서 크기가 서로 다른(몇 바이트에서 몇 메가바이트) 다수의 블록들을 할

---

4   표준을 준수하는 XML 파서는 특정 유니코드 부호점(codepoint)을 반려해야 한다. pugixml은 성능 향상을 위해 그러한 분석을 생략한다.

당해야 한다. 스트림에 있는 자료를 직접 처리하는 방식의 제자리(in-place 또는 *in situ*) 파싱 기법을 이용하면 그러한 복사 연산들을 피할 수 있으며, 따라서 메모리 할당도 피할 수 있다. pugixml도 바로 그러한 파싱 전략을 사용한다.

기본적인 제자리 파서는 연속된 메모리 버퍼에 담긴 문자열을 입력받아서 그 문자열을 하나의 문자 스트림으로서 훑으면서 필요한 트리 구조를 생성한다. 태그 이름처럼 자료 모형의 일부인 문자열을 만나면 파서는 그 문자열에 대한 포인터와 길이를 저장한다(문자열 전체를 저장하는 대신).[5]

그런 만큼, 이는 성능 대 메모리 사용량의 절충에 해당한다. 대체로 제자리 파싱은 문자열들을 힙에 복사하는 방식의 파싱보다 빠르지만 메모리를 많이 소비한다. 제자리 파서는 문서의 구조를 서술하는 자신의 자료뿐만 아니라 원래의 스트림도 계속 메모리에 담아 두어야 한다. 제자리 방식이 아닌 파서는 원래의 스트림에서 꼭 필요한 부분만 저장하면 된다.

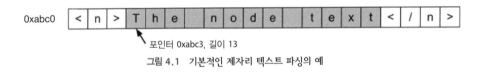

그림 4.1 기본적인 제자리 텍스트 파싱의 예

대부분의 제자리 파서는 지금까지 말한 것 이외의 문제들도 처리해야 한다. pugixml의 경우는 두 가지로, 하나는 문자열 접근을 단순화하는 것이고 또 하나는 파싱 도중 XML 자료의 변환을 단순화하는 것이다.

제자리 파싱에서는 문자열 접근이 좀 까다롭다. 문자열이 널[null]로 끝나지 않기 때문이다. 즉, 문자열 끝 다음의 문자가 널 바이트가 아니라 XML 문서의 다음 문자, 이를테면 왼쪽 꺾음 괄호(<)이다. 이 때문에 널 종료 문자열을 기대하는 표준 C/C++ 문자열 함수들을 사용하기가 어렵다.

그런 함수들을 사용하려면 파싱 도중에 문자열을 널 종료 형태로 만들어야 한다. 새로운 문자를 삽입하기는 어렵기 때문에, 각 문자열의 마지막 문자 다음의 문자에 널 문자

5　이에 의해 수명(lifetime) 의존성이 만들어진다. 즉, 이 기법이 작동하려면 원본 소스 버퍼 전체가 모든 문서 노드보다 오래 유지되어야 한다.

를 덮어씌울 수밖에 없다. 다행히 XML에서는 그것이 항상 가능하다. 문자열 끝 다음의 문자는 항상 마크업 문자이며, 그런 문자는 메모리 내부 문서 표현과 무관하다.

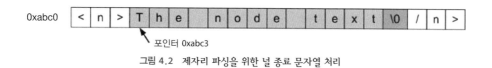

그림 4.2   제자리 파싱을 위한 널 종료 문자열 처리

둘째 문제는 좀 더 복잡하다. XML 파일 안에서 문자열의 값이 그 표현과 다를 수 있다. 표준 준수 파서는 그런 표현들의 복호화(decoding)를 처리해야 한다. 그런 처리를 노드 객체 접근 도중에 수행하면 객체 접근 성능의 예측이 불가능해질 것이므로, 우리는 이를 파싱 과정에서 수행하는 쪽을 택했다. 내용 형식에 따라서는 XML 파서가 다음과 같은 변환들을 수행해야 할 수 있다.

• 줄의 끝 처리: 입력 문서에 다양한 종류의 줄의 끝 표현이 들어 있을 수 있으며, 파서는 그것들을 다음과 같이 정규화해야 한다: 캐리지리턴carriage return(ASCII 0xD) 문자 하나와 라인피드linefeed(ASCII 0xA) 문자 하나로 된 2문자 또는 개별적인 캐리지리턴을 각각 하나의 라인피드 문자로 대체해야 한다. 예를 들어 다음을

줄1\xD\xA줄2\xD줄3\xA\xA

다음과 같이 변환해야 한다.

줄1\xA줄2\xA줄3\xA\xA

• 문자 참조 확장: XML은 십진 또는 십육진으로 표현된 유니코드 부호점(code point)을 이용해서 탈출 문자(escaping character)들을 지원한다. 예를 들어 a을 a로, ø을 ø로 확장해야 한다.
• 개체 참조 확장: XML은 &이름; 형태의 일반 개체(entity) 참조들을 지원한다. 이들을 그에 해당하는 문자로 확장해야 한다. 미리 정의된 개체는 다섯 개로, <(<), >(>), "("), '('), &(&)이다.

- 특성 값 정규화: 참조 확장 외에, 파서는 특성 값들을 파싱할 때 공백(whitespace)을 정규화해야 한다. 즉, 모든 공백 문자(빈칸, 탭, 캐리지리턴, 라인피드)를 빈칸으로 대체해야 한다. 또한 특성의 종류에 따라서는 선행, 후행 공백들도 제거해야 하며, 문자열 중간의 연속된 공백 문자들을 하나의 빈칸으로 줄여야 한다.

제자리 파서에서 이런 모든 변환을 문자열 내용의 수정을 통해서 지원하는 것이 가능하나, 중요한 제약이 하나 존재한다. 변환 때문에 문자열이 더 길어져서는 안 된다는 것이다. 만일 그런 일이 생기면 변환 결과가 문서의 중요한 자료를 덮어 쓸 수 있기 때문이다. 다행히 위에서 말한 변환들은 모두 그러한 제약을 만족한다.[6]

일반 개체 확장은 이러한 제약을 만족하지 않는다. 그러나 어차피 pugixml은 DOCTYPE 선언을 지원하지 않으며, DOCTYPE 없이 커스텀 개체들을 선언하는 것은 불가능하므로, pugixml이 지원하는 모든 문서는 제자리 파싱을 이용해서 완전하게 파싱할 수 있다.[7]

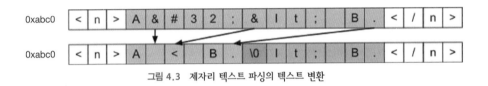

그림 4.3   제자리 텍스트 파싱의 텍스트 변환

여기서 한 가지 주목할 점은, 제자리 파싱에 메모리 대응식 파일 입출력(memory-mapped file I/O) 기능을 사용할 수 있다는 것이다.[8] 널 종료와 텍스트 변환을 지원하려면 쓸 때 복사(copy-on-write)라고 하는 특별한 메모리 대응 모드를 적용해야 한다. 그래야 디스크 상의 파일이 실제로 수정되는 일을 피할 수 있다.

제자리 파싱에 메모리 대응식 파일 입출력을 사용하면 다음과 같은 이득이 생긴다.

---

6   다른 변환들은 그렇겠지만 유니코드 변환도 그럴까 싶은 독자가 있을 것 같은데, 유니코드 변환에서 UTF-8이나 UTF-16 부호화는 해당 유니코드 부호점의 십육진 또는 십진 문자 참조 표현보다 더 간결하다. 따라서 그런 참조들을 변환해도 문자열 길이가 길어지지는 않는다.

7   개체 참조를 포함한 모든 문자열을 세 개의 노드로 분할한다면 제자리 파싱에서도 일반 개체 참조를 지원하는 것이 가능하다. 여기서 세 개의 노드란 개체 참조 이전의 접두 문자열 노드, 개체 참조 식별자를 담은 특별한 종류의 노드, 그리고 나머지 문자열 노드이다. 나머지 문자열은 더욱 분할될 수 있다. Microsoft의 XML 파서가 이 접근방식을 이용한다(이유는 다르지만).

8   http://en.wikipedia.org/wiki/Memory-mapped_file.

- 일반적으로 커널은 캐시 페이지들을 프로세스 주소 공간에 직접 대응시킬 수 있으며, 그러면 표준적인 파일 입출력에서 생길 수 있는 메모리 복사를 피할 수 있다.

- 파일이 아직 캐시에 없는 경우 커널은 파일의 일부를 디스크에서 미리 가져올 수 있다. 그러면 결과적으로 입출력과 파싱이 병렬적으로 진행되는 셈이 된다.

- 수정된 페이지들에 대해서만 물리적 메모리를 할당하면 되므로, 커다란 텍스트 구역들을 포함하는 문서를 파싱할 때 메모리 소비량이 크게 줄어들 수 있다.

문자별 연산의 최적화

문자열 복사의 제거가 파서 성능을 최적화하는 유일한 방안은 아니다. 파서 성능을 비교할 때 한 가지 유용한 측정치는 문자 하나에 소비된 평균 프로세서 주기(cycle) 수이다. 이 수치는 문서마다, 프로세서 아키텍처마다 다르겠지만, 비슷한 구조의 문서들에 대해 비교적 균일하게 나타난다. 따라서 이 수치를 최적화하는 것은 합당한 일이다. 물론 이 최적화를 위한 명백한 출발점은 각 문자에 대해 수행되는 연산들이다.

가장 중요한 연산은 문자 집합 소속 여부 검출, 다시 말해 입력 스트림의 한 문자가 특정 문자 집합에 속하는지 판정하는 것이다.

한 가지 유용한 접근방식은 각 문자 값마다 그 문자가 주어진 집합에 속하는지의 여부를 뜻하는 참/거짓 값을 담은 부울 플래그 테이블을 만드는 것이다. 그러한 테이블의 자료구조와 크기는 부호화 방식에 따라 다르다.

- 각 문자의 크기가 8비트 이하인 부호화 방식에서는 크기가 256인 테이블 하나로 충분하다.

- UTF-8 부호화에서도, 부호점 복호화를 피하기 위해서는 색인이 1바이트인 테이블을 사용하는 것이 바람직하다. 단, 이는 부호점(즉, 문자의 수치 값)이 127을 넘는 모든 문자가 해당 집합에 속하거나 부호점이 127을 넘는 모든 문자가 해당 집합에 속하지 않는 경우에만 가능하다. 둘 중 하나라도 참이면 크기가 256인 테이블 하나로 충분하다. 테이블의 처음 128개의 항목들은 해당 문자의 집합 소속 여부에 따라 참 또는 거짓으로 설정하고, 나머지 128개는 모두 동일한 값으로 설정한다.

UTF-8의 자료 부호화 방식에서 부호점이 128 이상인 문자는 항상 값이 128 이상인 여러 개의 바이트들로 표현된다. 다른 말로 하면, 128 미만의 바이트들 다음에 128 이상의 바이트가 나타났다면 그 바이트부터는 부호점이 128 이상인 문자의 표현인 것이다.

- UTF-16이나 UTF-32의 경우 현실적으로 크기가 큰 테이블들을 사용하기가 불가능한 경우가 많다. 최적화된 UTF-8에서와 같은 제약들이 주어진다면, 항목이 128개나 256개인 테이블을 사용하고 그 바깥 범위의 문자들에 대해서는 직접 비교를 수행하면 될 것이다.

하나의 참/거짓 값을 저장하는 데에는 비트 하나만 있으면 되므로, 비트마스크를 이용하면 256바이트짜리 테이블에 여덟 가지 문자 집합을 담을 수 있다. pugixml은 이를 이용해서 캐시 공간을 절약한다. 일반적으로 x86 아키텍처에서 부울 값 점검 비용은 바이트 안의 한 비트를 점검하는 비용과 같다(비트 위치가 컴파일 시점 상수로 주어진다고 할 때). 다음은 이러한 접근방식을 보여주는 C 코드이다.

```
enum chartype_t {
  ct_parse_pcdata  = 1, // \0, &, r, \<
  ct_parse_attr    = 2, // \0, &, r, ', "
  ct_parse_attr_ws = 4, // \0, &, r, ', ", n, tab
  // ...
};
staticconstunsignedchar table[256] = {
  55, 0, 0, 0, 0, 0, 0, 0, 0, 12, 12, 0, 0, 63, 0, 0, // 0-15
  // ...
};
bool ischartype_utf8(char c, chartype_t ct) {
  // 참고: 값이 0..255 범위를 벗어나지 않게 하려면
  // unsigned 캐스팅이 꼭 필요하다.
  return ct & table[(unsigned char)c];
}

bool ischartype_utf16_32(wchar_t c, chartype_t ct) {
  // 참고: 값이 음수가 되지 않게 하려면
  // unsigned 캐스팅이 필요하다.
  return ct & ((unsigned)c < 128 ? table[(unsigned)c] : table[128]);
}
```

만일 판정할 범위가 특정 구간의 모든 문자를 포함한다면, 테이블 참조 대신 비교를 사용하는 것이 합리적이다. 부호 없는 산술을 세심하게 적용한다면 비교 1회로 충분하다. 예를 들어 다음은 주어진 문자가 숫자인지 판정하는 함수이다.

```
bool isdigit(char ch) { return (ch >= '0' && ch <= '9'); }
```

이를 다음과 같이 비교 1회로 수행할 수 있다.

```
bool isdigit(char ch) { return (unsigned)(ch - '0') < 10; }
```

만일 문자들을 하나씩 처리해야 한다면 이런 접근방식을 더욱 최적화하기가 불가능하다. 그러나 종종 일단의 문자들을 벡터화된 연산을 이용해서 병렬로 처리하는 것이 가능한 경우가 있다. 대상 시스템에 SIMD류의 명령들이 있다면, 그런 명령들을 이용해서 16개 이상의 문자들을 묶어서 빠르게 처리할 수 있다.

플랫폼 고유의 명령집합을 사용하지 않더라도 문자 연산들을 벡터화하는 것이 가능한 경우가 있다. 예를 들어 다음은 연속된 네 바이트가 ASCII 기호를 나타내는 하나의 UTF-8 바이트열인지 점검하는 코드이다.[9]

```
(*(constuint32_t*)data & 0x80808080) == 0
```

마지막으로, 어떤 경우이든 성능이 중요한 코드에서는 표준 라이브러리의 is*() 함수들(isalpha() 등)을 피해야 한다. 그런 함수들의 최상의 구현도 현재 로캘[locale]이 "C"인지 점검하는 과정을 수반하는데, 그러한 점검은 테이블 참조 자체보다 비싸다. 최악의 구현들은 그보다 수백 배 느릴 수 있다.[10]

---

9 물론 이것이 제대로 작동하려면 자료가 적절히 정렬(align)되어 있어야 한다. 또한, 이 기법은 C/C++ 표준의 엄격한 별칭(aliasing) 규칙들을 위반하는데, 상황에 따라서는 이것이 실제로 문제가 될 수도 있다.

10 이 문제의 또 다른 예가 제12장에 나온다.

문자열 변환의 최적화

pugixml에서 특히나 시간을 소비하는 것은 값들을 읽고 변환하는 과정이다. 예를 들어 보통의 문자 자료(PCDATA), 즉 XML 태그들 사이의 텍스트를 읽는 부분을 생각해 보자. 표준을 준수하는 파서는 PCDATA 내용을 처리하는 도중에 앞에서 이야기한 참조 확장과 줄의 끝 정규화를 반드시 수행해야 한다.[11]

XML 문서에 다음과 같은 텍스트가 있다면,

```
A&#32;&lt; B.
```

파서는 이를 다음과 같이 변환해야 한다.

```
A < B.
```

PCDATA 파싱 함수는 PCDATA 값의 시작을 가리키는 포인터를 받아서 그 값을 읽어 들이고, 제자리에서 값을 변환하고, 그 결과를 널로 끝낸다.

부울 플래그가 두 개이므로 이 함수는 총 네 가지 방식으로 작동한다. 값비싼 실행시점 점검을 피하기 위해 이 플래그들을 부울 템플릿 매개변수로 두었다. 따라서 하나의 템플릿으로부터 네 개의 변형이 만들어진다. 실행시점에서는 파싱 전에 적절한 함수 포인터를 선택해서 해당 함수를 적용한다. 이에 의해 컴파일러는 플래그들에 대한 조건 점검을 제거할 수 있으며 함수의 각 특수화에 대해 죽은 코드를 제거할 수 있다.

함수의 파싱 루프 안에서 주목할 것은, 통상적인 PCDATA 내용을 구성하는 문자들은 모두 빠른 문자 집합 판정을 이용해서 넘어가고, 꼭 필요한 문자들만 처리한다는 점이다. 해당 코드는 다음과 같은 모습이다.

```
template <bool opt_eol, bool opt_escape> struct
strconv_pcdata_impl {
  static char_t* parse(char_t* s) {
```

---

11 pugixml은 사용자가 성능이나 자료 보존 등의 이유로 실행 시점에서 이런 처리를 비활성화할 수 있는 옵션을 제공한다. 예를 들어 새 줄 문자열의 구체적인 종류를 보존하는 것이 중요한 문서를 다룬다거나 개체 참조들을 나중에 다른 식으로 확장해야 하는 경우를 생각할 수 있다.

```
  gap g;
  while (true) {
    while (!PUGI__IS_CHARTYPE(*s, ct_parse_pcdata)) ++s;
    if (*s == '<') { // PCDATA가 여기서 끝남
      *g.flush(s) = 0;
      return s + 1;
    } elseif (opt_eol && *s == '\r') { // 0x0d 또는 0x0d 0x0a 쌍
      *s++ = '\n'; // 첫 문자를 0x0a로 대체
      if (*s == '\n') g.push(s, 1);
    } elseif (opt_escape && *s == '&') {
      s = strconv_escape(s, g);
    } elseif (*s == 0) {
      return s;
    } else {
      ++s;
    }
  }
}
};
```

이 외에, 실행시점 플래그들에 기초해서 적절한 구현 함수(이를테면 &strconv_pcdata_
impl<false, true>::parse)를 선택하고 그 함수를 가리키는 포인터를 돌려주는 추가적인
함수가 존재한다.

한 가지 전략은(pugixml은 사용하지 않음) 같은 버퍼에 대한 읽기와 쓰기 위치를 각각
다른 포인터로 관리하는 것이다. 즉, 현재의 읽기 위치를 가리키는 읽기 포인터와 현재의
쓰기 위치를 가리키는 쓰기 포인터를 따로 둔다. 이 경우 파싱 과정 전체에서 반드시 읽
기_포인터 <= 쓰기_포인터라는 불변식이 유지되어야 한다. 변환 결과 문자열에 속하는 모
든 문자는 반드시 쓰기 포인터가 가리키는 곳에 명시적으로 기록되어야 한다. 이 기법을
이용하면 직접적인 문자 제거의 높은 비용(문자수의 제곱에 비례하는)을 피할 수 있지만, 문
자열을 수정할 필요가 없는 경우에도 매번 문자열의 모든 문자를 읽고 써야 하므로 여전
히 비효율적이다.

이 착안의 한 가지 명백한 확장은 원래의 문자열의 처음 부분에서 수정할 필요가
없는 문자들을 건너뛰고, 그 다음에서부터만 문자들을 기록하는 것이다. 실제로, 흔히
std::remove_if()가 그런 알고리즘을 사용한다.

pugixml은 이와는 다른 접근방식을 따른다(그림 4.4). 언제나 문자열에는 많아야 하나

의 틈(gap)이 존재한다. 여기서 틈이란 최종 문자열에 속하지 않기 때문에 더 이상 유효한 것이 아닌 부분문자열을 말한다. 문자열 변환에 의해 새로운 틈이 추가되면(예를 들어 "를 ″로 대체하면 문자 다섯 개짜리 틈이 생긴다), 기존의 틈(있는 경우)과 새 틈 사이의 자료를 기존의 틈 앞으로 옮기고 새 틈의 시작 위치와 길이를 조정함으로써 두 틈을 병합한다. 복잡도 면에서 이 접근방식은 읽기 포인터와 쓰기 포인터를 따로 두는 접근방식과 동등하다. 그러나 이 접근방식에서는 틈들을 좀 더 빠르게 병합하는 루틴을 사용할 수 있다. (pugixml은 memmove를 사용해서 문자들을 복사한다. 틈의 길이와 C 런타임 구현에 따라서는 이것이 문자별 복사 루프보다 더 효율적이다.)

그림 4.4 PCDATA 변환 도중의 틈들을 처리하는 예

제어 흐름의 최적화

pugixml 파서 자체는 재귀적 하강 파서(recursive-descent parser)의 일종이라 할 수 있다. 단, 성능 향상을 위해 재귀를 반복 루프로 바꾸었다. 노드 커서는 일종의 스택으로 작용한다. 시작 태그를 만나면 파서는 새 노드를 커서에 추가한다. 그리고 새 노드를 새로운 커서로 만든다. 종료 태그를 만나면 커서를 현재 커서의 부모로 옮긴다. 이런 방식에서는 스택 공간 소비량이 입력 문서와 무관하게 일정하며(그러면 안정성이 증가한다), 잠재적인 비싼 함수 호출들을 피하게 된다.

파서의 루프는 스트림에서 문자 하나를 읽고, 그 문자에 기초해서 0개 이상의 문자들을 더 읽어서 태그 종류를 판정하고, 해당 태그를 파싱하는 코드를 실행한다. 예를 들어 첫 문자가 <이면 적어도 하나의 문자를 더 읽어야 태그의 종류(시작 태그, 종료 태그, 주석 등등)를 알 수 있다. 또한 pugixml은 경우에 따라서는 goto 문을 이용해서 루프의 특정 부분을 건너뛴다. 예를 들어 텍스트 내용의 파싱은 스트림의 끝이나 < 문자를 만나면 끝난다. 이 경우 다음 반복에서 첫 문자가 <인지 다시 점검할 필요가 없으므로, 그냥 태그 파싱 부분으로 바로 가면 된다.

이런 코드에서는 분기 순서와 코드 국소성에 관련된 최적화가 중요하다.

파서의 코드는 다양한 형태의 입력들을 처리하는 여러 부분으로 구성된다. 이들 중에는 자주 실행되는 부분(이를테면 태그 이름 파싱이나 특성 파싱)도 있고 거의 실행되지 않는 부분도 있다(DOCTYPE 파싱 등). 작은 코드 조각 안에서도 서로 다른 입력의 처리 확률이 다를 수 있다. 예를 들어 파서가 왼쪽 꺾음 괄호(<)를 만났을 때 그 다음 문자로 가장 확률이 높은 것은 태그 이름을 구성하는 문자이고 그 다음은 /[12], 그 다음은 !와 ?이다.

이를 감안한다면, 코드 조각들을 재배치함으로써 파서가 좀 더 빠르게 실행되게 만들 수 있다. 우선 모든 '차가운(cold)' 코드, 즉 실행될 또는 자주 실행될 확률이 낮은 코드(pugixml의 경우는 특성과 텍스트 내용을 가진 요소 태그를 제외한 모든 XML 내용의 파싱)는 파서 루프의 바깥으로 빼서 개별적인 함수로 만들어야 한다. 함수의 본문 길이와 컴파일러에 따라서는, noinline 특성처럼 해당 함수가 '차갑다'는 점을 알려주는 특별한 표식을 추가하는 것이 도움이 될 수 있다. 핵심은 주 파서 함수의 인라인 코드량을 제한함으로써 그 함수를 '뜨거운(hot)' 코드로 만드는 것이다. 그러면 컴파일러가 제어 흐름 그래프들을 작게 유지해서 함수를 최적화하고 모든 뜨거운 코드를 최대한 가까이 배치해서 명령 캐시 적중 실패를 최소화하는 데 도움이 된다.

그런 다음에는, 뜨거운 코드와 차가운 코드 모두에서, 연속된 조건문들의 순서를 조건 확률에 따라 재배치하는 것이 바람직하다. 예를 들어 다음과 같은 코드는 전형적인 XML 내용에 대해 효율적이지 않다.

---

12 모든 종료 태그에 시작 태그가 존재하는 데에도 /의 확률이 태그 이름 문자보다 낮은 것은, <node/> 같은 빈 요소 태그가 있기 때문이다.

```
if (data[0] == '<')
{
  if (data[1] == '!') { ... }
  elseif (data[1] == '/') { ... }
  elseif (data[1] == '?') { ... }
  else { /* 시작 태그 또는 식별되지 않은 태그 */ }
}
```

다음이 더 나은 버전이다.

```
if (data[0] == '<')
{
  if (PUGI__IS_CHARTYPE(data[1], ct_start_symbol)) { /* 시작 태그 */ }
    elseif (data[1] == '/') { ... }
    elseif (data[1] == '!') { ... }
    elseif (data[1] == '?') { ... }
    else { /* 식별되지 않은 태그 */ }
}
```

이 버전은 조건 분기들을 확률이 높은 것에서 낮은 것 순서로 재배치한 것이다. 이렇게
하면 평균적인 조건 판정 및 분기 수행 횟수가 최소화된다.

메모리 안전성 보장

메모리 안전성은 파서에 중요한 사항들 중 하나이다. 그 어떤 입력(잘못된 형태의 입력도 포
함)에 대해서도, 파서가 입력 버퍼의 끝을 넘는 곳의 메모리를 읽거나 쓰는 일은 결코 없
어야 한다. 이를 보장하는 방법은 두 가지이다. 하나는 모든 연산에서 파서가 현재 읽기와
버퍼 끝을 비교하는 것이고, 또 하나는 입력을 널 종료 문자열 형태로 만들고 파서가 널
문자(종료 문자)를 처리하게 하는 것이다. pugixml은 후자의 확장된 변형을 사용한다.

첫째 방법, 즉 추가적인 읽기 위치 점검을 사용하면 성능이 눈에 띄게 하락하지만, 널
문자 점검은 기존의 점검에 자연스럽게 포함시킬 수 있다. 예를 들어 다음은 일련의 영수
문자(영문자와 숫자)를 건너뛰되 종료 문자나 비⁺영수문자를 만나면 끝나는 루프이다.

```
while (PUGI__IS_CHARTYPE(*s, ct_alpha))
  ++s;
```

또한, 첫 번째 방법에서는 항상 버퍼 끝 위치를 기억해야 하는데, 그러면 일반적으로 레지스터 하나를 더 소비해야 해서 전반적인 속도가 떨어질 수 있다. 그리고 함수 호출 비용도 증가한다. 호출 시 전달할 포인터가 하나가 아니라 두 개(현재 위치와 끝 위치)이기 때문이다.

그러나 라이브러리의 사용자에게는 입력이 반드시 널 종료 문자열 형태이어야 한다는 것이 좀 불편하다. XML 자료가 들어 있는 버퍼에 널 문자를 더 추가할 여유가 없는 경우가 종종 있다. 클라이언트의 관점에서는 입력을 널 종료 문자열이 아니라 입력 버퍼의 시작을 가리키는 포인터와 버퍼 크기로 지정하는 것이 더 편하다.

제자리 파싱을 위해서는 내부 메모리 버퍼를 반드시 수정해야 하므로, pugixml은 이 문제를 간단한 방식으로 해결한다. 파싱 전에 파서는 버퍼의 마지막 문자를 널 문자로 변경하되 그 문자의 값을 보존해 둔다. 이런 방식에서 마지막 문자의 값은 유효한 문서의 끝이 될 수 있는 부분에서만 신경을 쓰면 된다. XML에서 그런 부분은 많지 않으므로[13], 전체적으로 이 접근방식은 두 마리 토끼를 모두 잡는 결과를 낸다.[14]

이상이 pugixml 파서가 광범위한 문서를 빠르게 파싱하는 데 도움이 되는 가장 흥미로운 요령들과 설계상의 결정들이다. 그런데 파서에는 이 글에서 논의할 만한, 성능에 민감한 구성요소가 하나 더 있다.

4.5 DOM 자료구조

XML 문서의 구조는 트리와 비슷하다. XML 문서는 하나 이상의 노드들로 구성되며, 각 노드는 하나 이상의 노드를 가진다. 노드들은 요소나 텍스트 등 다양한 종류의 XML 자료를 표현하는데, 요소 노드는 하나 이상의 특성 노드들을 담을 수 있다.

---

[13] 예를 들어 태그 이름을 훑는 과정이 널 문자를 만나서 끝났다면 그 문서는 유효하지 않은 것이다. 유효한 XML 문서에서는 마지막 문자 바로 전의 문자가 태그 이름의 일부일 수 없다.

[14] 물론 마지막 문자의 값을 처리하기 위한 비교들을 추가해야 하며 성능을 위해서는 다른 모든 코드가 그런 비교들을 생략하게 만들어야 하므로 파싱 코드가 좀 더 복잡해지는 문제는 있다. 모든 문서 입력에 대해 파서가 정확하게 작동하게 만드는 데에는 포괄도가 좋은 단위 검사 모음(unit test suite)과 퍼지(fuzzy) 검사가 도움이 된다.

모든 노드 자료 표현 방식은 메모리 소비량과 성능(다양한 노드 연산들의) 사이의 한 절충점에 해당한다. 예를 들어 **의미론적으로** 하나의 노드는 일단의 자식 노드들을 담는다. 그러한 자식 노드 모음을 표현하는 자료구조는 다양하다. 좀 더 구체적으로 말하자면, 자식 노드들을 배열에 담을 수도 있고 연결 목록(linked list)에 담을 수도 있다. 배열 표현은 빠른 색인 기반 접근이 가능하다는 장점이 있고 연결 목록은 삽입이나 삭제가 상수 시간이라는 장점이 있다.[15]

pugixml은 노드 모음과 특성 모음을 연결 목록으로 표현한다. 배열을 사용하지 않는 이유는 무엇일까? 배열의 주된 장점은 빠른 색인 기반 접근(pugixml에는 그리 중요하지 않다)과 메모리 국소성(다른 수단으로도 달성할 수 있다)이다.

일반적으로 빠른 색인 기반 접근은 별로 필요하지 않다. 어차피 XML 트리를 다루는 코드가 주로 하는 일은 자식 노드들을 모두 훑거나 아니면 특성의 값에 기초해서 특정한 노드 하나를 선택하는(이를테면 "'id' 특성이 'X'인 자식 노드를 찾아라" 등[16]) 것이기 때문이다. 또한 수정 가능한 XML 문서에서는 색인 기반 접근을 다루기가 까다롭다. 예를 들어 XML 주석을 추가하면 같은 부분 트리의 이후 노드들의 색인이 모두 변한다.

메모리 국소성(locality)은 할당 알고리즘에 의존한다. 적절한 알고리즘을 사용해서 목록 노드들이 순차적으로 할당되게 한다면 연결 목록의 국소성도 배열의 것만큼이나 효율적일 수 있다. (이에 대해서는 나중에 좀 더 이야기하겠다.)

다음은 자식들을 배열에 저장하는 기본적인 트리 자료구조의 모습이다(pugixml이 사용하는 것이 아님을 주의할 것).[17]

```
struct Node {
  Node* children;
  size_t children_size;
  size_t children_capacity;
};
```

---

15 트리의 수정은 중요하다. pugixml이 사용하는 방식에 비해 훨씬 효율적인 불변(immutable) 트리 표현 방식들이 존재하긴 하지만, XML 문서를 무*에서부터 만들거나 기존 문서를 수정하는 경우에는 트리 수정 기능이 아주 요긴하다.

16 좀 더 복잡한 논리를 적용하는 것도 가능하다.

17 capacity 필드는 노드를 상각된 상수 시간으로 추가하는 데 필요한 것이다. 좀 더 자세한 내용은 http://en.wikipedia.org/wiki/Dynamic_array를 보라.

다음은 연결 목록을 사용하는 기본적인 트리 자료구조이다(pugixml이 사용하는 것과 완전히 같지는 않음).

```
struct Node {
  Node* first_child;
  Node* last_child;
  Node* prev_sibling;
  Node* next_sibling;
};
```

여기서 last_child 포인터는 후방 반복과 노드 추가를 O(1) 시간으로 수행하는 데 필요하다.

이러한 설계에서는 서로 다른 종류의 노드들을 지원할 때 메모리를 덜 소비할 수 있다. 예를 들어 요소 노드에는 특성들의 목록이 필요하지만 텍스트 노드에는 그렇지 않으므로 메모리를 절약할 수 있다. 배열 접근방식에는 모든 종류의 노드의 크기를 동일하게 유지해야 하기 때문에 그런 최적화를 효과적으로 적용하기가 어렵다.

pugixml은 연결 목록 기반 접근 방식을 사용하므로 노드 수정은 항상 O(1)이다. 더나아가서, 배열 접근방식에서는 수십 바이트에서 수 메가바이트(한 노드에 자식이 아주 많을 수 있다)까지 다양한 크기의 블록을 할당해야 하지만, 연결 목록 접근방식의 노드 자료구조에 필요한 서로 다른 할당 크기들은 많지 않다. 일반적으로 고정 크기 할당을 위한 빠른 메모리 할당자(allocator)를 설계하는 것이 임의의 크기의 할당들을 위한 빠른 할당자를 설계하는 것보다 쉽다. 이는 pugixml이 연결 목록 기반 접근방식을 선택한 또 다른 이유이다.

메모리 소비량을 배열 기반 접근방식 수준으로 낮추기 위해 pugixml은 last_child 포인터를 생략한다. 그래도 마지막 자식 노드에 O(1)의 시간으로 접근할 수 있도록, prev_sibling_cyclic 포인터를 도입해서 동기(sibling, 부모가 같은 노드) 목록을 부분적으로(한 방향으로만) 순환되게 한다.

```
struct Node {
  Node* first_child;
  Node* prev_sibling_cyclic;
  Node* next_sibling;
};
```

이 자료구조의 조직화 방식은 다음과 같다.

1. first_child는 노드의 첫 자식을 가리킨다. 단, 자식이 없는 경우에는 NULL이다.
2. prev_sibling_cyclic은 노드의 왼쪽 동기(같은 부모의 자식 노드들 중 문서에서 이 노드 바로 앞에 있는 노드)를 가리킨다. 이 노드가 제일 왼쪽 자식이면(즉, 부모의 첫째 자식이면) prev_sibling_cyclic은 부모의 마지막 자식을 가리키고, 만일 이 노드가 부모의 유일한 자식이면 노드 자신을 가리킨다. prev_sibling_cyclic은 NULL일 수 없다.
3. next_sibling 포인터는 노드의 오른쪽 동기를 가리킨다. 단, 이 노드가 부모의 마지막 자식이면 NULL이다.

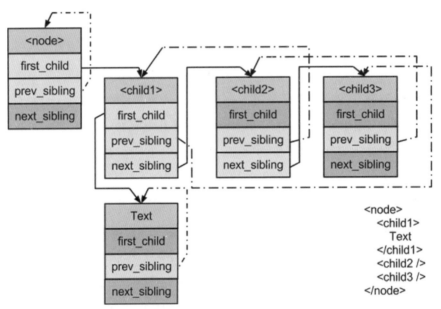

그림 4.5 부분 순환 연결 목록 부분 트리의 예

이러한 구조에서는 다음의 모든 연산이 상수 시간이다.

```
Node* last_child(Node* node) {
  return (node->first_child) ?
      node->first_child->prev_sibling_cyclic : NULL;
}

Node* prev_sibling(Node* node) {
  return (node->prev_sibling_cyclic->next_sibling) ?
      node->prev_sibling_cyclic : NULL;
}
```

이러한 부분 순환 동기 목록을 가진 연결 목록 접근방식의 메모리 소비량은 배열 기반 접근방식의 것과 동등하다. 단, 64비트 시스템에서 크기와 용량에 32비트 형식을 사용한다면 배열 기반 접근방식이 메모리를 덜 소비한다.[18] pugixml의 경우에는 연결 목록의 이득이 비용을 능가한다.

자료구조들까지 이야기했으니, 이제 퍼즐의 마지막 조각인 메모리 할당 알고리즘을 살펴보자.

4.6 스택 기반 메모리 할당

빠른 메모리 할당자는 DOM 파서의 성능에 아주 중요하다. 제자리(in-place) 파싱에서는 문자열 자료 할당의 필요성이 사라지지만, DOM 노드들의 할당은 여전히 필요하다. 그리고 트리 변환을 지원하기 위해서는 가변 크기 문자열 할당이 필요하다. 트리 운행 성능에는 할당 국소성을 유지하는 것이 중요하다. 만일 연속된 할당 요청에 대해 인접한 메모리 블록들이 반환된다면 트리 구축 도중에 트리 국소성을 보장하기가 쉽다. 마지막으로, DOM의 파괴 속도도 중요하다. 삭제가 상수 시간으로 수행되어야 할 뿐만 아니라, 문서를 위해 할당된 모든 메모리를 빠르게 해제할 수 있으면(개별 노드를 일일이 해제하는 것이 아니라) 큰 문서를 파괴하는 데 걸리는 시간이 크게 향상된다.

18　대신 자식 노드는 최대 2^{32}개로 제한된다.

pugixml이 사용하는 할당 방식을 논의하기 전에, pugixml이 **사용할 수도 있었던** 방식 하나를 짚고 넘어가자.

DOM 노드들에 필요한 할당 크기가 그리 다양하지 않으므로, 각 크기마다 자유 목록에 기초한 표준적인 메모리 풀을 사용할 수도 있다. 그러한 풀은 같은 크기의 블록들로 이루어진 자유 블록 연결 목록(줄여서 자유 목록)을 이용해서 할당을 관리한다. 할당 요청이 들어왔을 때 만일 자유 목록이 비어 있으면 할당자는 블록들의 배열로 이루어진 새로운 페이지를 할당한다. 그 블록들을 단일 연결 목록 형태로 연결한 것이 바로 할당자의 새 자유 목록이다. 만일 자유 목록이 비어 있지 않으면 목록에서 첫 블록을 제거해서 사용자에게 돌려준다. 해제 요청 시에는 그냥 해당 블록을 자유 목록의 앞에 삽입한다.

이러한 할당 방식은 메모리 재사용에 아주 좋다. 노드 몇 개를 해제한 후 노드를 하나 할당하면 즉시 메모리가 재사용된다. 그러나 메모리 페이지를 해제해서 힙으로 반환하기 위해서는 페이지마다 사용된 블록들을 추적하는 데 시간을 소비해야 한다. 또한 할당들의 국소성도 할당자의 이전 사용 패턴에 따라 다양하며, 경우에 따라서는 트리 운행 성능이 떨어질 수 있다.

pugixml은 트리 변환을 지원하므로 반드시 임의의 크기의 할당을 지원해야 한다. 이 자유 목록 기반 할당자를 임의 크기 할당과 기타 pugixml의 필수 기능들을 지원하도록 확장하되 파싱 성능에 악영향을 주지 않고 확장할 수 있을지가 명확하지 않았다. dlmalloc이나 기타 범용 메모리 할당자들에 구현된 알고리즘들과 비슷한 복잡한 범용 할당 방식을 채용하는 것도 그리 좋은 선택이 아니었다. 그런 할당자들은 단순한 자유 목록보다 복잡한 것은 물론이고, 속도도 다소 느린 경향이 있다. pugixml에는 뭔가 간단하고 빠른 것이 필요했다.

결국, 가장 간단한 할당 방식은 스택 할당자라는 결론을 얻게 되었다. 이 할당자는 다음과 같이 작동한다. 메모리 버퍼 하나와 버퍼 안의 한 오프셋이 주어졌을 때, 하나의 할당은 오직 그 오프셋을 할당 크기만큼 증가하는 것으로 끝난다. 물론 메모리 버퍼의 크기를 미리 예측하는 것은 불가능하므로, 스택 할당자는 필요에 따라 새로운 버퍼들을 할당할 수 있어야 한다.

다음은 이 할당자의 대략적인 작동 방식을 보여주는 코드이다.

```
const size_t allocator_page_size = 32768;
struct allocator_page {
  allocator_page* next_page;
  size_t offset;
  char data[allocator_page_size];
};
struct allocator_state {
  allocator_page* current;
};


void* allocate_new_page_data(size_t size) {
  size_t extra_size = (size > allocator_page_size) ?
    size - allocator_page_size : 0;
  return malloc(sizeof(allocator_page) + extra_size);
}


void* allocate_oob(allocator_state* state, size_t size) {
  allocator_page* page = (allocator_page*)allocate_new_page_data(size);
  // 페이지를 페이지 목록에 추가
  page->next_page = state->current;
  state->current = page;
  // 사용자 자료는 페이지의 시작에 있다
  page->offset = size;
  return page->data;
}


void* allocate(allocator_state* state, size_t size) {
  if (state->current->offset + size <= allocator_page_size) {
    void* result = state->current->data + state->current->offset;
    state->current->offset += size;
    return result;
  }
  return allocate_oob(state, size);
}
```

페이지 크기보다 큰 할당을 지원하는 것은 쉽다. 그냥 더 큰 메모리 블록을 할당하되, 그것을 작은 페이지와 동일한 방식으로 취급하면 된다.[19]

---

19 성능상의 이유로, 이 구현은 오프셋들을 바이트 경계 단위로 조정하지 않는다. 대신 저장된 모든 형식이 반드시 포인터 형식에 맞게 정렬(alignment)되어 있으며 모든 할당 요청의 크기가 포인터 하나의 크기에 맞게 정렬되어 있다고 가정한다.

이 할당자는 아주 빠르다. 아마도 주어진 제약조건 하에서 가장 빠른 할당자일 것이다. 벤치마크 결과를 보면 이 할당자가 자유 목록 할당자보다 빠르다고 나온다. 자유 목록 할당자에는 페이지 크기에 기초해서 적절한 목록을 선택해야 하고 한 페이지의 모든 블록을 연결시켜야 한다는 추가 부담이 있다. 이 할당자는 또한 메모리 국소성이 거의 완벽하다. 새 페이지를 할당할 때를 제외하면, 이 할당자는 연속된 할당 요청들에 대해 항상 인접한 블록들을 제공한다.

작은 할당들의 경우 이 할당자는 메모리를 낭비하지 않는다. 그러나 메모리가 낭비되는 할당 패턴들이 존재한다(그리고 응용 시 그런 패턴들이 실제로 발생할 수 있다). 예를 들어 64바이트 할당과 65536바이트 할당을 번갈아 요청하면 매 호출마다 새 페이지가 할당되며, 결과적으로 30%의 공간이 낭비된다. 이 때문에 pugixml은 이 할당자의 행동 방식을 조금 다르게 구현한다. pugixml의 할당자는 만일 할당 크기가 기본 페이지의 4분의 1보다 크면 그 할당을 위해 새 페이지를 할당하고, 그것을 페이지 목록의 제일 앞에 추가하는 대신 첫 항목 다음에 추가한다. 이렇게 하면 큰 할당 다음에 요청된 작은 할당들이 여전히 같은 페이지에 속하게 된다.

allocate_oob()는 '차가운' 코드임을 주의하기 바란다. 이 함수는 현재 페이지가 소진되었을 때에만 호출되며, 일반적으로 그러한 소진은 드물게만 일어난다. 따라서 컴파일러가 이 함수를 인라인화하지 않도록 명시적으로 지정하면 성능이 향상될 수 있다.[20] 이는 또한 allocate_oob()의 할당 논리가 좀 더 복잡해져도(이를테면 큰 할당들을 다른 방식으로 처리하는 등) 할당자의 전반적인 성능에는 별 영향을 미치지 않음을 의미한다.

마지막으로, 모든 할당은 어떤 페이지에 속하며 할당자가 전체 페이지 목록을 하나의 상태로 유지하므로 전체 페이지 목록을 손쉽게 파괴할 수 있으며, 따라서 할당된 모든 메모리를 손쉽게 해제할 수 있다. 메모리의 각 페이지의 헤더들만 건드리면 되기 때문에 파괴가 아주 빠르다.

---

20 pugixml에서는 이를 통해서 성능이 측정 가능한 수준으로 향상되었다.

4.7 스택 기반 할당자의 메모리 해제 지원

앞 절에서 논의한 구현에는 메모리의 해제나 재사용을 위한 수단이 전혀 없다.

흥미롭게도, 여러 사용 패턴들에서 이는 그리 큰 문제가 아니다. 문서 파괴 시 모든 페이지를 제거함으로써 메모리를 해제할 수 있으므로[21], 문서의 파싱이나 새 문서의 생성에 추가적인 메모리를 소비하지 않는다. 그러나 문서의 상당 부분을 삭제한 후 문서에 노드들을 더 추가하면 문제가 발생한다. 메모리가 결코 재사용되지 않으므로, 순간 최대 메모리 사용량이 아주 커질 수 있다.

할당 성능을 그대로 유지하면서도 세밀한 재사용을 가능하게 하는 것은 불가능해 보인다. 그러나 다음과 같은 절충은 가능하다. 페이지마다 할당 횟수를 두고, 할당 시에는 해당 블록이 속한 페이지의 할당 횟수를 증가한다. 해제 시에는 해당 블록이 속한 페이지의 할당 횟수를 감소한다. 할당 횟수가 0이 되면 그 페이지는 더 이상 필요하지 않은 것이므로 제거해도 된다.

이것이 가능하려면 각 객체가 어떤 페이지에 속하는지를 알 수 있어야 한다. 페이지에 대한 포인터를 저장하지 않고 그러한 정보를 유지하는 것이 가능하긴 하지만 어렵다.[22] 이 때문에 pugixml은 각 할당마다 페이지 포인터를 저장하는 방법을 사용한다.

pugixml은 할당별 페이지 포인터 저장에 관련된 메모리 추가부담을 줄이기 위해 두 가지 접근방식을 사용한다.

첫 접근방식은 페이지 포인터의 유효 비트수를 줄여서, 어차피 저장해야 하는 다른 용도의 자료와 함께 저장하는 것이다. 모든 페이지는 32바이트 경계로 정렬되므로, 모든 페이지 포인터의 하위 다섯 비트는 항상 0이다. 그런데 그 다섯 비트는 하나의 XML 노드의 메타자료에 적합한 크기이다. 다섯 비트 중 세 비트에는 노드의 종류를 담고 나머지 두 비트에는 그 노드의 이름과 값이 제자리 버퍼에 들어 있는지의 여부를 담으면 된다.

---

21 이는 노드들이나 특성들이 문서에 속하지 않고 따로 존재할 수는 없음을 뜻한다. C++에서 이는 노드 소유권에 대한 합당한 설계상의 결정이다.

22 페이지 크기보다 큰 페이지 정렬을 이용하면(이를테면 모든 페이지를 64KB로 정렬된 64KB 블록들로 할당하는 등) 추가적인 자료 저장 없이도 이것이 가능하나, 그러한 큰 할당들을 이식성 있는 방법으로 사용하려면 아주 큰 메모리 추가부담을 감수해야 한다.

둘째 접근방식은 할당된 요소의 위치를 페이지의 시작 위치를 기준으로 오프셋으로서 저장하는 것이다. 그러면 페이지 포인터의 주소를 다음과 같이 계산할 수 있다.

```
(allocator_page*)((char*)(object) -
    object->offset - offsetof(allocator_page, data))
```

페이지의 최대 크기가 $2^{16}=65536$ 바이트라고 하면 오프셋은 16비트로 충분하다. 따라서 페이지 주소를 4바이트가 아니라 2바이트에 저장할 수 있다. pugixml은 힙에 할당된 문자열들에 이 접근방식을 사용한다.

이러한 기법들을 적용한 알고리즘에는 흥미로운 특징 하나가 있는데, 바로 이 할당자를 사용하는 코드에서 참조국소성이 유지된다는 것이다. 할당 요청들의 국소성은 결국 할당된 자료의 공간적 국소성으로 이어진다. 해제 요청들의 공간적 국소성은 메모리의 성공적인 해제로 이어진다. 이는, 트리 저장소의 경우 커다란 부분 트리를 삭제하면 일반적으로 그 부분 트리가 사용하던 메모리의 대부분이 해제됨을 뜻한다.

물론 특정 사용 패턴들에서는 문서 전체가 파괴되기까지는 아무것도 해제되지 않을 수 있다. 예를 들어 페이지 크기가 32000바이트이고 32비트 할당을 백만 번 수행해서 1000개의 페이지가 할당되었다고 하자. 페이지마다 1000번째 객체들만 남겨 두고 나머지 객체들을 모두 삭제한다면 모든 페이지에 객체 하나씩만 남게 된다. 그러면 살아 있는 객체들의 전체 크기는 $1000 \times 32 = 32000$바이트이지만, 그래도 모든 페이지를 메모리에 그대로 유지해야 한다(총 3천2백만 바이트를 소비). 결과적으로 메모리 추가부담이 극도로 커진다. 그러나 그런 사용 패턴이 실제로 일어날 확률은 아주 낮으며, pugixml의 경우 알고리즘이 주는 이득이 이 문제를 훨씬 능가한다.

4.8 결론

소프트웨어를 최적화하기란 어렵다. 성공적인 최적화를 위해서는 거의 항상 저수준 미시적 최적화와 고수준 성능 지향적 설계 결정, 세심한 알고리즘 선택과 조율, 메모리와 성능, 구현 복잡도 사이의 절충 등 다양한 노력이 필요하다. pugixml은 아주 빠른 현업 수준 XML 파서를 제공하기 위해(그러한 목표를 위해 몇 가지 희생한 것들도 있긴 하지만) 이 모든 접근방식이 필요한 라이브러리의 예이다. 구현 세부사항의 상당 부분은 다른 프로젝트나 과제에 맞게 개조가 가능하다. 다른 프로젝트는 또 다른 파싱 라이브러리일 수도 있고, 아예 다른 뭔가일 수도 있겠다. 이 글에서 제시한 요령들이 독자의 흥미를 끌어당겼다면, 그리고 다른 프로젝트들에 유용하게 쓰인다면 좋겠다.

제5장

MemShrink

카일 휴이|Kyle Huey

5.1 소개

오래전부터 파이어폭스^{Firefox}는 메모리를 너무 많이 사용한다는 말을 들었다. 그러한 평판이 정확한 것일 때도 있고 아닐 때도 있었지만, 어쨌든 파이어폭스에는 항상 그런 평판이 붙는다. 지난 수년간 파이어폭스의 새 릴리스가 나올 때마다, 회의적인 사용자들은 "아직도 메모리 누수를 못 잡은 건가?"라는 질문을 던졌다. 우리는 오랜 베타 기간을 거치고 출시 일자를 여러 번 놓친 후인 2011년 3월에 파이어폭스 4를 출시했는데, 그때도 같은 질문을 받았다. 파이어폭스 4는 웹 브라우저의 개방적 동영상 지원, JavaScript 성능, 그래픽 가속 같은 영역에서 커다란 진전을 이룩했지만, 안타깝게도 메모리 사용량 면에서는 크게 후퇴했다.

최근 웹 브라우저 공간의 경쟁이 아주 심해졌다. 이동기기들이 약진하고, 구글 크롬이 나오고, Microsoft가 웹에 다시 투자하면서 파이어폭스는 다 죽어 가는 인터넷 익스플로러 하나가 아니라 다수의 훌륭한, 그리고 자금이 넉넉한 경쟁자들과 경합해야 하는 상황에 처했다. 특히 구글 크롬은 빠르고 가벼운 브라우징 체험을 제공하면서 한참 앞서 나갔다. 우리는 좋은 브라우저를 만드는 것만으로는 충분하지 않은 시절이 왔음을 뼈아픈 경험을 통해서 깨닫기 시작했다. 당시 모질라^{Mozilla}의 기술 부사장이자 오랜 모질라 기여자인 셰이버^{Mike Shaver}의 말을 빌자면, "이것이 우리가 원했던 세계이고, 이것이 우리가 만든 세계이다."

2011년 상반기에 우리가 처한 상황이 바로 그랬다. 파이어폭스의 시장 점유율은 증가하기는커녕 감소 추세인 반면 구글 크롬은 빠르게 점유율을 높여가고 있었다. 성능상의 격차는 줄어들기 시작했지만 메모리 소비량 면에서는 여전히 크롬에 비해 경쟁력이 아주 낮았다. 이는 파이어폭스 4가 더 빠른 JavaScript와 그래픽 가속에 투자하면서 메모리 소비량이 늘어났기 때문이다. 파이어폭스 4를 출시한 후, 네더코트^{Nethercote}가 이끄는 일단의 공학자들이 메모리 소비량을 제어하기 위해 MemShrink 프로젝트를 시작했다. 그로부터 약 1년 반이 지난 지금, 그들의 일치된 노력은 파이어폭스의 메모리 소비량과 평판을 급속도로 바꾸었다. 대부분의 사용자들의 머리에서 '메모리 누수(memory leak)'는 과거의 일이 되었으며, 이제는 파이어폭스가 다른 브라우저들과 비교할 때 가장 가벼운 브라우저들 중 하나로 간주되는 경우가 많다. 이번 장에서는 파이어폭스의 메모리 사용량을 개선하기 위한 노력들을 살펴보고 그 과정에서 배운 교훈들을 소개하고자 한다.

5.2 기반구조의 개요

우리가 마주친 문제들과 그에 대한 해결책들을 독자가 제대로 이해하려면 파이어폭스의 기본적인 메모리 구조와 관리 방식을 간단하게나마 파악할 필요가 있겠다.

근본적으로, 현대적인 웹 브라우저는 신뢰할 수 없는 코드를 실행하기 위한 하나의 가상 기계(virtual machine, VM)이다. 여기서 신뢰할 수 없는 코드는 서드파티가 제공한 HTML, CSS, JavaScript(JS) 코드의 조합이다. 또한 파이어폭스 부가 기능(add-on)과 플러그인의 코드도 있다. 가상 기계는 텍스트와 이미지의 배치 및 스타일링, 네트워크 접근, 오프라인 저장을 위한 기능을 제공하며, 심지어는 하드웨어 가속 그래픽에 대한 접근도 제공한다. 그런 기능들 중에는 해당 과제를 위해 새로 만들어진 API를 통해서 접근할 수 기능들이 있는가 하면 기존 API를 완전히 새로운 용법으로 사용해서 접근하는 기능들도 있다. 웹의 진화 방식 때문에 웹 브라우저들은 새로운 요구를 아주 개방적으로 받아들일 필요가 있다. 15년 전에 웹 브라우저가 처리해야 한다고 생각했던 것들이 오늘날의 고성능 체험을 제공하는 문제와는 더 이상 관련이 없을 수 있다.

파이어폭스는 Gecko 배치(layout) 엔진과 Spidermonkey JS 엔진을 사용한다. 둘 다 기본적으로는 파이어폭스를 위해 개발된 것이나, 파이어폭스는 개별적인, 독립적으로 재사용 가능한 코드이다. 널리 쓰이는 다른 모든 배치 엔진이나 JS 엔진처럼, 이 둘은 C++로 작성된다. Spidermonkey는 JS 가상 기계의 구현으로, 쓰레기 수거(garbage collection)와 다양한 성격의 JIT(just-in-time) 컴파일 기능을 포함한다. Gecko는 웹 페이지에서 볼 수 있는 대부분의 API를 구현한다. 여기에는 DOM, 소프트웨어나 하드웨어 파이프라인을 통한 그래픽 렌더링, 페이지 및 텍스트 배치, 완전한 기능을 갖춘 네트워킹 스택 등이 포함된다. 이들의 조합은 파이어폭스의 토대가 된다. 주소표시줄과 내비게이션 버튼들을 포함한 파이어폭스의 사용자 인터페이스는 단지 향상된 특권(privilege)들을 가지고 실행되는 일련의 특별한 웹 페이지들일 뿐이다. 그러한 특권들이 있으면 보통의 웹 페이지에게는 보이지 않는 다양한 종류의 기능들에 접근할 수 있다. 그러한 특별한 내장/특권 페이지들을 우리는 크롬chrome(구글의 크롬과는 무관함)이라고 부르고, 크롬이 아닌 보통의 웹 페이지는 콘텐트content라고 부른다.

이 글의 목적에서 Spidermonkey와 Gecko에 관한 가장 흥미로운 세부사항은 그들의 메모리 관리 방식이다. 브라우저 안의 메모리는 두 가지 특성에 따라 분류된다. 하나는 할당 방식이고 하나는 해제 방식이다. 동적 할당 메모리(힙heap)는 운영체제에서 커다란 덩어리로 가져온 메모리를 힙 할당자가 요청된 크기만큼 잘라서 제공한다. 파이어폭스에서 주된 힙 할당자는 두 가지로, 하나는 Spidermonkey의 쓰레기 수거식 메모리(GC 힙)에 쓰이는 특화된 쓰레기 수거식 힙 할당자이고 또 하나는 Spidermonkey의 나머지 모든 부분과 Gecko에 쓰이는 jemalloc이다. 메모리 해제 방식은 크게 세 종류인데, 직접(수동) 해제, 참조 계수를 통한 해제, 쓰레기 수거를 통한 해제이다.

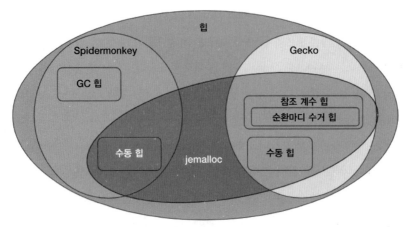

그림 5.1 파이어폭스의 메모리 관리

Spidermonkey의 GC 힙에는 객체, 함수 등등 실행 중인 JS가 생성한 거의 모든 것이 저장된다. 또한 수명이 그러한 객체들에 연결되어 있는 구현 세부사항들도 GC 힙에 저장된다. 이 힙은 상당히 표준적인 점진적 표시 후 일소(incremental mark-and-sweep) 수거기를 성능과 반응성을 위해 고도로 최적화한 버전을 사용한다. 점진적 표시 후 일소라는 것을 간단히 설명하면 이렇다. 쓰레기 수거기는 가끔씩 깨어나서 GC 힙의 모든 메모리를 조사한다. 수거기는 일단의 '뿌리'(현재 표시된 웹 페이지의 전역 객체 등)들에서 시작해서, 힙에 있는 객체들 중 뿌리로부터 도달할 수 있는 모든 객체들을 '표시'해 둔다. 그런 다음 표시되지 않은 모든 객체를 '쓸어버리고(일소)', 필요하면 해당 메모리를 재사용한다.

Gecko에서 대부분의 메모리는 참조 계수(reference counting)를 통해서 관리된다. 이 방식에서는 각각의 메모리 조각마다 참조 횟수가 부여된다. 그 횟수가 0이 되면 해당 메모리를 해제한다. 엄밀히 말하면 참조 계수도 쓰레기 수거의 일종이지만, 이 글의 목적에서는 주기적으로 메모리를 재확보하기 위한 특별한 코드(즉 쓰레기 수거기)를 필요로 하는 쓰레기 수거 방식과는 구별되는 방식으로 간주한다. 단순한 참조 계수로는 메모리 A가 메모리 B를 참조하고 메모리 B도 메모리 A를 참조하는 형태의 순환마디(cycle)를 처리할 수 없다. 그런 상황에서 A와 B 모두 참조 횟수가 1이므로 둘 다 결코 해제되지 못한다. Gecko에는 그러한 순환마디들을 수거하는 데 특화된 추적식 쓰레기 수거기가 있는데, 우리는 그것을 순환마디 수거기(cycle collector)라고 부른다. 이 순환마디 수거기는 순환마디들에 관여하는, 그리고 순환마디 수거의 대상으로 지정된 특정 부류의 메모리만 관리하므로, 순환마디 수거 힙을 참조 계수 힙의 한 부분집합이라고 생각해도 된다. 또한 순환마디 수거기는 Spidermonkey의 쓰레기 수거기가 C++ 코드에서 JS 객체를 참조하는(또는 그 반대 방향) 능력 등을 위한 언어 간 메모리 관리를 수행하는 데에도 쓰인다.

그 외에, Spidermonkey와 Gecko가 메모리를 수동으로 관리하는 경우도 아주 많다. 여기에는 내부 메모리 배열, 해시 테이블, 이미지 버퍼, 스크립트 소스 자료 등 다양한 객체들이 포함된다. 한 예가 할당장^{割當場}(arena)★ 할당자이다. 할당장은 아주 많은 수의 개별 할당들 모두를 동시에 해제할 수 있을 때 쓰인다. 할당장 할당자는 주 힙 할당자로부터 메모리 덩어리(chunk)들을 얻어서 요청에 따라 분할한다. 할당장이 더 이상 필요하지 않게 되면 할당장 할당자는 여러 작은 할당을 일일이 해제하지 않고 그냥 그 덩어리들을 주 힙에 돌려준다. Gecko는 할당장 할당자를 페이지 배치 자료에 사용한다(페이지가 더 이상 필요하지 않게 되면 페이지를 구성하는 모든 자료를 단번에 버릴 수 있는 경우). 할당장 할당은 **중독**(poisoning) 같은 보안 기능들을 구현하는 데에도 쓰인다. 여기서 중독이란 해제된 메모리가 보안 공격에 악용되는 일이 없도록 해제된 메모리를 덮어 쓰는 것을 말한다.

파이어폭스의 여러 작은 부분들은 이외에도 다양한 커스텀 메모리 관리 시스템을 사용한다. 그 이유는 다양하지만, 이 글의 논의와는 무관하다. 파이어폭스의 메모리 기반구조를 개괄했으니, 이제 우리가 발견한 문제점들과 그 해결책들을 살펴보자.

5.3 잰 만큼 얻는다

문제 해결의 첫 단계는 문제가 무엇인지 파악하는 것이다. 메모리 누수의 엄밀한 정의는 운영체제(OS)로부터 메모리를 할당하되 그것을 다시 OS로 돌려주지 않는 것이지만, 우리가 개선하고자 하는 상황들 중에는 그러한 정의가 그리 도움이 되지 않는 것들이 있다. 우리가 만난 상황들 중 엄밀한 의미에서 '누수'가 아닌 것들을 몇 가지 들자면 다음과 같다.

★ [역주] arena는 흔히 투기장이나 경기장을 뜻하지만, 좀더 일반적으로는 '(어떤 행사가 벌어지는)경계가 정해진 영역'을 의미한다. 지금 문맥에서 arena가 "할당이 일어나는, 경계가 정해진 영역"을 뜻한다는 점에서, 이를 적절히 줄인 '할당장'을 번역어로 선택했다.

- 어떤 자료구조가 실제로 필요한 것보다 두 배나 많은 메모리를 차지한다.
- 더 이상 쓰이지 않는 메모리가 타이머가 만료될 때까지는 해제되지 않는다.
- 커다란 버퍼(문자열, 이미지 자료 등등)의 복사본 여러 개가 프로그램 전반에 존재한다.

이 모든 것은 파이어폭스의 힙 메모리의 대부분이 어떤 형태로든 쓰레기 수거 방식이며 따라서 더 이상 쓰이지 않는 메모리가 다음번 쓰레기 수거 실행 때까지는 해제되지 않는다는 사실 때문에 메모리 소비량에 더욱 나쁜 영향을 준다. 이 글에서 메모리 누수의 정의는 아주 느슨하다. 파이어폭스의 메모리 효율성이 합당한 수준보다 떨어지게 만드는 모든 상황이 메모리 누수에 포함된다. 이는 사용자들이 메모리 누수라는 말을 사용하는 방식과도 일치한다. 대부분의 사용자들은, 심지어 웹 개발자들도, 메모리 사용량이 높은 것이 진정한 누수 때문인지 아니면 브라우저 안에서 작동하는 다른 여러 요인들 때문인지 구분하지 못한다.

MemShrink 프로젝트 초창기에 우리는 브라우저의 메모리 사용량에 대해 그리 잘 알지 못했다. 메모리 문제의 성격을 파악하려면 Massif 같은 복잡한 도구나 GDB 같은 저수준 도구를 사용해야 하는 경우가 많다. 그런 도구들은 다음과 같은 여러 단점을 가지고 있다.

- 개발자들을 위해 설계된 것이고 사용하기가 쉽지 않다.
- 파이어폭스의 내부 사정(여러 힙들의 구현 세부사항 등)을 인식하지 못한다.
- "항상 켜져" 있다. 문제가 발견되기 전에도 계속 사용해야 한다.

이러한 단점들이 있긴 하지만 이들은 아주 강력한 도구이다. 이런 단점들을 해결하기 위해, 우리는 브라우저의 행동 방식을 좀 더 적은 노력으로 파악할 수 있는 커스텀 도구들을 만들어 나갔다.

그런 도구들 중 첫 번째 것은 about:memory이다. 파이어폭스 3.6에서 도입된 이 도구는 원래 힙에 대한 간단한 통계치들을 표시하는 것이었다. 이를테면 매핑된 메모리 양과 회부(commit)된 메모리 양 등을 표시했다. 그러나 점차 특정 개발자들이 관심을 가지는 수치들, 이를테면 내장 SQLite 데이터베이스 엔진의 메모리 사용량이나 그래픽 가속 하위 시스템이 사용하는 메모리 사용량 등이 추가되었다. 그러한 측정들을 우리는 메모리 보고자(memory reporter)라고 부른다. 이러한 일회성 추가들을 제외할 때, about:memory는 메모리 사용량에 대한 여러 요약 통계치들을 제공하는 원시적인 도구로 남아 있는 상태이다. 대부분의 메모리에는 메모리 보고자가 없으며 about:memory를 위한 특별한 측정 작업이 진행되지 않는다. 그렇긴 하지만 about:memory는 특별한 도구나 특별한 파이어폭스 빌드가 없어도 브라우저의 주소표시줄에 입력만 하면 누구나 사용할 수 있다. 이는 '킬러 기능(killer feature)'이 될 만한 장점이다.

MemShrink가 다른 사람들에게 알려지기 훨씬 전에, 파이어폭스의 JavaScript 엔진을 리팩터링해서 획일적인 전역 GC 힙을 일단의 더 작은 부분 힙들의 집합으로 분리한 적이 있다. 그런 부분 힙을 구획(compartment)이라고 부른다. 이 구획들은 크롬과 콘텐트(각각 특권 있는 코드와 특권 없는 코드) 메모리 같은 것들을 분리하며, 서로 다른 웹 사이트들의 메모리도 분리한다. 이러한 변경의 주된 동기는 보안이었으나, 결과적으로는 MemShrink에게도 아주 유용한 것으로 판명되었다. 구획들이 구현되고 얼마 안 있어서 우리는 about:compartments라는 도구의 원형을 작성했다. about:compartments는 모든 구획의 메모리 사용량과 사용 방식을 표시한다. 이 도구가 파이어폭스에 직접 통합되지는 않았지만, MemShrink를 시작한 후 우리는 이 도구를 수정해서 about:memory에 결합했다.

이 구획 보고 기능을 about:memory에 추가하는 도중에 우리는 다른 할당들에 대해서도 비슷한 보고를 얻는다면 Massif 같은 특화된 도구가 없어도 힙에 대한 유용한 프로파일링이 가능할 것이라는 점을 깨달았다. 그래서 우리는 about:memory를 그냥 일련의 요약 통계치들을 표시하는 것이 아니라 메모리 사용량을 아주 많은 수의 서로 다른 용도들로 분할해서 보여주는 트리를 표시하도록 수정했다. 그런 다음 다른 종류의 대형 힙 할당들(페이지 배치 하위 시스템 등)에 대한 보고자들을 추가하기 시작했다. 초기의 수치 주도적 노력들 중 하나는 메모리 보고자가 다루지 않는 메모리 양을 뜻하는 *heap-unclassified* 수치를 줄이는 것이었다. heap-unclassified를 낮추면 브라우저가 메모리를 사용하는 방식을 좀 더 잘 파악할 수 있다. 우리는 10%라는 상당히 임의적인 수를 택하고, 평균적인 사용 시나리오에서 heap-unclassified가 전체 힙의 10%가 되게 만드는 것을 목표로 삼았다. 그러나 이후 10%는 달성하기에는 너무 낮은 수치임이 판명되었다. 브라우저에 작은 일회성 할당들이 너무 많기 때문에, heap-unclassified를 안정적으로 약 15% 미만으로 낮추는 것도 힘들다.

heap-unclassified 수치를 줄이기 위해 우리는 DMD(dark matter detector; 암흑물질 검출기)라는 이름의 도구를 작성했다. 이 도구는 보고되지 않은 힙 할당들을 추적하는 데 도움을 준다. 이 도구는 힙 할당자 대신 자신을 about:memory 보고 공정에 끼워 넣어서 보고된 메모리 블록들과 할당된 블록들의 짝을 맞춘다. 그런 다음에는 보고되지 않은 메모리 할당들을 그 호출 지점별로 요약한다. 파이어폭스의 한 브라우징 세션에서 DMD를 실행하면 heap-unclassified의 원인이 되는 호출 지점들의 목록이 만들어진다. 일단 할당의 근원들을 식별하고 나면, 해당 구성요소를 찾고 그 구성요소에 대한 메모리 보고서를 개발자가 추가하는 작업이 빠르게 진행된다. 몇 개월 안에 우리는 "브라우저의 모든 페이스북 Facebook 페이지가 250MB의 메모리를 사용하고 있으며, 그 메모리들의 구체적인 용도는 다음과 같습니다" 같은 보고서를 보여 주는 도구를 갖추게 되었다.

우리는 식별된 메모리 문제들의 디버깅을 위한 도구(이름은 *Measure and Save*)도 만들었다. 이 도구는 JS 힙과 순환 수거식 C++ 힙의 표현들을 파일에 덤프한다. 그런 다음 우리는 결합된 힙을 훑으면서 "이 객체가 계속 살아 있는 이유는?" 같은 질문에 답해 주는 일련의 분석 스크립트들을 작성했다. 이 덕분에 그냥 링크들의 힙 그래프를 조사하는 것에서부터 디버거와 연동해서 관심 가는 특정 객체들에 중단점(breakpoint)을 설정하는 것에 이르는 여러 유용한 디버깅 기법들을 사용할 수 있게 되었다.

이 도구들의 주된 장점은, Massif 같은 도구와는 달리 문제가 나타난 후에 사용해도 된다는 것이다. 여러 힙 프로파일러들(Massif 포함)은 반드시 프로그램 시동 시 함께 시작되어야 한다. 문제를 발견한 후 일시적으로만 실행할 수는 없다. 이 도구들의 또 다른 장점은 문제를 직접 재현하지 않고서도 정보를 분석하고 활용할 수 있다는 것이다. 이 두 이점이 합쳐지면, 사용자가 겪은 어떤 문제를 개발자가 재현할 수 없는 경우에 사용자가 그 문제에 관한 정보를 직접 갈무리해서 개발자에 보내면 된다는 장점이 생긴다. 웹 브라우저 사용자가 브라우저에 대해 GDB나 Massif를 적용하길 바라는 것은 일반적으로 무리이다(버그 추적기에 버그를 보고할 수 있을 정도로 능숙한 사용자라고 해도). 그러나 about:memory 페이지를 열거나 작은 JavaScript 코드 조각을 실행해서 자료를 얻고 그것을 버그 보고서에 첨부하는 것은 훨씬 쉬운 일이다. 범용 힙 프로파일러는 많은 정보를 갈무리하지만, 대신 비용도 많이 든다. 우리의 구체적인 요구에 맞는 일단의 도구들을 작성해서 사용해 보니 범용 도구들보다 훨씬 유용했다.

그러한 커스텀 도구 작성에 시간을 투자해서 항상 이득을 보는 것은 아니다. 사람들이 소프트웨어를 만들 때마다 새 디버거를 만드는 대신 GDB를 사용하는 데에는 이유가 있다. 그러나 기존 도구들이 우리에게 필요한 정보를 우리가 원하는 방식으로 제공하지 못하는 상황에서는 커스텀 도구 제작이 큰 도움이 된다는 점을 알게 되었다. about:memory가 '완성'이라고 부를 만한 수준에 이르기까지는 1년간의 파트타임 작업이 소비되었다. 요즘에도 필요할 때마다 새 기능과 보고자를 추가하고 있다. 커스텀 도구는 중요한 투자이다. 이 주제에 대한 상세한 논의는 이번 장의 주제를 넘는 것이지만, 커스텀 도구를 작성할 때에는 먼저 비용 대 이득을 상세히 고려해 보아야 할 것이다.

5.4 달성하기 쉬운 과제들

앞에서 언급한 도구들을 통해서 우리는 브라우저 안의 메모리 사용 방식을 이전보다 좀 더 명확하게 파악할 수 있었다. 이 도구들을 한동안 사용한 후 우리는 무엇이 정상이고 무엇이 비정상인지에 대해 감을 잡기 시작했다. 정상이 아닌, 잠재적으로 버그일 수 있는 것들을 잡아내기가 아주 쉬워졌다. 높은 heap-unclassified 수치들을 따라가 보면 아직 메모리 보고자(reporter)를 추가하지 못한 난해한 웹 기능들이나 Gecko 내부의 메모리 누수를 발견할 수 있었다. JS 엔진의 이상한 장소들에서 메모리 사용량이 높게 나오는 것은 해당 코드가 최적화되지 않은 또는 병적인 상황에 마주쳤음을 뜻하는 것일 수 있다. 우리는 이러한 정보를 추적해서 파이어폭스 최악의 버그들을 찾고 고칠 수 있었다.

초기에 발견한 비정상 상황 하나를 소개하겠다. 종종 한 구획이 이미 닫힌 페이지에 들러붙어서, 쓰레기 수거기를 여러 번 강제로 실행해도 사라지지 않았다. 그런 구획들이 언젠가는 스스로 사라지기도 하지만 무한정 유지되기도 했다. 우리는 이런 누수를 좀비 zombie 구획이라고 불렀다. 한 웹 페이지가 사용할 수 있는 메모리의 양에 제한이 없다는 점에서, 이들은 가장 심각한 부류의 메모리 누수에 속한다. 우리는 Gecko와 파이어폭스 UI 코드에서 이런 버그들을 여러 개 잡아냈지만, 좀비 구획의 가장 큰 원천은 부가 기능임이

곧 명백해졌다. 부가 기능의 누수들을 처리하느라 몇 달을 허비한 후 우리는 이번 장에서 나중에 논의할 해결책 하나를 발견했다. 파이어폭스와 부가 기능들 모두에서 이 좀비 구획들의 대부분은 수명이 긴 JS 객체들이 수명이 짧은 JS 객체들에 대한 참조를 유지하기 때문에 발생한 것이었다. 수명이 긴 JS 객체들은 대체로 브라우저 창에 부착된 객체들이나 전역 단일체들인 반면, 수명이 짧은 JS 객체들은 웹 페이지에서 비롯된 객체들인 가능성이 크다.

DOM과 JS의 작동 방식 때문에, 한 페이지의 개별 객체에 대한 참조는 그 페이지 전체와 페이지의 전역 객체들(그리고 그로부터 도달할 수 있는 모든 것)이 살아 있는 한 계속해서 유지된다. 이에 필요한 메모리는 순식간에 수 메가바이트에 도달할 수 있다. 쓰레기 수거식 시스템의 한 가지 미묘한 측면은, 쓰레기 수거기가 재확보하는 메모리는 프로그램이 다 사용한 메모리가 아니라 도달 불가능한 메모리라는 점이다. 더 이상 쓰이지 않는 메모리가 도달 불가능한 메모리로 간주되게 만드는 것은 프로그래머의 몫이다. 어떤 객체에 대한 모든 참조를 확실하게 제거하지 못하면, 참조하는 객체의 수명과 참조되는 객체의 수명이 상당히 다를 가능성이 큰 경우 쓰레기 수거에 심각한 악영향이 미칠 수 있다. 비교적 일찍 재확보되어야 하는 메모리(웹 페이지에 쓰이는 메모리 등)가 재확보되지 못하고, 좀 더 오래 살아남는 참조 객체(브라우저 창 또는 응용 프로그램 자체)에 들러붙을 수 있는 것이다.

JS 힙의 단편화(fragmentation) 역시 비슷한 이유로 문제가 된다. 우리는 다수의 웹 페이지들을 닫아도 파이어폭스의 메모리 사용량(OS가 보고하는)이 크게 줄어들지 않는 현상을 여러 번 보았다. JS 엔진은 메가바이트 크기의 메모리 덩어리들을 운영체제로부터 할당해서 필요에 따라 서로 다른 여러 구획들에게 나누어 준다. 이 덩어리들은 완전히 쓰이지 않게 된 경우에만 해제해서 운영체제에 반환할 수 있다. 우리가 파악한 바로는, 새 덩어리를 할당하면 거의 항상 웹 콘텐트가 더 많은 메모리를 요구하게 되지만, 하나의 덩어리가 해제되지 못하게 하는 마지막 요인은 바로 크롬 구획인 경우가 많았다. 수명이 긴 객체 몇 개를 수명이 짧은 객체들로 가득 찬 덩어리에 끼워 넣으면 웹 페이지가 닫혀도 그 덩어리는 재확보되지 못한다. 우리는 이를 크롬 구획들과 콘텐트 구획들을 격리시키고 모든 메모리 덩어리가 크롬 할당들만 담거나 콘텐트 할당들만 담게 만들어서 이 문제를 해결했다. 이렇게 하니 탭들을 닫았을 때 운영체제에 반환할 수 있는 메모리 양이 크게 늘었다.

그런데 그러한 단편화 감소 기법 자체가 부분적인 이유가 되는 또 다른 문제가 발견되었다. 파이어폭스의 주 힙 할당자는 jemalloc을 Windows와 Mac OS X에서 작동하도록 개조한 버전이다. jemalloc은 단편화에 의한 메모리 손실을 줄이도록 설계되어 있다. 이를 위해 jemalloc이 사용하는 기법들 중 하나는 할당 크기를 여러 크기 부류(size class)들로 반올림하고 그 크기 부류들을 연속된 메모리 덩어리에 할당하는 것이다. 이렇게 하면 해제된 메모리 공간을 나중에 비슷한 크기의 할당에 재사용할 수 있다. 대신, 반올림 때문에 공간이 어느 정도 낭비된다. 우리는 그러한 낭비된 공간을 **슬롭**slop이라고 부른다. 특정 크기 부류에서 최악의 경우 할당된 공간의 거의 50%가 낭비될 수 있다. jemalloc의 크기 부류들의 구축 방식 때문에, 2의 거듭제곱을 지나친 직후에(이를테면 17을 32로, 1025를 2048로 반올림해서) 그런 큰 낭비가 발생하는 경우가 많다.

메모리를 할당할 때 할당량에 선택의 여지가 그리 크지 않은 경우가 종종 있다. 어떤 클래스의 새 인스턴스를 위해 할당에 바이트 몇 개를 더 추가하는 것이 유용한 경우는 별로 없다. 선택의 여지가 큰 경우도 있다. 문자열을 위한 공간을 할당할 때에는, 나중에 문자열에 문자들을 더 추가해야 할 때 버퍼를 재할당하지 않아도 되도록 여분의 공간을 미리 마련해 둘 수 있다. 이러한 유연성이 생긴 경우에는 크기 부류에 정확히 일치하는 양을 요구하는 것이 합당하다. 그러면 슬롭으로 '낭비되었을' 메모리를 추가 비용 없이 사용할 수 있게 된다. 일반적으로 코드는 2의 거듭제곱을 요구하는데, 그러한 수치가 지금까지 작성된 모든 할당자에 상당히 잘 맞으며 할당자에 대한 특별한 지식을 필요로 하지 않기 때문이다.

Gecko의 코드 중에는 이러한 기법의 이점을 취하도록 작성된 부분이 많으며, 이점을 취하려 했지만 제대로 하지 못한 부분도 여럿 있음을 알게 되었다. 잘 반올림된 크기의 메모리 덩어리를 할당하려 했지만 계산 수식의 실수 때문에 의도한 것보다 더 많은 메모리를 할당하는 부분이 많이 있었다. jemalloc의 크기 부류들이 구축되는 방식 때문에, 그런 실수는 할당된 공간의 거의 50%가 슬롭으로 낭비되게 만드는 결과를 낳았다. 특히 두드러진 예 하나가 배치 자료구조에 쓰이는 할당장 할당자 구현에 숨어 있었다. 할당장은 힙에서 4KB 크기의 덩어리들을 얻으려 했으나, 실제로는 8KB로 반올림된 덩어리들이 할당되었다. 이 실수를 고치자 GMail에서만 3MB 이상의 슬롭이 절감되었다. 특별히 무거운 페이지 배치가 쓰인 검례에서는 700MB 이상의 슬롭이 절감되어서 브라우저의 총 메모리 소비량이 2GB에서 1.3GB로 줄어들었다.

SQLite에서도 비슷한 문제를 발견했다. Gecko는 SQLite를 방문 이력(history)과 책갈피(bookmark) 같은 기능들을 위한 데이터베이스 엔진으로 사용한다. SQLite는 자신을 내장하는 응용 프로그램에게 메모리 할당에 관한 제어권을 상당히 많이 넘겨주며, 자신의 메모리 사용량의 측정에 관해 아주 신중하다. 그런 측정들을 유지하기 위해 SQLite는 몇 개의 워드들을 추가해서 할당 크기를 다음번 크기 부류로 올린다. 모순적이게도, 메모리 소비량을 추적하기 위해 필요한 계장(instrumentation)이 메모리 소비량을 두 배로 만드는, 그러면서도 사용량은 실제보다 낮게 보고하는 결과를 빚는다. 우리는 이런 종류의 버그를 '광대 신발(clownshoe)'이라고 부른다. 광대의 신발이 보기에 우스꽝스러울 뿐만 아니라 공간도 많이 낭비한다는 점을 빗댄 것이다.

5.5 내 잘못은 아니지만 내 문제

수개월 동안 우리는 파이어폭스의 메모리 소비량 개선과 메모리 누수 교정에 큰 진전을 이루었다. 그러나 모든 사용자가 그러한 노력의 성과를 인식한 것은 아니다. 사용자들이 보고한 메모리 문제들 중 상당수는 부가 기능에서 비롯된 것이 명백해졌다. 메모리가 새는 부가 기능들의 버그를 추적하는 과정에서, 누수를 일으킨 것이 부가 기능임을 확인해 주는 버그 보고의 개수가 결국 100개를 넘겼다.

역사적으로 모질라는 부가 기능의 좋은 점만 취하려고 노력했다. 우리는 파이어폭스를 풍부한 부가 기능들을 선택할 수 있는 확장성 좋은 브라우저로서 선전해 왔다. 그러나 사용자가 그런 부가 기능에 관련된 성능 문제를 보고하면 그냥 그런 부가 기능을 사용하지 말라고 답하는 것이 다였다. 메모리 누수를 유발하는 부가 기능의 수가 많아지자 그런 대응 방식을 더 이상 유지할 수 없게 되었다. 여러 파이어폭스 부가 기능들은 모질라의 addons.mozilla.org(AMO)를 통해서 배포된다. AMO에는 부가 기능의 공통적인 문제들을 잡아내기 위한 검토 방침(review policy)들이 있다. AMO 검토자들이 about:memory 같은 도구를 이용해서 부가 기능의 메모리 누수를 검사하기 시작하면서, 우리는 이 문제의 범위가 어느 정도인지 감을 잡을 수 있었다. 검사된 부가 기능들 중 상당수가 좀비 구획 같은 문제를 가지고 있음이 판명되었다. 우리는 부가 기능 작성자들에 다가갔으며, 모범관행(best practice)들과 메모리 누수를 유발하는 흔한 실수들의 목록을 만들었다. 작성자들이 메모리 누수를 직접 수정한 경우도 있었지만, 대부분은 그렇지 못했다.

그런 노력이 효과적이지 못했던 이유는 여러 가지이다. 모든 부가 기능이 꾸준히 갱신되지는 않는다. 부가 기능 작성자들은 자신만의 일정과 우선순위를 가진 자원봉사자들이다. 메모리 누수의 디버깅은 어려울 수 있으며, 특히 애초에 문제를 재현하지 못하는 경우에는 더욱 그렇다. 앞에서 설명한 힙 덤핑 도구는 매우 강력하며 이를 이용하면 정보 수집이 쉬워지지만, 이 도구의 출력을 분석하는 것은 여전히 복잡하며 부가 기능 작성자에게 너무 많은 것을 요구한다. 마지막으로, 누수를 잡는 데 대한 강한 동기 부여가 없다. 나쁜 소프트웨어를 내놓고 싶어 하는 사람은 없지만, 항상 모든 것을 고칠 수는 없는 일이다. 또한 사람들은 남이 하라고 하는 일보다는 자신이 원하는 일에 더 관심을 가진다.

오랫동안 우리는 메모리 누수 교정 동기 부여에 관해 이야기를 나누었다. 부가 기능은 모질라의 다른 성능 문제들도 유발했으므로, 우리는 부가 기능의 성능 자료를 사용자가 AMO나 파이어폭스 자체에서 볼 수 있게 만드는 것에 대해 논의했다. 여기에 깔린 논리는, 설치한 또는 설치하려는 부가 기능이 브라우저의 성능에 미치는 영향을 사용자에게 알려주면 사용자는 그러한 정보에 근거해서 좀 더 나은 결정을 내릴 수 있다는 것이었다. 그러나 이러한 접근방식의 첫째 문제는, 일반적으로 웹 브라우저 같은 최종 소비자용 소프트웨어의 사용자들은 그런 절충에 관해 정보에 근거한 결정을 내릴 능력이 없다는 것이다. 파이어폭스의 사용자 4억 명 중 메모리 누수가 무엇인지 아는, 그리고 어떤 임의의 부가 기능을 사용하기 위해 그런 누수를 감수할 가치가 있는지 평가할 수 있는 사용자가 몇 명이나 되겠는가? 둘째로, 부가 기능이 성능에 미치는 영향을 이런 식으로 다루기 위해서는 모질라 공동체의 여러 서로 다른 부분들의 지지를 얻을 필요가 있다. 예를 들어 부가 기능 공동체를 구성하는 사람은 부가 기능에 퇴짜를 놓는 착안을 그리 반기지 않았다. 마지막으로, 파이어폭스 부가 기능들 중에는 AMO를 통해 설치되는 것이 아니라 다른 소프트웨어와 함께 설치되는 것들도 많다. 그런 부가 기능들을 금지한다고 해서 얻을 것은 별로 없다. 이런 이유로 우리는 그런 동기 부여 방식을 폐기했다.

부가 기능의 누수 교정에 대한 동기 부여 방식을 폐기한 또 다른 이유는, 우리가 문제를 완전히 다른 방식으로 해결하는 방법을 발견했다는 것이다. 우리는 파이어폭스 안에서 누수가 있는 부가 기능을 '깔끔히 정리하는' 방법을 발견해 내었다. 오랫동안 우리는 여러 부가 기능들의 오작동 없이 그러한 정리 작업이 가능할 것이라고는 생각하지 못했지만, 그래도 실험을 계속해 왔다. 결국 우리는 대부분의 부가 기능에 나쁜 영향을 주지 않고도 메모리를 재확보할 수 있는 기법을 구현했다. 우리는 페이지가 다른 곳으로 이동하거나 탭이 닫힐 때 구획들 사이의 경계를 이용해서 크롬 구획에서 콘텐트 구획으로의 참조를 "끊어 버릴" 수 있었다. 그러면 크롬 구획에는 아무것도 참조하지 않는 객체가 떠다니게 된다. 원래는 코드가 그런 객체들을 사용하려 할 때 문제가 생길 것이라고 생각했지만, 대부분의 경우 그런 객체들은 어차피 더 이상 쓰이지 않는다는 점을 알게 되었다. 사실 부가 기능들은 웹 페이지의 여러 가지 것들을 우발적으로, 그리고 무의미하게 캐싱해 두며, 그런 것들을 나중에 자동으로 정리해도 문제가 될 것은 별로 없다. 우리는 기술적 문제에 대한 사회적 해법을 찾고 있었던 것이다.

5.6   영속성은 탁월함의 대가

MemShrink 프로젝트는 파이어폭스의 메모리 문제에 관해 상당한 진전을 이룩했으나, 그래도 아직 할 일이 많이 남아 있다. 지금은 쉬운 문제들이 대부분 고쳐진 상태이다. 남은 문제들은 공학적 노력이 상당히 필요한 것들이다. 우리는 힙을 병합할 수 있는 이동식 쓰레기 수거기를 이용해서 JS 힙 단편화를 줄이는 노력을 계속할 계획이다. 현재는 이미지 처리에 관한 메모리 효율성을 높이는 문제를 고민하고 있다. 완결된 다른 여러 변경들과는 달리, 이런 작업을 위해서는 복잡한 하위 시스템들을 크게 리팩토링해야 한다.

지금까지 이룬 개선들이 후퇴(회귀)하지 않게 하는 것도 개선만큼이나 중요하다. 2006년부터 모질라는 강력한 회귀 검사(regression testing) 문화를 유지하고 있다. 파이어폭스의 메모리 사용량이 점차 줄어들면서, 메모리 사용량 관련 회귀 검사에 대한 우리의 열망도 증가했다. 성능 검사는 기능 검사보다 어렵다. 이 시스템의 구축에서 가장 어려운 부분은 브라우저에 대한 현실적인 작업부하(workload)를 고안해 내는 것이다. 기존의 브라우저 메모리 검사들은 현실성 면에서 상당히 아쉬웠다. 예를 들어 MemBuster는 새 브라우저 창에 여러 개의 위키 페이지들과 블로그들을 적재하는 과정을 빠르게 반복한다. 그러나 요즘 사용자들 대부분은 새 창 대신 탭을 사용하며, 위키나 블로그보다 훨씬 더 복잡한 웹 페이지들을 방문한다. 모든 페이지를 같은 탭에 적재하는 벤치마크들도 있는데, 이 역시 현대적인 웹 브라우저의 관점에서는 완전히 비현실적이다. 우리는 우리가 상당히 현실적이라고 믿는 작업부하를 고안해 냈다. 이 작업부하는 고정된 30개의 탭들에 100개의 페이지를 적재하되, 적재들 사이에 사용자가 페이지를 읽는 시간을 흉내 내는 지연을 둔다. 적재할 페이지들은 모질라의 기존 *Tp5* 페이지 집합에 있는 것들이다. Tp5는 Alexa Top 100에서 뽑은 페이지들의 집합으로, 기존의 성능 검사 기반구조에서 페이지 적재 성능을 검사하는 데 쓰이는 것이다. 이 작업부하는 우리의 검사 목적에서 유용한 것으로 판명되었다.

검사의 또 다른 측면은 측정 대상을 파악하는 것이다. 우리의 검사 시스템은 검사 실행 도중 세 시점에서 메모리 소비량을 측정한다. 구체적으로 말하면, 페이지를 하나도 적재하지 않은 시점에서 측정하고, 모든 페이지를 적재한 후에 측정하고, 모든 탭을 닫은 후에 측정한다. 각 시점마다 아무 활동 없이 30초가 흐른 후에 소비량을 측정하고, 강제로 쓰레기 수거기를 작동한 후에 다시 측정한다. 이러한 측정들은 지난 반복에서 만난 문제점들이 다시 나타났는지 파악하는 데 도움이 된다. 예를 들어 30초 후 측정치와 강제 쓰레기 수거 후 측정치의 차이가 크다면 쓰레기 수거기의 발견법(heuristics)이 너무 보수적인 것일 수 있다. 그리고 어떤 페이지도 적재하기 전의 측정치와 모든 탭을 닫은 후의 측정지의 차이가 크다면 메모리가 새는 것이다. 이 모든 측정 시점에서 상주 집합 크기, '명시적' 크기(malloc()이나 mmap() 등으로 요청된 메모리 양), 그리고 about:memory의 특정 범주(heap-unclassified 등)에 속하는 메모리 양 등 다양한 수치를 측정한다.

이 시스템이 완성되자 우리는 파이어폭스의 최신 개발 버전들에 대해 검사가 정기적으로 실행되도록 설정했다. 우리는 또한 대략 파이어폭스 4까지의 이전 버전들에도 검사를 수행했다. 그 결과로 풍부한 역사적 자료를 가진 유사지속적 통합(pseudo-continuous integration)이 가능해졌다. 약간의 WebDev 작업 끝에, 우리는 메모리 검사 기반구조로 수집한 모든 자료에 대한 공개 웹 기반 인터페이스인 areweslimyet.com을 띄울 수 있게 되었다. 그때부터 areweslimyet.com은 브라우저의 서로 다른 부분들에 대한 작업에 의해 발생한 여러 회귀들을 잡아냈다.

5.7 공동체

MemShrink 작업의 성공에 기여한 최종적인 요인은 광범위한 모질라 공동체의 지원이었다. 요즘은 파이어폭스 개발에 참여하는 공학자들 대부분이(전부는 물론 아님) 모질라에 고용되어 있지만, 모질라의 활발한 자원봉사자 공동체는 검사, 지역화, 품질보증(QA), 마케팅 등 여러 가지 형태로 기여하고 있다. 그들이 없다면 모질라 프로젝트는 전진을 멈출 것이다. 우리는 의도적으로 MemShrink의 구조를 공동체의 지원을 받기 쉽도록 설계했으며, 그 효과는 상당히 컸다. 핵심 MemShrink 개발팀은 소수의 유급 개발자들로 이루어져 있으나, 버그 보고와 검사, 부가기능 교정을 통해 받은 공동체의 지원은 우리의 노력을 증대시켰다.

모질라 공동체 안에서도 메모리 사용량은 오랫동안 실망의 원인이었다. 공동체에는 메모리 문제를 직접 겪은 사람들도 있고 가족이나 친구를 통해 알게 된 사람들도 있다. 메모리 문제를 직·간접적으로 겪지 않은 사람들이라고 해도, 자신이 열심히 기여한 새 릴리스가 나왔을 때 파이어폭스의 메모리 사용량에 대한 불평이나 "아직도 메모리 누수를 못 잡은 건가?" 같은 질문을 접했다. 열심히 노력한 결과가 비판받는 것을 좋아하는 사람은 없다. 특히 자신의 책임이 아닌 부분에 대한 비판이면 더욱 그렇다. 공동체 일원들 대부분에게 관련된, 그리고 오래 지속된 문제를 해결하는 것은 더 많은 지원을 받기 위한 훌륭한 첫 걸음이라 할 수 있다.

문제를 해결하겠다고 공동체에게 말하는 것으로는 부족했다. 문제 해결에 진지하게 임하고 있음을 보여주어야 했으며, 실제로 문제 해결에 대한 진척을 보여야 했다. 우리는 주간 공개 회의를 개최해서 공동체와 함께 버그 보고서들을 분류하고 현재 작업 중인 프로젝트에 관해 이야기했다. 또한 네더코트는 회의마다 진척 보고서를 블로그에 올려서 회의에 참여하지 않은 사람들도 일이 어떻게 진행되는지 알 수 있게 했다. 개선 사항들과 버그 개수의 변화, 새로 보고된 버그들을 강조한 덕분에 우리가 MemShrink에 쏟아 붓는 노력을 명확히 보여줄 수 있었다. 또한 해결하기 쉬운 문제들에 대한 초기의 개선 사항들은 우리가 문제를 해결할 능력을 가지고 있음을 보이는 데 큰 도움이 되었다.

마지막 한 조각은 더 큰 공동체와 MemShrink 개발자들 사이의 피드백 루프를 완성하는 것이었다. 앞에서 소개한 도구들 덕분에, 재현 불가능하다는 결론과 함께 보고서들 사이에 묻혀 버렸을 버그들을 실제로 교정할 수 있었다. 또한 우리는 우리의 진척 보고 블로그 글에 대한 불평, 의견, 반응을 버그 보고서들로 전환하고 그것을 고치는 데 필요한 정보를 모으려고 했다. 우리는 모든 버그 보고서를 분류하고 우선순위를 부여했다. 또한 우리는 고치는 것이 그리 중요하지 않다고 판정한 것들까지 포함해서 모든 버그 보고서를 성의껏 검토했다. 그러한 검토 덕분에 보고자들은 자신의 노력이 좀 더 가치가 있다는 느낌을 받았으며, 버그를 누군가가 좀 더 시간을 두고 살펴보고 나중에 고칠 수 있는 상태로 남겨 두기 위해 노력하게 되었다. 이 모든 활동의 결과로 공동체에 강력한 지지 기반이 만들어 졌으며, 그로부터 훌륭한 버그 보고서들과 소중한 검사 활동을 지원받을 수 있었다.

5.8 결론

MemShrink 프로젝트가 활발하게 진행된 2년 이상의 기간 동안 우리는 파이어폭스의 메모리 사용을 크게 개선했다. MemShrink 팀은 메모리 사용량을 가장 흔한 사용자 불평들 중 하나에서 브라우저의 최대 장점(selling point) 중 하나로 전환시켰으며, 수많은 파이어폭스 사용자의 체험을 크게 개선했다.

나는 MemShrink에 참여한 Justin Lebar, Andrew McCreight, John Schoenick, Johnny Stenback, Jet Villegas, Timothy Nikkel과 메모리 문제들을 바로잡는 데 도움을 준 다른 모든 공학자들에게 감사한다. 무엇보다도 나는 MemShrink 프로젝트를 시작하고 Spidermonkey의 메모리 사용량을 줄이는 데 전념했으며 2년간 프로젝트를 운영한, 그리고 나열할 수 없을 정도로 많은 일을 한 Nicholas Nethercote에게 감사한다. 또한 이 글을 검토해 준 Jet와 Andrew에게도 감사의 뜻을 전하고 싶다.

제6장

최적화 원리 패턴들을 구성요소 배치와 구성 도구들에 적용하기

더글러스 슈미트Douglas C. Schmidt, 윌리엄 오테William R. Otte,

아니루다 고칼레Aniruddha Gokhale

6.1 소개

분산 실시간 내장(distributed, real-time and embedded; DRE) 시스템은 기업 분산 시스템과 자원 제한적 실시간 내장 시스템의 속성들을 공유하는, 중요한 부류의 응용 분야이다. 특히, DRE 시스템의 응용 프로그램들은 커다란 영역(domain)에 걸쳐 분산된다는 점에서 기업용 (enterprise; 소위 전사적全社的) 응용 프로그램들과 비슷하다. 더 나아가서, DRE 시스템의 응용 프로그램들은 임무 결정적(mission-critical)이라는 점과 엄격한 안전성, 신뢰성, 서비스 **품질** (quality of service, QoS) 요구사항들을 수반한다는 점에서 실시간 내장 시스템과 비슷하다.

위에서 언급한 복잡성들 외에, DRE 시스템의 응용 프로그램 및 기반 구성요소들의 배치配置(deployment)에 관한 고유한 난제들이 있다. 첫째로, DRE 시스템 영역의 응용 프로그램에는 특정 하드웨어/소프트웨어(이를테면 GPS, 감지기, 작동기, 특정 실시간 운영체제) 같은 대상 환경에 대한 특정한 의존성들이 존재할 수 있다. 둘째로, DRE 시스템의 배치 기반 구조(infrastructure)는 반드시 유한한 자원(CPU, 메모리, 네트워크 대역폭 등등)을 가진 환경의 엄격한 자원 요구조건들을 만족해야 한다.

구성요소 기반 소프트웨어 공학(Component-Based Software Engineering, CBSE; [HC01])은 기업과([ATK05]) DRE 시스템에서([SHS+06]) 점점 더 많이 쓰이고 있는 응용 프로그램 개발 패러다임이다. CBSE는 개발자가 서로 상호작용하는 블랙박스 구성요소들과 그 환경을 잘 정의된 인터페이스들을 통해서 개발하도록 장려함으로써 체계적인 소프트웨어 재사용을 촉진한다. CBSE는 또한 응용 프로그램의 구성(configuration) 및 수명 주기를 제어하는 표준화된 메커니즘을 제공함으로써 고도로 복잡한 분산 시스템의 배치를 단순화한다([WDS+11]). 그러한 메커니즘을 통해서 규모가 크고 복잡한 응용 프로그램을 더 작고 관리하기 쉬운 기능 단위들(이를테면 상용 기성 구성요소나 기존의 응용 프로그램 구축 요소들)로부터 조합할 수 있다. 그리고 그러한 응용 프로그램들을 서술적인 구성 메타자료와 함께 포장함으로써, 실제 운영 환경에 쉽게 배치할 수 있는 패키지를 만들 수 있다.

CORBA(Common Object Request Broker Architecture; 공용 객체 요청 중재 구조) 표준의 오픈소스 구현인 TAO(The ACE ORB; [SNG+02])를 개발하면서 전문지식을 축적한 우리는 지난 십년간 CBSE 원리들을 DRE 시스템에 적용했다. 그러한 노력들의 결과로 우리는 OMG CCM(CORBA Component Model)의 고품질 오픈소스 구현인 CIAO(Component Integrated ACE ORB; [Insty])를 개발했다. CIAO는 소위 경량(lightweight) CCM 명세([OMG04])를 구현한다. 경량 CCM은 전체 CCM의 일부를 자원 제한적 DRE 시스템에 맞게 조율한 것이다.

CBSE 원리들을 DRE 시스템에 적용하는 과정에서 우리는 그만큼이나 어려운 문제인, 그런 영역들에서 구성요소 기반 시스템의 배치와 구성을 원활화하는 문제도 연구했다. 구성요소 기반 시스템의 배치와 구성 관리를 어렵게 만드는 요인들을 들자면:

- **구성요소 의존성 및 버전 관리.** 개별 구성요소들 사이에 복잡한 요구조건과 관계가 존재할 수 있다. 어떤 기능이 제대로 작동하려면 구성요소들이 서로 의존할 수 있으며, 특정한 버전을 명시적으로 요구하거나 배제할 수도 있다. 그런 관계들을 서술, 강제하지 않으면 구성요소 기반 응용 프로그램이 제대로 배치되지 않을 수 있으며, 심지어는 미묘하고도 치명적인 방식으로 오작동할 수 있다.

- **구성요소 구성 관리(형상 관리).** 구성요소가 자신의 행동을 변경하는 구성 걸쇠(hook)들을 제공할 수 있는데, 배치 기반구조는 반드시 모든 필요한 구성 정보를 관리하고 적용해야 한다. 더 나아가서, 하나의 배치에서 여러 구성요소들의 구성

속성들이 서로 연관될 수 있는데, 배치 기반구조는 그런 속성들이 응용 프로그램 전체에서 일관성을 유지하도록 해야한다.

- **분산 연결 및 수명주기 관리.** 기업용 시스템의 경우 구성요들은 반드시 설치되어야 하며, 원격 호스트들과의 연결 및 활성화도 관리되어야 한다.

2005년에 우리는 이상의 난제들을 해결하기 위해 CIAO용 배치 엔진을 개발하기 시작했다. *DAnCE*(Deployment and Configuration Engine; [DBO⁺05])라고 이름 붙인★ 그 엔진은 OMG의 *Deployment and Configuration*(D&C; [OMG06]) 명세를 구현한 것이다. 지금까지 DAnCE는 주로 배치와 구성에 대한 참신한 접근방식을 개발하는 대학원생들의 연구 수단으로 쓰였는데, 그 때문에 다음과 같은 중요한 두 가지 요인이 발생했다.

- 연구 수단으로서의 DAnCE의 개발 일정은 대체로 논문 마감일자와 후원자에 대한 기능 시연 일정에 의해 추동되었다. 그래서 DAnCE의 검사된 용례들은 비교적 단순하고 좁은 범위에 집중되었다.
- 연구 프로젝트들이 완료되고 새 프로젝트들이 시작되면서 DAnCE의 관리권한이 여러 번 이동했다. 그 결과로 전체 구조에 대한 하나의 통일된 구조적 전망이 없는 경우가 많았다.

이 두 요인은 DAnCE의 구현에 여러 가지로 영향을 주었다. 예를 들어 용례(use-case)들이 좁고 집중되었다는 점은 실세계 응용 프로그램 배치에 대한 종단간(end-to-end) 성능의 평가에 낮은 우선순위가 부여되는 경우가 많다는 결과로 이어졌다. 그리고 통일된 구조적 전망의 부재와 빡빡한 마감일자의 조합 때문에, 편의성이라는 미명하에서 잘못된 구조적 결정을 내리고 그것을 나중에 해결하지 못하는 경우가 많았다. DAnCE를 좀 더 큰 규모의(수십에서 수백 개의 하드웨어 노드들에 수백에서 수천 개의 구성요소들을 배치해야 하는) 배치에 적용하기 위해 우리의 상업적 후원자들과 함께 작업을 시작하면서, 우리는 이러한 문제점들에 집중했다. 더 작고 집중된 용례들에서는 배치 시간이 그리 길지 않겠지

★ 역주 전체적으로 상당히 진지하고 딱딱한 글이지만 이런 약자들에서 잠시 머리를 식혀도 좋을 것이다. DAnCE라는 약자는 '댄스'를 노린 것이 명백해 보이며(평범하게 줄였다면 D&CE이었을 것이다), CIAO는 이탈리아어의 격식 없는 인사말 ciao(차오)를 연상시킨다. 한편 OMG는 Object Management Group의 약자로, *oh my god*을 노렸다는 증거는 발견하지 못했다.

만, 더 큰 배치들에서는 받아들일 수 없을 정도로 많은 시간이 걸릴 수 있다(배치가 완료되기까지 한 시간 이상 걸리는 등).

이런 문제들을 해결하기 위해 우리는 DAnCE의 아키텍처와 설계, 그리고 구현을 상세하게 평가하고 **국소 활성화**(locality-enabled) *DAnCE*(LE-DAnCE; [OGS11], [OGST13])라는 새로운 구현을 만들었다. 이번 장의 초점은 우리가 LE-DAnCE를 DRE 시스템에 적합하게 만들기 위해 LE-DAnCE의 핵심부에 적용한 최적화 원리 패턴들을 소개하는 것이다. 표 6.1은 공통적인 최적화 패턴들([Var05])을 정리한 것으로, 이들 중 다수가 LE-DAnCE에 적용되었다. 이 글의 또 다른 목표는 LE-DAnCE 작업 도중 발견한 또 다른 패턴들로 이 패턴 카탈로그를 보충하는 것이다.

표 6.1 **최적화 원리들과 네트워킹에 대해 알려진 용례들의 카탈로그([Var05])**

제목	원리	네트워킹의 예
낭비를 피하라	명백한 낭비를 피한다	0 복사(zero-copy; [PDZ00])
시간상의 이동	시간상에서 계산을 옮긴다(사전 계산, 게으른 평가, 비용 공유, 일괄 처리)	쓸 때 복사([ABB⁺86, NO88]), 통합된 계층 처리([CT90])
명세 완화	명세(specification)를 느슨하게 만든다(시간을 위해 확실성을 희생, 시간을 위해 정확성을 희생, 시간상의 계산 이동)	공정한 대기열 처리([SV95]), IPv6 단편화
다른 구성요소 활용	다른 시스템 구성요소들을 활용한다(국소성 활용, 메모리 대 속도 절충, 하드웨어 활용)	Lulea IP 조회([DBCP97]), TCP 체크섬
하드웨어 추가	성능 개선을 위해 하드웨어를 추가한다	파이프라인식 IP 조회([HV05]), 카운터
효율적인 루틴	효율적인 루틴을 만든다	UDP 조회
일반성 회피	불필요한 일반성을 피한다	Fbufs([DP93])
명세 대 구현	명세와 구현을 혼동하지 않는다	Upcalls([HP88])
힌트 전달	인터페이스로 힌트 비슷한 정보를 전달한다	패킷 필터([MJ93, MIRA87, EK96])
정보 전달	프로토콜 헤더로 정보를 전달한다	꼬리표 전환([RDR⁺97])
예기된 용례	예기된 용례를 최적화한다	헤더 예측([CJRS89])
상태의 활용	상태를 추가하거나 활용해서 속도를 높인다	활성 VC 목록
자유도	자유도(degrees of freedom)를 최적화한다	IP 트라이trie 조회([SK03])
유한한 우주 활용	유한한 우주들을 위한 특별한 기법들을 사용한다	타이밍 휠([VL97])
효율적인 자료구조	효율적인 자료구조를 사용한다	레벨-4 전환

이번 장의 나머지 내용은 다음과 같다. §6.2는 OMG D&C 명세를 개괄한다. §6.3은 DAnCE 성능 문제의 가장 중요한 근원들(배치 정보를 위한 XML 파싱, 실행시점에서의 배치 정보 분석, 배치 단계들의 직렬 수행)을 식별하고 그것들을 사례연구 삼아서 (1) DRE 시스템에 일반적으로 적용 가능한 최적화 원칙들과 (2) LE-DAnCE에 적용한 최적화 원칙들을 설명한다. §6.4에서는 결론을 제시한다.

6.2 DAnCE의 개요

OMG D&C 명세는 구성요소 기반 응용 프로그램 개발 과정 전반에 쓰이는 표준적인 교환 형식(interchange format)들을 제공하며, 패키지 작성과 계획수립에 쓰이는 실행시점 인터페이스들도 제공한다. 이러한 실행시점 인터페이스들은 **구성요소 배치 계획**(component deployment plan)을 통해서 미들웨어 배치 기반구조에게 배치 명령들을 전달한다. 구성요소 배치 계획은 구성요소 인스턴스들을 위한 완전한 배치 및 구성 명령과 관련 연결 정보를 담는다. DRE 시스템은 초기화 과정에서 반드시 이 정보를 파싱하고, 구성요소들을 물리적 하드웨어 자원들에 배치하고, 시스템을 제 때 활성화해야 한다.

이번 절에서는 표준을 준수하는 D&C 구현이 반드시 제공해야 하는 핵심적인 구축 요소들과 공정들을 간략히 요약한다. 이 요약은 이후 DAnCE의 중요한 성능 및 규모 가변성 문제들에 대한 논의의 바탕으로 쓰인다. §6.1에서 언급했듯이 DAnCE는 OMG의 *D&C*(Deployment and Configuration) 명세([OMG06])의 오픈소스 구현이다. 이번 절의 요약은 크게 다음 세 가지를 설명한다: (1) 시스템에 존재하는 데몬들과 행위자들을 서술하는 *DAnCE 실행시점 아키텍처*, (2) 구성요소 응용 프로그램들을 서술하는 '배치 계획'의 구조를 서술하는 **자료 모형**, (3) 배치된 분산 응용 프로그램을 실현하는 공정의 고수준 개괄을 제공하는 **배치 공정**.

실행시점 D&C 아키텍처

OMG D&C 명세에 정의된 구성요소 배치 및 구성을 위한 실행시점 인터페이스들은 그림 6.1과 같은 2층 아키텍처를 이룬다.

그림 6.1 OMG D&C의 구조적 개요와 관심사의 분리

이 구조는 (1) 배치를 관리하는 데 쓰이는 일단의 전역(시스템 전반) 개체들의 집합과 (2) 구성요소 인스턴스들의 인스턴스화 및 해당 연결들과 QoS 속성들의 구성(설정)에 쓰이는 지역(노드 수준) 개체들의 집합으로 구성되어 있다. 전역 계층과 지역 계층의 각 개체는 다음 세 가지 주요 역할(role) 중 하나에 대응된다.

관리자: 전역 수준에서는 **실행 관리자**(Execution Manager), 노드 수준에서는 **노드 관리자**(Node Manager)라고도 하는 이 역할은 하나의 문맥 안의 모든 배치 개체들을 관리하는 단일체(singleton) 데몬이다. 관리자는 모든 배치 활동의 진입점으로, 그리고 **응용 프로그램 관리자**(Application Manager) 역할의 구현을 위한 팩토리로 작용한다.

응용 프로그램 관리자: 전역 수준에서는 **영역 응용 프로그램 관리자**(Domain Application Manager), 노드 개체 수준에서는 **노드 응용 프로그램 관리자**(Node Application Manager)라고도 하는 이 역할은 구성 요소 기반 응용 프로그램의 실행 인스턴스들의 수명 주기를 관리한다. 각 응용 프로그램 관리자는 정확히 하나의 구성요소 기반 응용 프로그램을 대표하며, 그 응용 프로그램의 배치 및 해체를 추동하는 데 쓰인다. 이 역할은 또한 **응용 프로그램**(Application) 역할의 구현을 위한 팩토리로도 작용한다.

응용 프로그램: 전역 수준에서는 **영역 응용 프로그램**(Domain Application), 노드 수준에서는 **노드 응용 프로그램**(Node Application)이라고도 하는 이 역할은 구성요소 기반 응용 프로그램의 배치된 인스턴스를 대표한다. 이 역할은 응용 프로그램을 구성하는 관련 구성요소 인스턴스들의 구성을 마무리 짓고 배치된 구성요소 기반 응용 프로그램의 실행을 시작하는 데 쓰인다.

D&C 배치 자료 모형

위에서 설명한 실행시점 개체들 외에, D&C 명세에는 배치 과정 전반에서 구성요소 응용 프로그램을 서술하는 데 쓰이는 상세한 자료 모형(data model)도 수록되어 있다. 이 명세가 정의하는 메타자료는 다음과 같은 용도들로 쓰이도록 고안된 것이다.

- 응용 프로그램의 작성에 쓰이는 여러 도구들(개발 환경, 응용 프로그램 모형화 및 패키지 작성, 배치 계획 수립 도구 등등) 사이의 교환 형식
- 실행시점 기반구조에 쓰이는 구성 및 배치를 서술하는 지시문

D&C 메타자료의 대부분의 개체들에는 구성 정보를 일련의 이름-값 쌍들의 형태로 포함시킬 수 있는 구역이 존재한다. 여기서 값의 자료 형식은 임의적이다. 이러한 구성 정보는 기본적인 구성 정보(공유 라이브러리 진입점, 구성요소/컨테이너 연관 등)에서부터 좀 더 복잡한 구성 정보(QoS 속성들, 사용자 정의 자료 형식으로 된 구성요소 특성들의 초기화 등)에 이르기까지 모든 것을 서술하는 데 사용할 수 있다.

이 메타자료는 크게 **패키지 작성**(packaging), **영역**(domain), **배치**(deployment)라는 세 가지 범주로 나뉜다. 패키지 작성 서술자(descriptor) 메타자료는 응용 프로그램 개발의 시작에서부터 구성요소 인터페이스, 능력, 요구사항을 지정하는 데 쓰인다. 응용 프로그램이 구현된 후에는 이 메타자료가 개별 구성요소들을 어셈블리들로 구분하고, 공유 라이브러리(동적 연결 라이브러리(DLL)라고도 하는) 같은 구현 파생물들과의 연관 관계를 서술하고, 메타자료와 구현들을 담은 패키지(대상 환경에 설치할 수 있는 형태의)들을 작성하는 데 쓰인다. 영역 서술자는 하드웨어 관리자가 영역에 존재하는 능력들(이를테면 CPU, 메모리, 디스크 공간, GPS 수신기 같은 특별한 하드웨어)을 서술하는 데 쓰인다.

OMG D&C 배치 공정

구성요소 응용 프로그램 배치는 OMG D&C 표준에 명시된 다음과 같은 네 가지 국면 (phase)으로 이루어진 공정으로 수행된다. 처음 두 국면은 관리자와 응용 프로그램 관리자가 책임지고, 마지막 두 단계는 응용 프로그램이 책임진다.

1. **계획 준비.** 이 국면에서는 배치 계획이 실행 관리자에게 주어진다. 실행 관리자는 (1) 그 계획을 분석해서 배치에 관여하는 노드들을 결정하고, (2) 계획을 '국소 성 제한(locality-constrained)' 계획들로 분할한다. 각 노드마다 해당 노드에만 관련 된 정보를 담은 국소성 제한 계획이 하나씩 만들어진다. 이러한 국소성 제한 계획 은 한 노드의 인스턴스와 연결 정보로만 구성된다. 그런 다음 각각의 **노드 관리자** 에게 국소성 제한 계획들이 주어진다. 그러면 노드 관리자는 **노드 응용 프로그램 관리자** 객체를 생성해서 그 참조를 돌려준다. 마지막으로, 실행 관리자는 그러한 참 조들을 이용해서 **영역 응용 프로그램 관리자**를 생성한다.

2. **시동 시작(start launch).** 시동 시작 명령을 받은 **영역 응용 프로그램** 관리자는 각 노드 마다 **노드 응용 프로그램** 관리자에게 작업을 위임한다. 각각의 **노드 응용 프로그램** 관리자는 노드 응용 프로그램을 생성한다. 노드 응용 프로그램은 모든 구성요소를 메모리에 적재하고, 사전 구성 작업을 수행하고, 배치 계획에 서술된 모든 종단 (endpoint)에 대한 참조들을 수집한다. 이러한 참조들은 **영역 응용 프로그램** 관리자 가 생성한 **영역 응용 프로그램** 인스턴스에 저장된다.

3. **시동 마무리(finish launch).** 이 국면은 **영역 응용 프로그램**의 한 연산에 의해 시작된 다. 영역 응용 프로그램은 이전 국면에서 수집된 객체 참조들을 각각의 **노드 응용 프로그램**에게 분배하고 노드 응용 프로그램들이 이 국면을 시작하게 만든다. 이에 의해 모든 구성요소 인스턴스가 최종적인 구성 정보를 받으며, 그런 다음 모든 연 결이 만들어진다.

4. **시작.** 이 국면도 다시 **영역 응용 프로그램**에 의해 시작된다. 영역 응용 프로그램은 **노드 응용 프로그램** 인스턴스들에게 작업을 위임해서, 설치된 모든 구성요소 인스 턴스들이 실행을 시작하게 만든다.

6.3 최적화 원리 패턴들을 DAnCE에 적용하기

이번 절에서는 DAnCE를 대규모 협업 DRE 시스템의 구성요소 기반 응용 프로그램에 적용하는 과정에서 식별한 성능상의 문제점 세 가지를 살펴본다. 우선 그러한 성능상의 문제점 여러 가지를 잘 보여주는 사례연구 하나를 서술한다. 그런 다음 성능 하락의 원인들을 식별하고, 그 과정에서 최적화 원리들을 제시한다. 이 최적화 원리들은 이 글에 나온 것과는 다른 상황이나 응용 프로그램의 성능 문제를 해결하거나 방지하는 데에도 적용할 수 있다.

SEAMONSTER 플랫폼의 개요

SEAMONSTER(South East Alaska MOnitoring Network for Science, Telecommunications, Education, and Research; 과학, 통신, 교육, 연구를 위한 남동 알래스카 감시망) 플랫폼에 관한 University of Alaska와의 협업 도중에 우리는 DRE 시스템이 DAnCE와 관련해서 심각한 성능 문제점들을 드러내는 예를 만나게 되었다. SEAMONSTER는 University of Alaska Southeast(UAS)가 주재하는 빙하 및 분수령(watershed) 감지기 망이다. 이 감지기 망(sensor web)은 빙하 동역학과 질량 평형, 분수령 수문학(hydrology), 해안 해양 생태계, Lemon Creek 분수령과 Lemon Glacier 내부 및 주변에 대한 인간의 영향·위험 요소에 관련된 자료를 감시하고 수집한다. 수집된 자료는 빙하 속도와 빙하호 형성, 배수 사이의 상관관계, 분수령 수문학, 온도 변동의 연구에 쓰인다.

SEAMONSTER 감지기 망은 과학적으로 관심이 가는 자료를 수집하기 위해 빙하 위와 분수령을 따라 배치된 감지기들과 내후성(weatherized) 컴퓨터 플랫폼들을 포함한다. 감지기들이 수집한 자료는 무선망을 통해서 서버 클러스터로 전달되며, 그 서버들은 자료를 거르고, 연관시키고, 분석한다. 자료 수집 및 필터링 응용 프로그램을 SEAMONSTER 현장 하드웨어에 효과적으로 배치하는 것과 변화하는 환경 조건 및 자원 가용성에 맞게 구성을 적응시키는 것은 SEAMONSTER의 효율적인 연산을 위한 중요한 소프트웨어 도전과제이다. SEAMONSTER 서버들은 상당한 계산 자원들을 제공하지만, 현장 하드웨어는 계산 능력이 제한적이다.

감지기 망의 현장 노드들이 각자의 관심 영역에서 관측할 수 있는 현상들은 아주 다양한 경우가 많다. 그러한 현상들의 관측의 종류, 기간, 빈도는 시간에 따라 변할 수 있으며, 환경의 변화나 환경의 일시적 사건들, 감지기 망의 과학 임무의 목표와 목적의 변화에 따라서도 변할 수 있다. 더 나아가서, 전력과 처리 능력, 저장소, 네트워크 대역폭의 제약 때문에 그런 노드들이 원하는 빈도와 충실도로 관측을 계속해서 수행하는 능력에 제약이 생긴다. 이러한 동적인 환경 변화와 제한된 자원 가용성의 조합 때문에, 감지기 망의 현재 연산과 향후 계획을 주어진 자원을 최대한 활용할 수 있도록 빠르게 개정할 필요가 있다.

이러한 난제들을 해결하기 위해 우리는 자료 수집 및 처리 과제들을 CIAO와 DAnCE 미들웨어(각각 §6.1과 §6.2에서 소개한)를 기반으로 구축된 미들웨어 플랫폼으로 이전하는 것을 제안했다. 우리는 감지기 노드들의 물리적 관측 자료를 분석하는 실행시점 계획수립기([KOS+08])를 개발했다. 이 계획수립기는 물리적 관측 자료와 감시망의 연산 목표들에 기초해서 바람직한 소프트웨어 구성을 서술하는 배치 계획들을 생성한다.

그런데 DAnCE를 실행시점 계획수립기가 요청한 배치 변경 사항들을 적용하는 데 사용하는 과정에서 DAnCE의 성능상의 여러 단점이 드러났다. 그러한 단점들은 현장 하드웨어들의 제한된 성능과 노드들을 연결하는 무선망의 비교적 느린 속도, 그리고 시스템의 엄격한 실시간 요구사항들 때문에 더욱 두드러졌다. 다음 절부터 그러한 단점들을 설명하겠다.

배치 계획 파싱의 최적화

맥락

OMG D&C를 위한 구성요소 응용 프로그램 배치는 구성요소 인터페이스들에 대한 관련 구성 메타자료와 개별 노드들과의 대응 관계, 그리고 필요한 임의의 연결 정보를 모두 포함하는 하나의 배치 계획 자료구조로 서술된다. 이 자료구조는 디스크에 하나의 XML 파일로 직렬화되어서 저장되며, 그 XML 파일의 구조는 D&C 명세가 정의하는 XML 스키마로 서술된다. 이 XML 문서 형식은 모형화 도구들 사이에서 배치 계획 파일들을 교환하기 위한 단순한 교환 형식으로 사용하기에 좋은 여러 가지 장점들을 가지고 있다([GNS+02]).

예를 들어 SEAMONSTER 사례연구에서 이 형식은 계획수립 앞단(front end)과 배치 기반구조 사이의 편리한 교환 형식으로 쓰였다. 이 형식은 또한 유명 프로그래밍 언어들에서 널리 사용 가능한 XML 모듈들을 이용해서 손쉽게 생성하고 조작할 수 있다. 더 나아가서, perl이나 grep, sed, awk 같은 텍스트 처리 도구들을 통해서 자료를 간단히 수정하고 채굴(mining)하기에도 좋다.

문제점

배치 도중이나 심지어 실행시점에서도, 이러한 배치 계획 파일의 처리 때문에 성능이 크게 떨어질 수 있다. 그러한 성능 하락의 근원은 다음과 같다.

- 배치의 구성요소 인터페이스 개수와 연결 개수가 늘어남에 따라 XML 배치 계획 파일이 상당히 커지며, 이 때문에 배치 계획 파일을 메모리에 적재하고 그것이 해당 스키마를 준수하는 유효한 문서인지 검증하는 데 상당한 입출력(I/O) 부담이 발생한다.
- XML 문서 형식을 배치 기반구조에서 직접 사용할 수 없다. 배치 기반구조는 OMG의 *IDL*(Interface Definition Language) 인터페이스들을 구현하는 하나의 CORBA 응용 프로그램이기 때문이다. 그래서 XML 문서를 먼저 배치 프레임워크의 실행시점 인터페이스들이 사용하는 IDL 형식으로 변환해야 한다.

DRE 시스템들에서는 구성요소 배치들이 수천 개에 달하는 경우가 드물지 않다. 더 나아가서, 그런 영역들에서는 구성요소 인터페이스들이 서로 아주 복잡하게 연결된다. 이러한 요소들 때문에 배치 계획의 크기가 커진다. 그런데 반드시 크기가 아주 큰 계획들만 시스템의 연산 성능에 의미있는 영향을 미치는 것은 아니다. SEAMONSTER 사례연구의 계획들은 훨씬 작았지만, 계산 자원이 극도로 제한되었기 때문에 작은 계획에 대한 처리 부담이라고 해도 시간을 너무 많이 소모하는 일이 많았다.

구성 메타자료의 파싱에 대한 최적화 원리 패턴들

앞에서 말한 XML 파싱 문제를 해결하기 위한 일반적인 접근방식은 두 가지이다.

1. XML-IDL 변환 능력을 최적화한다. DAnCE는 *XSC*(XML Schema Compiler)라는 어휘 국한적(vocabulary-specific) XML 자료 바인딩([WKNS05]) 도구를 사용한다. XSC는 D&C XML 스키마를 읽고 해당 XML 문서에 대한, *DOM*(Document Object Model) XML 프로그래밍 API에 기초한 C++ 인터페이스를 생성한다. 그러나 이 방식은 시간과 공간을 많이 소비한다. DOM 방식에서는 먼저 XML 문서 전체를 처리해서 문서의 트리 기반 표현을 만든 후에야 XML-IDL 변환을 진행할 수 있기 때문이다. 배치 계획 자료구조들에는 상세한 내부 상호참조들이 포함되어 있기 때문에, DOM 대신 다른 방식, 이를테면 *SAX*(Simple API for XML) 같은 사건 기반 메커니즘을 사용해서 배치 계획을 처리한다고 해도 성능이 크게 향상되지는 않는다.

XSC가 생성하는 C++ 자료 바인딩(binding)은 다수의 클래스들(XML 스키마의 내용에 기초한)로 구성된다. 그 클래스들은 XML 문서의 자료에 대한 강한 형식(strong type)의 객체지향적 접근 수단을 제공한다. 또한 이러한 인터페이스는 C++ STL의 기능들을 활용하기 때문에, 프로그래머가 자신의 자료를 간결하고도 효율적인 코드로 조작하는 데 도움이 된다. 이러한 래퍼(wrapper)들을 채우는 전반적인 공정은, 1) DOM XML 파서를 이용해서 XML 문서를 파싱하고, 2) 그 DOM 트리를 운행해서 생성된 클래스 계통구조를 채우는 것이다. STL 알고리즘과 함수들과의 호환성을 개선하기 위해, XSC는 내부적으로 자신의 자료를 STL 컨테이너들에 저장한다.

XSC 자료 바인딩의 초기 버전들은 아주 비효율적이었다. 구성요소가 수백에서 수천 개 정도인 적당한 크기의 배치를 처리하는 데에도 거의 30분이 걸렸다. Rational Quantify 같은 도구를 이용해서 처리 과정의 실행을 분석해 보니 아주 직접적인 문제점을 발견할 수 있었다. 바로, 생성된 XSC 코드가 자신의 내부 자료구조(구체적으로는 `std::vector`)에 개별 요소를 순진한 방식으로 삽입한다는 것이 문제였다. 그래서 추가적인 요소를 삽입할 때마다 그런 컨테이너 안에서 메모리를 재할당하고 자료를 복사하느라 엄청난 시간이 소비되었다.

다음은 개발자들이 반드시 주의해야 할 구체적인 지침들이다.

- 추상(abstraction)의 비용을 인식하라. C++ STL 컨테이너 같은 컨테이너 클래스들을 사용하면 복잡하고 실수하기 쉬운 저수준 코드(대부분은 반복적인)를 매번 다시 작성할 필요가 없어서 프로그래밍이 아주 간단해진다. 그러나 그런 추상이 제공하는 고수준 연산들이 유발할 수 있는 잠재적인 비용을 파악하고, 문서화하고(그런 추상을 직접 작성하는 경우), 이해하는(추상을 사용하는 경우) 것이 중요하다.

- 용례에 맞는 적절한 추상을 사용하라. 비슷한 기능성을 제공하는 여러 추상들 중 하나를 골라야 하는 때가 종종 있다. 예를 들어 std::vector와 std::list 중 하나를 선택해야 하는 경우가 있는데, 둘 다 나름의 장점을 가지고 있다. XSC는 원래 std::vector를 사용했다. 이는 자료 바인딩의 요소들에 대한 임의 접근이 필요했기 때문이다. 그러나 std::vector는 삽입 성능이 좋지 않으며, 그래서 결과적으로 XML 문서의 파싱 성능이 아주 나빠졌다. 우리의 용례에서는 요소들에 순차적으로만 접근하므로, 삽입 성능이 좋은 std::list가 훨씬 더 바람직하다.

생성된 XML 자료 바인딩의 구체적인 용례(이 경우 대부분의 노드를 한 번만 방문하며, 그 노드들을 순차적으로 방문한다는)에 대한 구체적인 요구사항들을 파악함으로써 예기된 용례 패턴을 적용할 수 있으며, 이로부터 다른 두 최적화 패턴들도 적용할 수 있게 된다. 두 패턴 중 하나는 일반성 회피이다. 이 경우 임의 접근 컨테이너를 사용하지 않는 자료 바인딩을 생성함으로써 의도적으로 일반성을 피한다. 그런 다음에는 그러한 일반성 결여를 보충하기 위한 가장 효율적인 자료구조를 사용함으로써 효율적인 자료구조 패턴도 적용한다.

2. 잠복지연 결정적(latency-critical) 배치들을 위한 XML 파일 전처리. XML-IDL 변환 공정을 최적화함으로써 변환 시간을 감당할 수 있는 수준으로 줄이긴 했지만, 이 변환 공정은 여전히 배치에 필요한 전체 시간을 상당 부분을 차지했다.

이러한 아직 해결되지 않은 추가부담은 다음과 같은 또 다른 최적화 원리 패턴들을 적용해서 피할 수 있다: 가능하다면 비용이 큰 계산을 임계 경로(critical path) 바깥에서 수행한다. 비용이 큰 절차들과 계산들의 결과를 미리 계산, 저장해 두고 나중에 필요할 때 조회할 수 있는 경우가 많다. 생성 시점과 응용 프로그램 배치가 필요한 시점 사이에서 변할 가능성이 적은 XML 배치 계획 같은 경우에 특히 그렇다.

이 최적화 접근방식은 최적화 원리 패턴들 중 시간상의 이동 패턴에 해당한다. 이에 따라 우리는 비용이 큰 배치 계획 변환을 응용 프로그램 배치의 임계 경로 바깥의 좀 더 효율적인 이진 형식으로 이동했다. 좀 더 구체적으로 말하면, 우선 배치 계획을 실행시점 IDL 표현으로 변환한다. 그런 다음 그 결과를 CORBA 명세에 정의된 *CDR*(Common Data Representation) 이진 형식([OMG08])을 이용해서 디스크에 직렬화한다. SEAMONSTER 온라인 계획 수립기는 XML 기반 배치 계획 대신 이 이진 계획들을 산출함으로써 이러한 최적화의 이득을 취하며, 이에 의해 잠복지연이 크게 줄어든다.

디스크에 배치 계획을 저장하는 데 쓰이는 플랫폼 독립적 CDR 이진 형식은 실행시점에서 네트워크로 계획을 전송하는 데에도 쓰인다. 이 접근방식의 장점은 바탕 CORBA 구현이 제공하는 고도로 최적화된 역직렬화(de-serialization) 처리부들을 활용할 수 있다는 것이다. 그러한 처리부들은 디스크상의 이진 스트림을 읽고 그에 해당하는 배치 계획 자료구조 표현을 메모리 안에 생성한다.

계획 분석의 최적화

맥락

구성요소 배치 계획을 적재해서 메모리 내부 표현을 만든 후 이후의 배치 활동을 수행하기 위해서는 먼저 그 표현을 미들웨어 배치 기반구조가 분석해야 한다. 이 분석은 §6.2에서 설명한 계획 준비 국면에서 진행된다. 이 분석의 목표는 (1) 배치 계획을 구성하는 배치 부분 문제(sub-problem)들의 개수와 (2) 각 부분 문제에 속하는 구성요소 인스턴스들을 파악하는 것이다.

§6.2에서 언급했듯이, 이 분석 공정의 출력은 일단의 '국소성 제한' 부분 계획(sub-plan)들이다. 국소성 제한 부분 계획은 배치를 성공적으로 수행하는 데 필요한 모든 메타자료를 포함한다. 따라서 부분 계획에는 원래의 계획에 담긴 정보(§6.2에서 설명한)의 복사본들이 들어 있다.

사실 실행시점 계획 분석은 배치의 계획 준비 국면 도중 두 번 수행된다. 전역 수준에서 한 번 수행되고 각 노드마다 다시 수행된다. 전역 배치 계획들은 개별 인스턴스들이 배정된 노드에 따라 분할된다. 이 2단계 분석을 거치면 각 노드마다 새로운 부분 계획이 만들어지는데, 이 부분 계획은 그 노드에 필요한 인스턴스들과 연결들, 기타 구성요소 메타자료만 담는다.

D&C 명세의 한 구현인 DAnCE가 사용하는 계획 분할 알고리즘은 간단하다. 계획에서 배치해야 할 각 인스턴스마다 그것을 담아야 할 부분 계획을 결정하고, 부분 계획 자료구조에서 그 부분 계획을 가져오거나 필요하다면 새 부분 계획을 생성한다. 이러한 관계가 결정되고 나면 그 구성요소 인스턴스에 필요한 모든 메타자료를 부분 계획에 복사한다. 이 메타자료에는 연결들, 실행파일들을 서술하는 메타자료, 공유 라이브러리 의존성 등이 포함된다.

문제점

이러한 접근방식이 개념적으로는 간단하지만, 잠재된 우발적 복잡성들 때문에 실제로는 다음과 같은 비효율성들이 나타날 수 있다.

1. *IDL의 참조 표현.* 보통의 경우 배치 계획은 네트워크를 통해서 전달되므로, 반드시 CORBA IDL 언어 매핑의 규칙들을 지켜야 한다. 그런데 IDL에는 참조(reference)나 포인터라는 개념이 없기 때문에 계획 요소들 사이의 관계를 서술하려면 다른 어떤 메커니즘을 사용해야 한다. 배치 계획은 주요 요소들을 모두 순차열(sequence)들에 담으므로, 다른 개체에 대한 참조를 그냥 그런 순차열에 대한 색인으로 표현할 수 있다. 이러한 구현에는 참조를 따라가서 참조 대상에 도달하는 데 상수 시간이 걸린다는 장점이 있지만, 계획 개체들을 부분 계획으로 복사하면 참조들이 무효화될(배치 계획 순차열 안에서의 위치가 달라지므로) 가능성이 아주 크다는 단점이 있다. 또한 참조 대상이 이미 복사되었는지를 알려면 부분 계획을 검색해 보아야 하는데, 이는 시간이 많이 걸리는 연산이다.

2. 배치 계획 순차열 안의 메모리 할당. CORBA IDL 매핑을 위해서는 순차열의 요소들을 연속적인 메모리 주소들에 저장해야 한다. 순차열이 더 커지면, 순차열의 요소들을 충분한 크기의 다른 메모리 블록으로 이동해야 할 수 있다. 앞에서 설명한 접근방식에서는 계획이 커짐에 따라 복사의 추가부담도 상당히 커진다. 이러한 추

가부담은 자원이 제한된 시스템(SEAMONSTER 사례연구 같은)에서 특히나 문제가 된다. 실행시점에서 응용 프로그램 구성요소들에 제한된 메모리를 준비해 두어야 하기 때문이다. 만일 배치 기반구조가 자원을 효율적으로 사용하지 못한다면 가용 메모리가 모두 소진되거나 가상 메모리(있는 경우)의 디스크 교체가 과도하게 발생할 수 있다(둘 다 배치의 잠복지연과 플래시 기반 저장소의 가용 수명에 영향을 미친다).

3. **계획 분석의 비효율적인 병렬화.** 하나의 구성요소를 분석하고 부분 계획에 복사해야 할 요소들을 파악하는 작업이 다른 모든 구성요소와는 독립적이므로, 앞에서 설명한 알고리즘을 병렬화하면 큰 이득이 생길 것이라고 예측할 수 있다. 그러나 실제로 이 알고리즘을 다중 스레드화해도 성능에 큰 도움은 되지 않을 가능성이 크다. 왜냐하면, 자료의 무결성을 지키기 위해서는 인스턴스 메타자료를 복사하기 위해 부분 계획들에 접근하는 것을 직렬화할 필요가 있기 때문이다. 실제 응용에서 배치 계획들이 모형화 도구들로부터 생성되는 경우가 많기 때문에, 배치 계획의 구성요소 인터페이스들이 노드나 공정 별로 묶여서 처리될 가능성이 크다. 따라서 여러 개의 스레드가 동일한 부분 계획에 대한 자물쇠를 두고 경합할 가능성이 크며, 그러면 '병렬화'된 알고리즘이 사실은 대부분 순차적으로 실행된다. 예전부터 병렬화는 자원 제한적인 DRE 시스템(SEAMONSTER 같은)에는 적용할 수 없는 것으로 간주되지만, 요즘은 단일 기판 컴퓨터에 여러 개의 처리 코어들이 쓰이는 만큼, 그런 환경들에서 병렬성을 좀 더 증가하는 문제가 좀 더 관심을 끌고 있다.

배치 계획 분석의 최적화 원리 패턴들

이러한 성능상의 문제점은 **명세 대 구현** 패턴을 적용함으로써, 그리고 앞에서 설명한 XSC 도구에 적용했던 것과 동일한 최적화 원리들을 활용함으로써 해결할 수 있다. 특히 **추상의 비용을 인식하라** 패턴과 **용례에 맞는 적절한 추상을 사용하라** 패턴을 적용할 수 있다. 예를 들어 관련된 자료구조를 지칭할 때 순차열 색인 대신 포인터나 참조를 사용한다면 계획 개체들을 다른 계획으로 복사할 때 색인들을 세심하게 재작성할 필요가 없다. 마찬가지로, 계획 개체들을 순차열 대신 연관 컨테이너(STL의 map 등)에 저장한다면 계획 개체들을 부분 계획에 삽입할 때의 효율성이 높아진다.

이러한, 그리고 이와 비슷한 옵션들이 솔깃하겠지만, D&C 표준의 요구사항들 때문에 이런 최적화들이 여의치 않을 수 있다. 이 분석 자료는 반드시 배치 공정의 일부로서 다른 개체들에 전달되어야 하므로, 분석에 좀 더 효율적인 표현을 사용하면 배치 공정에 또 다른 변환 단계를 추가할 필요가 생긴다. 그러한 변환에 의한 부담이 새로운 표현으로 얻은 이득을 능가할 수도 있다.

이 문제에 대해 다음과 같은 다른 종류의 최적화 원리들을 적용한다면 좀 더 매력적인 결과가 나올 것이다.

- 이전에 계산된 결과를 이후 용도를 위해 보관하라. 이는 시간상의 이동 패턴과 상태의 활용 패턴의 예이다. 나중에 계산하려면 비용이 큰 값들을 간단한 사전 분석 단계에서 미리 계산하는 것이 가능한 경우가 있다. 지금 예에서는, 계산된 부분 계획들을 담는 데 필요한 최종 크기를 먼저 계획을 한 번 훑어서 계산한 후 캐시에 저장해 두고 나중에 사용하면 될 것이다.

- 가능하면 자료구조를 미리 할당하라. 앞에서 설명한 사전 분석 단계에서 수집한 추가적인 상태를 활용하면 낭비를 피하라 패턴을 적용할 수 있게 된다. 구체적으로 말하자면, 새 계획 요소가 발견될 때마다 재할당했던 순차열들을 미리 할당함으로써 불필요한 낭비를 피할 수 있다.

- 알고리즘을 병렬화의 이득을 취할 수 있도록 설계하라. 하드웨어 추가 패턴의 응용처럼 보일 수도 있겠지만, 이 패턴은 워드 크기 캐싱 효과 같은 하드웨어 내부 속성들을 좀 더 활용하는 문제에 더 가깝다. 또한 이 패턴은 특화된 계산을 위한 전용 하드웨어를 추가하는 것에도 해당한다.

  이로부터, 다수의 범용 프로세서들의 장점을 취한다는 또 다른 중요한 원리를 이끌어 낼 수 있다. 데스크톱과 서버 영역에서 다중 코어 컴퓨터들이 대세를 이루고 있으며 내장 기기 영역에서도 다중 코어가 대중화되고 있는 만큼, 다중 코어라는 중요한 하드웨어적 특징에 맞는 알고리즘 설계가 점점 더 중요해지고 있다. 그런 취지에서, 병렬화를 위한 설계라는 추가적인 패턴을 제안한다. 이 패턴은 간단히 말하면 알고리즘과 인터페이스의 설계를 병렬화에 맞게 최적화한다는 것이다. 이 패턴을 비롯한 추가적인 패턴들이 이번 장 끝의 표 6.2에 정리되어 있다.

- **공유 자료에 대한 접근들을 동기화가 필요하지 않은 형태로 조직화하라.** 동기화, 즉 뮤텍스를 이용해서 공유 자료에 대한 접근을 보호하는 것은 지루하고 실수가 생기기 쉽다. 또한 동기화가 과하면 알고리즘의 병렬화의 이득이 모두 상쇄될 수 있다. 좀 더 바람직한 접근방식은 동기화가 아예 필요하지 않도록 알고리즘들을 조직화하는 것이다. 즉, 자료에 대한 읽기 접근들만 공유되게 하고 쓰기 접근은 공유되게 하지 않아야 한다.

  이러한 최적화 원리는 앞에서 제시한 **병렬화를 위한 설계**의 중요한 동반자일 뿐만 아니라, 일반적으로도 현명한 프로그래밍 관행이다. 부정확한 동기화에 의한 교착과 경쟁 조건은 심각한, 그리고 잡아내기 힘든 버그이다. 실제로, 분할 우주선 (fractionated spacecraft)을 위한 소프트웨어 프레임워크들에 대한 우리의 최근 연구에서는 응용 프로그램 코드에서 동기화를 완전히 제거하는 구성요소 모형 하나를 제안했다([DEG⁺12]). 그런 맥락에서, 과도한 동기화와 잠금을 피해야 한다는 원리를 반영한 **동기화를 피하라**라는 또 다른 최적화 패턴을 제시하고자 한다. 이 역시 표 6.2에 정리되어 있다.

이상의 원리들을 앞에서 설명한 알고리즘에 적용하면 최적화하기가 훨씬 쉬운 버전이 만들어진다. 새 알고리즘은 다음과 같다(방금 말한 원리가 설계에 어떤 영향을 주었는지도 서술되어 있다).

1. **국면 1: 산출할 부분 계획 개수를 결정한다.** 이 국면에서는 하나의 스레드로 배치 계획에 담긴 모든 구성요소 인터페이스를 훑으면서 필요한 부분 계획의 개수를 파악한다. 이를 전역 수준에서 수행할 때에는 각 인스턴스마다 상수 시간이 걸린다. 지역 수준에서 수행할 때에는 국소성 제약들(§6.2에서 설명한)을 평가해야 한다. 이 국면이 잠재적으로 시간을 많이 소비할 수 있으므로, 이후 용도를 위해 결과들을 캐시에 보관해 둔다. 이는 시간상의 이동 패턴과 상태의 활용 패턴의 예이다.

2. **국면 2: 부분 계획들을 위한 자료구조들을 미리 할당한다.** 국면 1에서 수집한 정보를 이용해서, 부분 계획들을 조립하는 데 필요한 자료구조들을 미리 할당한다. 이러한 사전 할당을 통해서 부분 계획 자료구조의 각 순차열을 위한 메모리를 미리 준

비하면 반복된 크기 변경과 복사를 피할 수 있다. 순차열의 길이는 국면 1에서 수집한 수치들을 이용해서 효율적으로 추정할 수 있다. 이는 **낭비를 피하라** 패턴의 한 예이다.

3. **국면 3: 노드별 부분 계획들을 조립한다.** 새 분석 공정의 이 국면은 이번 절 시작 부분에서 서술한 알고리즘과 비슷하다. 주된 차이는 사전 분석 국면에서 캐시에 보관해 둔 결과들을 지침으로 삼아서 부분 계획들을 생성한다는 것이다. 원래의 DAnCE에서는 인스턴스들을 차례로 조사했지만, LE-DAnCE는 인스턴스들을 노드별로 처리해서 한 번에 부분 계획 하나씩을 완전히 구축해 나간다. 이러한 접근 방식을 이용하면 이 국면을 병렬화하기가 쉽다. 부분 계획당 하나의 스레드를 배정하되 원래의 계획에 대한 읽기 전용 접근을 제외하고는 스레드들 사이에 그 어떤 상태도 공유하지 않는, 따라서 부분 계획들에 대한 접근을 보호하기 위한 그 어떤 잠금 메커니즘도 필요하지 않은 방식의 병렬화가 가능하다. 이는 **병렬화를 위한 설계** 패턴과 **동기화를 피하라** 패턴의 예이다.

이상의 수정된 새 알고리즘을 구현하면 계획 분석이 훨씬 효율적으로 진행된다. 심지어는 SEAMONSTER 사례연구에 나온 전형적인 단일 코어 내장형 프로세서에서도 성능이 향상되는데, 이는 새 알고리즘이 메모리를 훨씬 효율적으로(공간 사용량 측면과 필요한 재할당 횟수 측면 모두에서) 사용하기 때문이다. 다중 코어 내장형 프로세서들을 사용한다면 기존 알고리즘에 비해 실행시점 성능이 훨씬 개선될 것이다.

배치 과제들의 직렬 실행을 줄이는 최적화

맥락

지금부터 이야기할 복잡성들은 배치 과제들의 직렬(병렬이 아닌) 실행과 연관된 것이다. DAnCE에서 이와 관련된 잠복지연의 근원들은 전역 수준과 노드 수준 모두에 존재한다. 전역 수준에서 이러한 병렬성 부족은 DAnCE가 사용하는 바탕 CORBA 전송층에서 비롯된 것이다. 반면 지역 수준에서의 병렬성 부족은 D&C 명세에 담긴 대상 구성요소 모형을 D&C 구현의 인터페이스로 세밀하게 명시하지 못하는 문제에서 비롯된다.

§6.2에서 말한 D&C 배치 공정에서는 배치 공정에 속한 전역 객체들을 일단의 노드별 부분 과제들로 분할하는 것이 가능하다. 각각의 부분 과제(subtask)는 하나의 원격 호출을 통해서 개별 노드들에 분배(dispatch)된다. 이때 노드가 생산한 임의의 자료를, IDL에 서술된 연산 서명의 일부인 'out' 매개변수(출력 매개변수)를 통해서 다시 전역 객체에 돌려줄 수 있다. 그런데 CORBA 메시지 전달 프로토콜의 동기적(요청-응답 쌍 형태의) 성격 때문에, 부분 과제들을 각 노드에 순차적으로 분배하는 접근방식이 흔히 쓰인다. 이러한 접근방식은 CORBA의 복잡한 비동기 메서드 호출(asynchronous method invocation, AMI) 메커니즘([AOS+00])에 비해 구현하기 쉽다.

문제점

초기 DAnCE 구현에서 우리는 구현 복잡성을 최소화하기 위해 동기 호출 방식을 사용했다. 구성요소가 약 100개 미만인 비교적 작은 배치에서는 이러한 전역적인 동기 호출 방식이 잘 통했다. 그러나 노드 개수와 그 노드들에 배정된 인터페이스들이 많아짐에 따라, 이러한 전역/지역 직렬화는 상당히 큰 배치 잠복지연 비용을 유발했다.

SEAMONSTER 사례연구에서 성능 하락 문제의 가장 큰 원인이 바로 이 직렬화된 실행이었다. 현장 하드웨어의 제한된 계산 능력 때문에 배치가 완료되기까지 수분이 걸렸다. 노드 수준에서 그 정도의 잠복지연은 금세 비참한 수준의 성능 하락으로 이어진다. 특히, 노드가 수십 개 정도인 비교적 적당한 크기의 배치에서도 시스템의 잠복지연이 순식간에 30분 정도로 치솟는다.

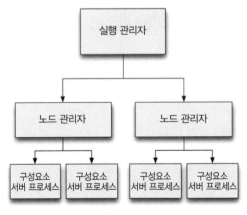

그림 6.2 단순화된 직렬적 DAnCE 구조

그런데 이런 직렬화 문제가 전역/지역 과제 분배에만 국한된 것이 아니다. 이 문제는 기반구조의 노드별 부분에도 존재한다. D&C 명세는 노드 응용 프로그램이 CORBA의 CCM 같은 대상 구성요소 모형과 연동하는 방식에 대해 그 어떤 지침도 제시하지 않는다. 그런 인터페이스를 구현 세부사항으로 간주해서 구현자의 재량에 맡길 뿐이다.

DAnCE는 D&C 기반구조를 세 가지 프로세스로 구현한다(그림 6.2).

실행 관리자 프로세스와 노드 관리자 프로세스는 각자 자신의 주소 공간에서 자신에 연관된 응용 프로그램 관리자 인스턴스와 응용 프로그램 인스턴스를 생성한다. 노드 응용 프로그램은 구체적인 구성요소 인스턴스를 설치할 때 필요에 따라 하나 이상의 개별적인 응용 프로그램 프로세스들을 띄운다. 그러한 응용 프로그램 프로세스들은 예전 버전의 CCM 명세에서 파생된 한 인터페이스를 이용한다. 이 인터페이스를 통해서 노드 응용 프로그램은 컨테이너들과 구성요소 인스턴스들을 개별적으로 인스턴스화한다. 이러한 접근방식은 항공 교통 관제 시스템 같은 전사적 DRE 시스템에 맞추어진 또 다른 오픈소스 CCM 구현인 CARDAMOM([Obj06])이 사용하는 것과 비슷하다.

그림 6.3 이전의 DAnCE 노드 응용 프로그램 구현

그림 6.2에 나온 DAnCE 아키텍처는 병렬화에 문제가 있었는데, 이는 설치, 구성, 인스턴스 직접 연결을 위한 모든 논리(logic)가 노드 응용 프로그램 구현에 통합되어 있기 때문이다. 노드 응용 프로그램 구현이 처리의 일부만 수행하고 나머지는 응용 프로그램 프로세스의 구체적인 배치 논리에 위임하는 것이 아니라 이처럼 모든 것이 통합되어 있으면,

다음과 같은 이유로 노드 수준 설치 절차들을 병렬화하기가 어렵다. 좀 더 구체적인 이유를 들자면 다음과 같다.

- 범용 배치 논리(노드 응용 프로그램 구현 중 계획을 해석하는 부분)와 특정 배치 논리(구성요소들을 다루는 방법에 대한 구체적인 지식을 가진 부분)가 많은 자료를 공유하며 설치 도중 그 자료를 수정할 필요가 있기 때문에, 단일한 구성요소의 맥락에서 설치를 병렬화하기가 어려워진다.
- 개별 응용 프로그램 프로세스들에 설치되는 구성요소들의 집합이 개별적인 배치 부분 과제로 간주되므로, 그런 집합들이 한 번에 하나씩 순차적으로 처리된다.

직렬화된 국면 실행을 줄이기 위한 최적화 원리 패턴들

앞에서 설명한 분석 문제와 같은 맥락에서, 이 문제는 과도한 직렬화가 성능에 악영향을 주는 예에 해당한다. 단, 이번에는 배치 공정에 대한 알고리즘적 접근방식을 재평가해서 문제를 해결하는 대신 시스템의 아키텍처 설계를 다시 고려한다. 이번 경우의 성능 문제를 해결하기 위해 우리는 DAnCE에 다음과 같은 최적화 원리들을 적용했다.

1. **명세들 때문에 설계에 과도한 제약을 가하지는 말라.** 어떤 명세에 근거해서 시스템이나 소프트웨어 프레임워크를 구현할 때에는 아무래도 명세가 요구하는 제약조건과 암묵적인 가정에 따라 설계를 모형화하는 경우가 많다. 명세의 제약조건을 벗어나지 않으면서도 추가적인 구조적 요소나 행동을 도입할 수 있도록 구현의 구조를 적절히 설계하는 것이 가능한 경우가 종종 있다. 이는 **명세**(specification) 대 **구현**(implementation) 패턴의 예이자 **자유도**(degrees of freedom) 패턴의 예이다.

2. **관심사의 분리**(separation of concerns)를 엄격하게 유지한다. 시스템이 잘 정의된 인터페이스들을 통해서 상호작용하는 **계층**들 또는 **모듈**들로 작동하게 만들어야 한다. 그러면 각 계층 또는 모듈의 상태가 독립적(self-contained)이 되어서 응용 프로그램의 논리적으로 서로 다른 부분들 사이의 상호작용이 단순해지고 **병렬화를 위한 설계 패턴**을 적용하기 쉬워진다. 더 나아가서, 각 계층의 상태를 독립적으로 만드는 것은 **동기화를 피하라** 패턴을 적용하는 데에도 도움이 된다.

더 나아가서, 소프트웨어 설계를 모듈화하다 보면 다른 최적화 원리 패턴들을 적용할 수 있는 방법을 발견하게 되는 경우가 많다. 그런 맥락에서, 관심사의 분리를 이용해서 아키텍처를 모듈화한다는 의미의 **관심사를 분리하라**라는 패턴을 제안한다(표 6.2). 대체로 또 다른 수준의 간접(level of indirection)을 도입하는 것은 성능상의 피해 때문에 꺼려지지만, 경우에 따라서는 새로운 최적화를 발견하거나 다른 최적화를 적용할 수 있는 기회가 된다.

3. 그러한 계층 또는 모듈들이 비동기적으로 상호작용하게 한다. 아키텍처의 모듈이나 계층이 동기적 연산을 가정하는 인터페이스를 통해서 연동한다면 성능 개선을 위해 병렬 연산을 활용하기가 어려워진다. 인터페이스 자체가 동기적이라고 해도 추상의 활용 같은 다른 기법들을 이용해서 동기적 인터페이스를 비동기적인 방식으로 사용하는 것이 종종 가능하다. 동기적 상호작용을 피하는 것은 **병렬화를 위한 설계** 패턴의 또 다른 중요한 응용이다.

이러한 원리들을 전역 수준에서(즉, §6.2의 실행 관리자에서) 적용하면, 전역 자원들과 노드 수준 자원들이 개별적인 프로세스들에 속한다는 점과 서로 다른 물리적 노드들에 나뉘어져 있을 가능성이 크다는 점 덕분에 관심사의 분리가 유지된다. 이러한 맥락에서는 비동기성도 달성하기 쉽다. CORBA의 비동기 메서드 호출(AMI)을 이용해서 클라이언트(이 경우 전역 기반구조)가 동기적 서버 인터페이스(이 경우 노드 수준 기반구조)와 비동기적으로 상호작용할 수 있으며, 여러 개의 요청들을 병렬적으로 개별 노드들에 분배할 수 있기 때문이다. 이는 명세가 그런 개체들 사이의 비동기적 상호작용 개념을 금지하지 않는다는 의미에서 **자유도** 패턴의 한 예라 할 수 있다.

그런데 이런 원리들을 노드 수준 기반구조에서 적용하는 것은 좀 더 어려웠다. 앞에서 설명했듯이, 우리의 초기 구현은 관심사의 분리가 아주 나빴기 때문에 노드 수준에서의 배치 활동을 다중 스레드를 이용해서 병렬화하기가 엄청나게 어려웠다. 이를 극복하기 위해 우리는 앞에서 언급한 최적화 원리들을 적용해서 **국소성 관리자**(Locality Manager)라는 새로운 추상을 노드 수준에 도입했다.

LE-DAnCE 국소성 관리자의 개요. LE-DAnCE의 노드 수준 아키텍처(즉 노드 관리자, 노

드 응용 프로그램 관리자, 노드 응용 프로그램)는 이제 OMG D&C 아키텍처의 전역 부분의 노드 국한 버전으로 작용한다. 노드 응용 프로그램이 구체적인 구성요소 인스턴스들의 설치를 직접 발동하는 대신, 이제는 국소성 관리자 인스턴스가 그 임무를 담당한다. 노드 수준 기반구조는 전역 수준에서 받은 계획을 두 번째로 '분할'한다. 구체적으로, 노드 응용 프로그램은 구성요소 인스턴스들을 하나 이상의 응용 프로그램 프로세스들로 분류한다. 그런 다음 노드 응용 프로그램은 일단의 국소성 관리자 프로세스들을 띄우고 각 프로세스에 이 '프로세스 국한' 계획(즉, 하나의 프로세스에 대한 구성요소들과 연결들만 담은)들 각각을 배정해서 병렬로 실행한다.

국소성 관리자는 **명세 대 구현** 패턴의 한 예이다. 명세에는 노드 응용 프로그램이 구성요소 미들웨어와 상호작용하는 최종적인 개체라고 암시되어 있지만, 실제 구현에서는 또 다른 간접층을 도입함으로써 다른 여러 최적화 패턴들을 적용할 수 있었다.

이전의 DAnCE 노드 응용 프로그램 구현과는 달리 LE-DAnCE 국소성 관리자는 계획을 분석하는 데 필요한 범용 배치 논리와 구체적인 구성요소 미들웨어 인스턴스들을 설치하고 그 수명주기를 관리하는 데 필요한 구체적인 배치 논리 사이에서 관심사를 엄격하게 분리하는 일반적 응용 프로그램으로 작용한다. 이러한 분리는 **인스턴스 설치 처리부**(Instance Installation Handler)라고 하는 개체들을 통해서 이루어지는데, 이 설치 처리부는 구성요소 인터페이스의 수명 주기 관리(설치, 제거, 연결, 연결 해제, 활성화 등)를 위한 잘 정의된 인터페이스를 제공한다. 설치 처리부는 또한 노드 응용 프로그램이 국소성 관리자 프로세스들의 수명 주기를 관리하는 데에도 쓰인다.

이러한 설치 관리자들의 도입은 **자유도** 패턴의 한 예이다. 구성요소 미들웨어와의 명시적인 상호작용을 느슨하게 지정한 덕분에 우리는 독자적인 상호작용을 설계할 자유를 누릴 수 있었다. 이를 통해서 우리는 **관심사를 분리하라** 패턴을 적용했다.

배치 단계들의 직렬 실행을 국소성 관리자를 이용해서 줄이기. LE-DAnCE의 새로운 국소성 관리자와 설치 처리부들 덕분에 DAnCE를 병렬화하기가 훨씬 쉬워졌다. 국소성 관리자와 노드 응용 프로그램 모두에서, 우리는 **배치 스케줄러**(Deployment Scheduler)라고 하는 개체를 도입함으로써 병렬성을 달성했다. 그림 6.4에 배치 스케줄러의 구조가 나와 있다.

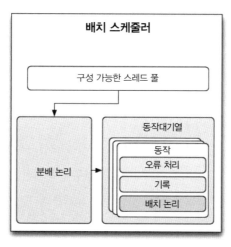

그림 6.4 DAnCE의 배치 스케줄러

배치 스케줄러는 명령 패턴(Command; [GHJV95])과 활성 객체 패턴(Active Object; [SSRB00])의 결합이다. 개별 배치 동작(이를테면 인스턴스 설치, 인스턴스 연결 등등)은 필요한 메타자료와 함께 하나의 동작(Action) 객체로 포장된다. 개별 배치 동작은 설치 처리부의 한 메서드 호출에 의해 실행되므로, 모든 가능한 배치 대상마다 이런 동작들을 일일이 작성할 필요가 없다. 오류 처리와 기록(logging) 논리 역시 개별 배치 동작에 완전히 포함되므로 국소성 관리자가 더욱 단순해진다.

개별 동작(구성요소의 설치 또는 생성 등)의 실행 일정은 구성 가능한(configurable) 스레드 풀에 의해 결정된다. 이 풀은 응용 프로그램의 요구에 따라 사용자 선택 방식이나 단일 스레드 방식, 또는 다중 스레드 방식으로 작동한다. 이 스레드 풀을 좀 더 정교한 일정 수립 방식을 구현하는 데 사용할 수도 있다. 이를테면 구성요소 인터페이스들의 설치 순서를 계획에 있는 메타자료에 근거해서 동적으로 조정하는 우선순위 기반 일정 수립 알고리즘을 구현하는 것이 가능하다.

국소성 관리자는 배치의 특정 국면마다 수행해야 할 동작(명령)들을 결정하고, 각 동작마다 동작 객체를 생성한다. 그러한 동작 객체들은 배치 스케줄러에 전달되어서 실행된다. 동작들이 실행되는 동안 주 스레드는 배치 스케줄러의 완료 신호를 기다린다. 배치 스케줄러가 완료를 신호하면 국소성 관리자는 완료된 동작의 반환값 또는 오류 부호를 수거해서 배치 국면을 완료한다..

같은 노드에 대한 국소성 관리자 인스턴스들 사이의 병렬성을 위해 노드 응용 프로그램의 구현에서도 LE-DAnCE 배치 스케줄러가 쓰이며, 국소성 관리자 프로세스들에 대한 설치 처리부도 하나 쓰인다. 이 수준에서 배치 처리부를 사용하면 노드 수준 배치들을 수행할 때 발생하는 잠복지연의 중요한 근원 중 하나를 극복하는 데 도움이 된다. 구성요소 인스턴스들을 배치하는 데 필요한 시간을 기준으로 할 때, 국소 관리자 인스턴스들을 띄우는 데 상당한 시간이 소비된다. 따라서 그 공정을 병렬화하면 응용 프로그램 배치에서 노드당 국소성 관리자 프로세스의 수가 많은 경우 잠복지연을 상당히 줄일 수 있다.

정리하자면, 배치 사건들의 동적인 순서 조정 및 국소성 관리자 인스턴스들의 병렬 설치는 SEAMONSTER 영역의 배치 잠복지연을 개선하는 데 큰 도움이 될 것이다. 현재의 자연 현상을 관찰하는 감지기의 구성을 활성화하거나 변경하는 등의 아주 중요한 배치 사건들에 높은 우선순위를 부여한다면, 그런 중요한 임무를 제때 완수하는 데 DAnCE가 도움이 될 것이다. 더 나아가서, 이러한 설계가 제공하는 병렬성에 의해, 한 국소성 관리자 인스턴스가 입출력 연산에 막혀 있는 동안 다른 인스턴스가 새 구성요소 구현들을 적재한다거나 새로운 다중 코어 내장형 프로세서들의 장점을 취함으로써 잠복지연을 줄일 수 있다.

6.4 결론

이번 장에서는 OMG D&C(Deployment and Configuration) 명세의 한 구현인 DAnCE (Deployment And Configuration Engine)를 개괄했다. 원래 DAnCE는 구성요소 기반 응용 프로그램들을 DRE 시스템에 배치하고 구성하는 혁신적인 기법들을 보여주기 위한 연구 수단으로 쓰였다. DAnCE의 성능은 논문 출판과 시연을 위한 좁고 집중된 예제에서는 만족스러웠지만 대규모 협업 DRE 시스템에 적용할 때에는 그렇지 않았다. DAnCE 개발 초기에 아키텍처 소유권이나 시연 중심적 성격이 변하는 등의 여러 요인 때문에 이루어진 잘못된 설계상의 선택들이 DAnCE의 구조와 설계 안에 굳어져 버렸으며, 그래서 성능이 상당히 나빠졌다.

이 글에서는 DAnCE의 전형적인 용례를 보여주는 *SEAMONSTER*(South East Alaska MOnitoring Network for Science, Telecommunications, Education, and Research) 플랫폼을 예로 삼아서 DAnCE에 적용 가능한 여러 최적화 기회들을 설명했다. 이 용례를 동기로 삼아서, 이 글에서는 앞에서 언급한 성능상의 비효율성을 해결하기 위해 DAnCE의 설계 및 구현을 재평가하고 개조하는 과정에서 적용한 네트워킹 영역의 여러 최적화 원리들을 서술했다. 또한 병렬화와 동기화, 관심사의 분리에 관련된 추가적인 최적화 원리 세 가지도 제안했다. 이 추가적인 최적화 원리 패턴들과 그 전에 이야기한 기존의 최적화 원리들을 적용해서 DAnCE의 성능과 신뢰성을 크게 개선한 결과가 LE-DAnCE이다. 기존의 최적화 원리 패턴들과 추가적인 세 패턴이 표 6.2에 정리되어 있다. 그리고 성능 향상 결과에 대한 상세한 정량적 논의가 [OGST13]에 나온다.

다음은 이번 장에서 설명한 최적화들을 LE-DAnCE에 적용하고 그 결과를 관측한 경험에 기초해서 얻은 교훈들이다.

- **병렬화의 활용은 아주 중요한 최적화 기회이다.** 내장형 기기들에서도 다중 코어 프로세서들이 표준이 되고 있는 지금, 알고리즘과 공정을 병렬화 능력의 이득을 취할 수 있게 설계하는 것은 아주 중요하다. 알고리즘과 공정을 병렬화를 위해 최적화할 때에는 동기화를 조심해서 적용해야 한다. 자물쇠를 잘못 사용하면 병렬 시스템이 직렬적인 방식으로 작동하며, 심지어는 아주 미묘한 방식으로 오작동할 수도 있다.

- **가능하면 시간이 많이 걸리는 연산들을 임계 경로 바깥으로 이동하라.** D&C 공정의 계획 분석 부분에 대한 최적화(§6.3 참고)를 통해서 대규모 배치의 전체 배치 잠복지연을 효과적으로 줄일 수 있었지만, 시간상의 이동 패턴도 적용한다면 성능을 더욱 개선할 수 있을 것이다. §6.3의 XML 파싱 문제에서처럼, 이 연산의 결과를 XML 계획이 생성되는 시점에 고정시킬 수 있을 가능성이 크다. 이 공정을 미리 계산해서 D&C 기반구조에 제공한다면 잠복지연을 더욱 줄일 수 있다. 이러한 미리 계산된 계획들의 전달(전역 분할과 지역 분할 모두에 대한)은 **힌트 전달** 최적화 패턴의 한 응용이라 할 수 있다.

표 6.2 최적화 원리들과 LE-DAnCE에 대해 알려진 용례들의 카탈로그

패턴	설명	DAnCE의 예
낭비를 피하라	명백한 낭비를 피한다	배치 계획을 파싱할 때 메모리를 미리 할당한다.
시간상의 이동	시간상에서 계산을 옮긴다(사전 계산, 게으른 평가, 비용 공유, 일괄 처리)	배치 계획을 미리 이진 형식으로 변환한다. 계획 분할을 미리 계산할 수도 있을 것이다.
명세 완화	명세(specification)를 느슨하게 만든다(시간을 위해 확실성을 희생, 시간을 위해 정확성을 희생, 시간상의 계산 이동)	계획 분할을 미리 계산할 수도 있을 것이다.
다른 구성요소 활용	다른 시스템 구성요소들을 활용한다(국소성 활용, 메모리 대 속도 절충, 하드웨어 활용)	(없음)
하드웨어 추가	성능 개선을 위해 하드웨어를 추가한다	(없음)
효율적인 루틴	효율적인 루틴을 만든다	XML-IDL 자료 바인딩
일반성 회피	불필요한 일반성을 피한다	계획 파싱의 최적화
명세 대 구현	명세와 구현을 혼동하지 않는다	국소성 관리자
힌트 전달	인터페이스로 힌트 비슷한 정보를 전달한다	계획 분할의 사전 계산에 적용할 수 있다.
정보 전달	프로토콜 헤더로 정보를 전달한다	(없음)
예기된 용례	예기된 용례를 최적화한다	XML-IDL 자료 바인딩
상태의 활용	상태를 추가하거나 활용해서 속도를 높인다	계획 분석 도중 자식 계획들을 미리 할당한다.
자유도	자유도(degrees of freedom)를 최적화한다	국소성 관리자 인스턴스 설치 처리부
유한한 우주 활용	유한한 우주들을 위한 특별한 기법들을 사용한다	(없음)
효율적인 자료구조	효율적인 자료구조를 사용한다	XML-IDL 자료 바인딩의 최적화
병렬화를 위한 설계	병렬화를 위해 설계를 최적화한다	자식 계획들의 병렬 처리
동기화를 피하라	동기화와 잠금을 피한다	계획 분석 도중 부모 계획에 동기화 없이 접근
관심사를 분리하라	엄격한 관심사의 분리를 통해서 아키텍처를 모듈화한다	국소성 관리자

- 프로세스들의 직렬 실행은 *DRE* 시스템의 성능 문제들의 주된 근원이다. 분산 시스템의 설계에서 과제들이 직렬적인 방식으로 실행되게 하면 개념적인 복잡도와 구현 복잡도가 크게 줄어든다. 그러나 그러한 복잡도 감소가 막대한 성능 하락으로 이어지는 경우가 많다. 반대로, 비동기적인 상호작용을 사용하면 복잡도가 증가하지만 성능이 그것을 상쇄하고 남을 정도로 높아지는 경우가 많다.

- 명확한 구조적, 기술적 지도력의 부재는 오픈소스 프로젝트에 해가 된다. 오픈소스 프로젝트에 참여해서 좁은 범위의 문제 하나를 푼 후 곧 떠나는 개발자들이 많다. 명확한 지도력이 없으면 개별 기여자들의 잘못된 구조적, 기술적 결정이 눈덩이처럼 불어나서 결국에는 프로젝트를 거의 못쓰게 만든다.

오픈소스 프로젝트인 TAO와 CIAO, LE-DAnCE의 모든 소스 코드를 download.dre.vanderbilt.edu에서 내려 받을 수 있다.

제7장

Infinispan

마닉 수르타니Manik Surtani

7.1 소개

Infinispan[1]은 오픈소스 자료 격자(data grid; 소위 데이터 그리드) 플랫폼으로, 분산된 메모리 내부(in-memery) 키-값 NoSQL 저장 기능을 제공한다. 대체로 소프트웨어 아키텍트들은 Infinispan 같은 자료 격자를 관계형 데이터베이스 같은 비싸고 느린 자료 저장소 앞에 두는 성능 좋은 분산 메모리 내부 캐시로 사용하거나, 관계형 데이터베이스를 대체하는 하나의 NoSQL 자료 저장소로서 사용한다. 어떤 경우이든, 임의의 소프트웨어 아키텍처에서 자료 격자를 고려하는 주된 이유는 성능이다. 빠르고 잠복지연이 적은 자료 접근에 대한 필요성은 점점 더 흔해지고 있다.

그런 만큼, Infinispan의 유일한 존재 이유는 바로 성능이다. 그리고 Infinispan의 코드 기반(code base)은 극도로 성능에 예민하다.

---

1   http://www.infinispan.org

7.2 개요

Infinispan을 좀 더 깊게 파헤치기 전에, Infinispan의 전형적인 용례를 먼저 살펴보는 것에 좋겠다. Infinispan은 미들웨어middleware라고 부르는 범주의 소프트웨어이다. 미들웨어는 서버에 존재하며 응용 프로그램들(웹 사이트 등)과 운영체제나 데이터베이스 사이에서 작동한다. 미들웨어는 응용 프로그램 개발자의 개발 생산성과 효율성을 높이기 위해, 그리고 응용 프로그램 개발자가 좀 더 유지보수하기 좋고 검사하기 좋은 응용 프로그램을 더욱 빠르게 생산할 수 있게 하기 위해 쓰이는 경우가 많다. 이 모든 것을 가능하게 하는 것은 바로 모듈화와 구성요소 재사용이다. 특히 Infinispan은 임의의 응용 프로그램 처리 공정이나 업무 논리(business logic)와 자료 저장 계층 사이에 놓이는 경우가 많다. 많은 경우 성능의 가장 큰 병목은 바로 자료의 저장(그리고 조회)이며, 데이터베이스 앞에 메모리 내부 자료 격자를 두면 속도가 훨씬 빨라진다. 또한 자료 저장소는 경합과 잠재적 실패가 집중되는 단일한 지점인 경우가 많다. 따라서 Infinispan을 좀 더 전통적인 자료 저장소 앞에 두면(또는 그런 저장소 대신 사용하면) 응용 프로그램의 유연성과 규모가변성(scalability)이 훨씬 커질 수 있다.

Infinispan이 쓰이는 곳

Infinispan은 전화통신에서부터 금융 서비스, 고급 전자상거래, 제조 시스템, 게임 및 이동기기 플랫폼 등 여러 산업 분야에 쓰여 왔다. 좀 더 일반적으로, 자료 격자 기술은 금융 서비스에서 항상 인기가 있었다. 이는 그런 분야에 존재하는, 대량의 자료에 극도로 빠르게 접근해야 하며 개별 컴퓨터의 고장이 격리되어야 하는 등의 엄격한 요구사항들 때문이다. 그러한 요구사항들은 다른 분야로도 전파되었으며, 이는 Infinispan이 광범위한 응용 분야에서 인기를 얻는 데 기여했다.

라이브러리와 서버의 두 가지 용법

Infinispan은 Java(그리고 약간의 Scala)로 구현되며, 두 가지 방식으로 사용할 수 있다. 첫째로, Infinispan을 하나의 라이브러리로 사용해서 Java 응용 프로그램에 내장할 수 있다.

Infinispan JAR 파일들을 포함시키고 Infinispan 구성요소들을 프로그램 안에서 참조하고 인스턴스화하면 된다. 이런 용법에서 Infinispan 구성요소들은 응용 프로그램과 동일한 JVM 안에 놓이며, 응용 프로그램의 힙 메모리의 일부가 자료 격자의 한 노드로서 할당된다.

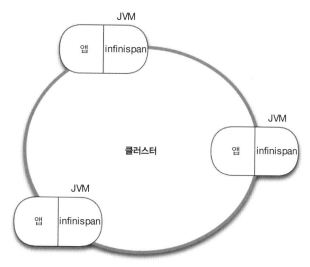

그림 7.1   라이브러리로서의 Infinispan

둘째로, Infinispan을 원격 자료 격자 서버로 사용할 수 있다. 이 경우 Infinispan의 인스턴스들을 여러 개 띄워서 하나의 클러스터(cluster)를 형성한다. 클라이언트는 여러 클라이언트 라이브러리들 중 하나를 사용해서 소켓을 통해 이 클러스터에 연결한다. 이 방식에서 각 Infinispan 노드는 자신만의 격리된 JVM 안에 놓이며, JVM의 힙 메모리 전체를 마음대로 사용한다.

동급 간 아키텍처

두 경우 모두에서 Infinispan 인스턴스들은 네트워크를 통해서 서로를 검출해서 클러스터를 형성하고 서로 자료를 공유하기 시작한다. 이를 통해서 이들은 한 클러스터 안의 모든 서버에 걸쳐 투명하게 분산되어 있는 메모리 내부 자료구조를 응용 프로그램에게 제공한다. 이런 방식에서는 필요에 따라 클러스터에 노드들을 더 추가해 용량을 늘릴 수 있으며, 그러면 응용 프로그램은 이론적으로 무한한 양의 메모리 내부 저장소에 접근할 수 있게 된다.

Infinispan은 클러스터의 모든 인스턴스가 동등한 지위를 가진 동급 간(peer-to-peer) 기술이다. 이는 어떤 단일한 실패 지점이나 단일한 병목이 존재하지 않는다는 뜻이다. 더욱 중요하게는, Infinispan은 인스턴스들을 더 추가함으로써 수평적으로 확장할 수 있는 유연한 자료구조를 응용 프로그램에게 제공한다. 일부 인스턴스들을 종료함으로써 규모를 줄이는 것도 물론 가능하다. 그 도중에도 응용 프로그램은 전반적인 기능성의 손실 없이 계속해서 작동할 수 있다.

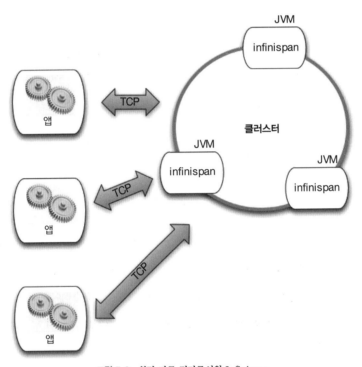

그림 7.2 원격 자료 격자로서의 Infinispan

7.3 Infinispan의 벤치마킹

Infinispan 같은 분산 자료구조를 벤치마킹할 때 가장 큰 문제는 도구들을 마련하는 것이다. 규모를 늘리고 줄이는 도중에 자료의 저장과 조회 성능을 측정할 수 있는 도구는 많지 않았으며, 서로 다른 구성과 클러스터 크기 등등의 성능을 측정하고 분석하는 등의 비교 분석 능력을 제공하는 도구는 아예 없었다. 이를 극복하기 위해 Radar Gun이 등장했다.

Radar Gun은 다음 절(§7.4)에서 좀 더 자세히 이야기하겠다. 이번 절에서 언급하는 그 외의 도구들, Yahoo Cloud Serving Benchmark와 Grinder, Apache JMeter는 Infinispan의 벤치마킹에 아주 중요하게 쓰이고 있긴 하지만 이 글에서 자세히 다루지는 않는다. 웹에 이들에 대한 문서가 많이 있다.

Radar Gun

Radar Gun[2]은 경쟁(competitive) 벤치마크는 물론 비교(comparative) 벤치마크를 수행하고, 규모가변성을 측정하고, 수집된 자료점들로부터 보고서를 생성하기 위해 설계된 오픈소스 벤치마킹 프레임워크이다. 특히 Radar Gun은 Infinispan 같은 분산 자료구조를 대상으로 하며, Infinispan 개발 도중 병목들을 식별하고 교정하는 데 적극적으로 쓰였다. Radar Gun에 대한 좀 더 자세한 사항은 §7.4에서 이야기하겠다.

Yahoo Cloud Serving Benchmark

Yahoo Cloud Serving Benchmark[3](YCSB)는 다양한 크기의 자료를 읽거나 쓰기 위해 원격 자료 저장소와 통신할 때의 잠복지연을 검사하기 위해 만들어진 오픈소스 도구이다. YCSB는 모든 자료 저장소를 하나의 단일한 원격 종점(endpoint)으로 취급하므로, 클러스터에 노드들을 추가하거나 제거할 때의 규모가변성을 측정하지는 않는다. YCSB에는 분산 자료구조라는 개념이 없으므로, 클라이언트/서버 모드로 쓰이는 Infinispan의 벤치마크에만 유용하다.

---

2 https://github.com/radargun/radargun/wiki

3 https://github.com/brianfrankcooper/YCSB/wiki

Grinder와 Apache JMeter

Grinder[4]와 Apache JMeter[5]는 간단한 오픈소스 부하負荷(load) 생성기들로, 소켓을 청취하는 임의의 서버를 시험하는 데 사용할 수 있다. 이들은 고도의 스크립팅 능력을 제공하며, YCSB처럼 클라이언트/서버 모드로 쓰이는 Infinispan의 벤치마크에 유용하다.

7.4 Radar Gun

초창기

Infinispan 핵심 개발팀이 만든 Radar Gun은 Sourceforge에서 Cache Benchmarking Framework[6]라는 이름의 한 프로젝트로 시작했다. 원래 이 프로젝트는 서로 다른 모드들과 여러 설정들로 실행되는 내장 Java 캐시들의 벤치마크를 위한 것이었다. 비교 벤치마크를 위해 설계되었기 때문에 여러 캐시 라이브러리에 대해 또는 성능 회귀(regression) 검사를 위해 같은 라이브러리의 여러 버전들에 대해 동일한 벤치마크를 자동으로 수행할 수 있다.

이후 이 프로젝트는 Radar Gun이라고 이름을 바꾸고 Github로 옮겼으며[7], 새로운 기능들이 많이 추가되었다.

분산 기능들

얼마 지나지 않아 Radar Gun은 분산 자료구조들도 처리하도록 확장되었다. 여전히 초점은 내장 라이브러리들이지만, Radar Gun은 프레임워크의 여러 인스턴스들을 서로 다른 서버에서 띄울 수 있다. 그런 다음 각 서버가 분산 캐시 라이브러리의 인스턴스들을 띄움

---

4   http://grinder.sourceforge.net/
5   http://jmeter.apache.org/
6   http://sourceforge.net/projects/cachebenchfwk/
7   http://github.com/radargun

으로써 클러스터의 각 노드에서 벤치마크를 병렬로 실행하는 것이 가능하다. 벤치마크 결과들을 Radar Gun 제어기가 수집해서 보고서를 생성한다. 다양한 크기의 클러스터들(노드 두 개에서부터 수백, 수천 개에 이르는)에서 벤치마크들을 수동으로 실행하고 재실행하는 것이 점점 더 비현실적이고 불가능해지는 만큼, 노드들을 자동으로 띄우거나 닫는 능력은 규모가변성 검사에서 필수적이다.

빨라도 틀리면 낭패

이후, 벤치마크의 각 단계를 실행하기 전과 후에 상태를 점검하는(클러스터가 여전히 유효한 상태인지 보장하기 위해) 기능이 Radar Gun에 추가되었다. 이 덕분에 부정확한 결과들을 일찍 검출할 수 있게 되었으며, 실행이 끝나고 사람이 개입할 때까지(몇 시간이 걸릴 수 있다) 기다리지 않고 벤치마크를 다시 실행할 수 있게 되었다.

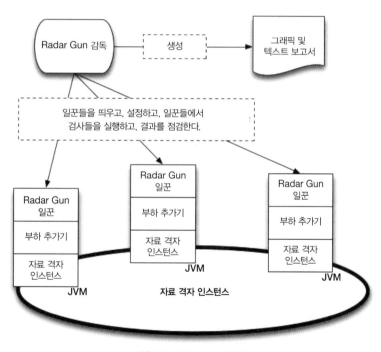

그림 7.3 Radar Gun의 구조

프로파일링

Radar Gun은 프로파일러^{profiler} 인스턴스들을 띄워서 각 자료 격자 노드에 부착하고 프로파일러 스냅샷을 찍는 기능도 제공한다. 이를 통해서 노드에 부하가 걸렸을 때 내부적으로 어떤 일이 진행되는지를 좀 더 자세히 알 수 있다.

메모리 성능

Radar Gun은 또한 각 노드의 메모리 소비 상태와 메모리 성능을 측정하는 기능도 가지고 있다. 메모리 내부 자료 저장소의 성능은 단지 자료를 얼마나 빠르게 읽고 쓸 수 있는가의 문제가 아니다. 자료 구조의 메모리 소비도 성능의 한 부분이다. 이는 쓰레기 수거(garbage collection)가 시스템의 반응성에 악영향을 미치기 쉬운 Java 기반 시스템에서 특히나 중요한 문제이다. 쓰레기 수거에 대해서는 잠시 후에 좀 더 자세히 논의하겠다.

측정

Radar Gun은 성능을 초당 트랜잭션 수로 측정한다. 각 노드마다 초당 트랜잭션 수를 측정하고 제어기에서 그것들을 취합한다. 읽기와 쓰기 모두 개별적으로 측정해서 그래프로 표시한다. 읽기와 쓰기가 동시에 수행되는 경우에도 개별적으로 측정하는데, 이는 그런 연산들이 서로 혼합되어서 진행되는 경우 사실적인 검사를 보장하기 위한 것이다. Radar Gun은 또한 읽기, 쓰기 트랜잭션들의 평균, 중앙값, 표준편차, 최소·최댓값들도 계산해서 로그에 기록한다(그래프로는 표시하지 않을 수 있다). 메모리 성능 역시 측정하는데, 주어진 반복에서의 메모리 사용량을 기록한다.

확장성

Radar Gun은 확장이 가능한 프레임워크이다. 개발자가 자신만의 고유한 자료 접근 패턴들과 자료 형식들, 크기들을 끼워 넣을 수 있다. 또한 검사하고자 하는 임의의 자료구조나 캐시 라이브러리, NoSQL 데이터베이스를 위한 적응기(adapter)를 추가하는 것도 가능하다.

같은 자료 격자의 서로 다른 구성들의 성능을 비교하고자 하는 경우 최종 사용자에게도 Radar Gun이 권장된다.

7.5 성능 문제의 잠재적 근원

Infinispan에는 성능 병목을 일으킬 만한, 따라서 자세히 살펴보고 최적화할 만한 하위 시스템들이 여럿 있다. 그럼 그것들을 차례로 살펴보자.

네트워크

동급 간 통신에 쓰이든 아니면 클라이언트와 격자 자신 사이의 통신에 쓰이든, 네트워크 통신은 Infinispan에서 비용이 가장 큰 부분이다.

동급 간 통신

Infinispan은 동급 간 통신, 즉 노드들 사이의 통신에 JGroups[8]를 사용한다. 오픈소스 동급 간 그룹 통신 라이브러리인 JGroups은 TCP 프로토콜과 UDP 다중 전송(mulitcast)을 포함한 UDP 프로토콜을 지원하며, UDP 같은 비신뢰성 프로토콜에 대해서도 메시지 전달 보장, 재전송, 메시지 순서 제어 같은 고수준 기능들을 제공한다.

JGroups 계층을 네트워크와 응용 프로그램의 특성들에 맞게(이를테면 연결 유지 기간, 버퍼 크기, 스레드 풀 크기 등등) 조율하는 것은 매우 중요하다. 또한 JGroups의 번들링 bundling(작은 메시지 여러 개를 하나의 네트워크 패킷으로 합치는 것)이나 단편화(fragmentation; 번들링의 반대로, 큰 메시지를 여러 개의 작은 네트워크 패킷들로 쪼개는 것) 방식에 맞게 조율하는 것도 중요하다.

운영체제의 네트워크 스택과 네트워크 장비(스위치와 라우터) 역시 그러한 구성에 맞게 조율해야 한다. 운영체제의 TCP 전송 및 수신 버퍼 크기들과 프레임 크기들, 점보 프레임

---

8   http://www.jgroups.org

등등은 모두 자료 구조의 가장 비싼 구성요소가 최적으로 수행되는 데 영향을 미친다.

패킷들을 분석하는 데에는 netstat나 wireshark 같은 도구들이 도움이 되며, Radar Gun은 격자 전체에 부하를 거는 데 도움이 된다. 또한, 병목 지점을 식별하기 위해 Infinispan의 JGroups 계층을 프로파일링하는 데에도 Radar Gun을 사용할 수 있다.

서버 소켓

Infinispan은 유명한 Netty[9] 프레임워크를 이용해서 서버 소켓들을 생성하고 관리한다. Netty는 비동기 Java NIO 프레임워크를 감싼 래퍼이고, Java NIO 프레임워크 자체는 운영체제의 비동기 네트워크 입출력 기능을 사용한다. 이러한 방식에서는 문맥 전환(context switching) 비용이 발생하긴 하지만 자원을 효율적으로 활용할 수 있다. 전반적으로는 부하가 걸린 상태에서도 아주 잘 작동한다.

Netty는 최적의 성능을 보장하기 위한 여러 수준의 조율 수단을 제공한다. 버퍼 크기와 스레드 풀 크기 등을 조율할 수 있는데, 이들을 반드시 운영체제의 TCP 전송, 수신 버퍼들에 맞게 조율해야 한다.

자료 직렬화(data serialization)

자료를 네트워크를 통해서 격자에 넣거나 동급 노드들에게 보내려면 우선 응용 프로그램 객체를 바이트 스트림으로 직렬화해야 한다. 그것을 받는 쪽에서는 그 바이트들을 역직렬화해서 응용 프로그램 객체를 복원해야 한다. 가장 흔한 구성에서, 하나의 요청을 처리하는 데 걸리는 시간의 20%는 이러한 직렬화와 역직렬화에 소비된다.

Java의 기본적인 직렬화(그리고 역직렬화)는 CPU 주기(cycle) 면에서나 산출되는 바이트 개수의 면에서나 비효율적이기로 악명이 높다. 쓸 데 없이 많은 바이트가 만들어지는 경우가 많으며, 그러면 네트워크로 보내야 할 자료의 양이 늘어난다.

Infinispan은 독자적인 직렬화 방식을 사용한다. Infinispan은 클래스의 정의 전체를 스트림에 기록하지 않는다. 대신, 알려진 형식들에 대해서는 한 바이트짜리 마법의 수

---

9 http://www.netty.io

(magic number)를 사용한다. 이렇게 하면 직렬화와 역직렬화의 속도가 개선될 뿐만 아니라 네트워크로 전송할 바이트 스트림이 좀 더 간결해진다. 알려진 자료 형식마다 그에 해당하는 마법의 수와 외부화기(externalizer)가 등록된다. 외부화기는 객체를 바이트로 또는 그 반대로 변환하는 논리를 담는다.

이러한 기법은 동급 노드들 사이에 교환되는 내부 Infinispan 객체들 같은 알려진 형식들에는 잘 통한다. 명령 객체나 봉투(envelope) 객체 같은 내부 객체들에는 외부화기와 고유한 마법의 수가 마련되어 있다. 그러나 응용 프로그램 고유의 객체들은 어떨까? 기본적으로, Infinispan은 자신이 알지 못하는 형식의 객체가 주어지면 그 객체에 대해서는 Java의 기본 직렬화 기능을 사용한다. 이 덕분에 Infinispan을 설치하고 바로 사용할 수 있다. 물론, 알지 못하는 응용 프로그램 객체 형식들에 대해서는 Infinispan이 덜 효율적으로 작동한다.

이를 위해 Infinispan은 응용 프로그램 개발자가 응용 프로그램 자료 형식을 위한 외부화기를 작성할 수 있게 한다. 따라서, 응용 프로그램 개발자가 각 응용 프로그램 객체 형식에 대해 외부화기 구현을 작성하고 등록할 수만 있다면, 응용 프로그램의 객체들에 대해서도 강력하고 빠르고 효율적인 직렬화가 가능해진다.

이러한 외부화기 코드가 개별적이고 재사용 가능한 라이브러리로 공개되어 있다. JBoss Marshalling[10] 라이브러리가 바로 그것이다. 이 라이브러리는 Infinispan에 맞게 포장되어서 Infinispan 배포판에 포함되어 있지만, 다른 여러 오픈소스 프로젝트들도 직렬화 성능 향상을 위해 이 라이브러리를 사용하고 있다.

디스크 기록

Infinispan은 기본적으로 메모리 내부 자료구조이지만, 자료를 영구적으로 디스크에 기록하는 기능도 제공한다.

이러한 영속화(persistence)는 내구성을 위한 것일 수도 있고(메모리의 모든 것이 디스크에도 저장되어 있으면 노드 재시작이나 고장에도 자료가 소실되지 않는다) Infinispan의 메모리 부족

---

10 http://www.jboss.org/jbossmarshalling

사태를 극복하기 위한 것일 수도 있다(운영체제의 디스크 페이징과 비슷하다). 후자의 경우, 공간을 마련하기 위해 자료를 메모리에서 방출해야 할 때에만 자료가 디스크에 기록된다.

내구성을 위한 경우 영속화는 온라인 방식일 수도 있고 오프라인 방식일 수도 있다. 온라인 방식에서는 자료가 디스크에 안전하게 기록될 때까지 응용 프로그램 스레드가 차단되는 반면 오프라인 방식에서는 자료가 주기적으로, 그리고 비동기적으로 디스크로 방출된다. 후자에서는 영속화 공정 동안 응용 프로그램 스레드가 차단되지 않지만, 대신 자료가 디스크에 성공적으로 영속화되었는지를 확신할 수 없다는 단점이 있다.

Infinispan은 여러 가지 교체 가능한(pluggable) 캐시 저장소들, 즉 자료를 디스크나 기타 2차 저장소에 영속화하는 데 사용할 수 있는 적응기들을 지원한다. 현재의 기본 구현은 단순한 해시 버킷^{hash bucket}과 연결 목록 형태인데, 각각의 해시 버킷은 파일시스템의 하나의 파일로 표현된다. 이러한 구현은 사용과 설정이 쉽긴 하지만 최상의 성능을 제공하지는 않는다.

현재 파일시스템 기반의 고성능 네이티브 캐시 저장소 구현 두 가지가 준비 중이다. 둘 다 C로 작성되며, 가능하다면(이를테면 UNIX 시스템들에서) 시스템 호출을 활용하고 직접적인(커널 버퍼와 캐시를 통하지 않고) 입출력을 수행하는 능력을 가지고 있다.

두 구현 중 하나는 페이징 시스템 용도로 최적화될 예정이다. 이를 위해서는 임의 접근을 지원해야 하는데, 아마도 B 트리 구조를 가지게 될 것이다.

또 하나는 내구성 있는 저장소로서 최적화될 것이며, 메모리에 저장되어 있는 모든 것을 미러링하게 될 것이다. 따라서 쓰기는 빠르지만 읽기/탐색은 빠를 필요가 없는 형태의 추가 전용(append-only) 구조를 가지게 될 것이다.

동기화, 잠금, 병렬성

대부분의 기업급 미들웨어처럼 Infinispan은 현대적인 다중 코어 시스템에 크게 치우쳐 있다. 다중 코어 및 SMP 시스템에 존재하는 다수의 하드웨어 스레드들로 가능한 병렬성을 활용하기 위해, 그리고 네트워크와 디스크 통신에서 비차단(non-blocking) 비동기 입출력 기능을 활용하기 위해, Infinispan의 핵심 자료구조들은 공유 자료에 대한 동시 접근 시 소프트웨어 트랜잭션 메모리(software transactional memory) 기법들을 사용한다. 이 덕분에 공유 자료구조들을 갱신할 때 정확성을 보장하기 위해 명시적인 자물쇠나 뮤텍스 등의 동기화 수단들을 사용할 필요성이 최소화된다. 대신 루프 안에서 비교 후 설정(CAS) 같은 연산들을 사용하는 기법이 선호되는데, 그런 기법들을 이용하면 다중 코어 및 SMP 시스템에서 CPU 활용도가 개선됨이 증명된 바 있다. 코드 복잡도가 증가하긴 하지만, 그러한 단점은 부하가 걸렸을 때 전반적인 성능이 높아진다는 장점으로 상쇄할 수 있다.

소프트웨어 트랜잭션 메모리 접근방식을 사용하면 앞에서 말한 장점들 외에 나중에 동기화 지원 명령들을 가진(즉, 하드웨어 트랜잭션 메모리를 지원하는) CPU들이 흔해졌을 때 설계를 크게 뜯어고치지 않고도 Infinispan을 적용시킬 수 있다는 장점도 있다.

Infinispan에 쓰이는 여러 자료구조들은 학술 연구 논문에서 그대로 가져온 것이다. 실제로, Infinispan이 사용하는 비차단 무잠금 데크^{dequeue}[11]는 해당 자료구조를 Java에서 처음으로 구현한 것이다. 그 외에, 자물쇠 상각화^{償却化}(amortization)[12]나 적응적 방출 방침 (adaptive eviction policy)[13]들에 대한 혁신적인 설계들도 있다.

스레드와 문맥 전환

Infinispan의 여러 하위 시스템들은 개별적인 스레드에서 진행되는 비동기 연산을 활용한다. 예를 들어 JGroups는 네트워크 소켓을 감시하기 위한 스레드를 할당하는데, 그 스레드는 메시지를 해독해서 메시지 전달 스레드에게 넘겨준다. 그러면 경우에 따라서는 자료를 디스크 상의 캐시 저장소에 저장해야 할 수 있는데, 그런 저장 역시 개별적인 스레드에서 비동기로 진행될 수 있다. 또한 청취자(listener)들에 대한 변경 사실 통지 역시 비동기적으로 수행되도록 설정할 수 있다.

스레드 풀로 그런 비동기 과제들을 처리할 때에는 항상 문맥 전환(context switching) 부담이 발생한다. 스레드 자체가 값싼 자원이 아니라는 점도 주의해야 한다. Infinispan의 비동기 기능들을 하나라도 사용하는 경우에는 스레드 풀을 적절한 크기로 할당하고 구성하는 것이 중요하다.

---

11 http://www.cse.chalmers.se/~tsigas/papers/Lock-Free-Deques-Doubly-Lists-JPDC.pdf
12 http://dl.acm.org/citation.cfm?id=1546683.1547428
13 http://dl.acm.org/citation.cfm?id=511334.511340

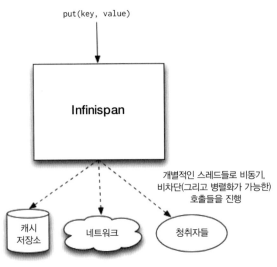

그림 7.4 Infinispan의 다중 스레드 적용

특히 주목할 부분은 비동기 전송 스레드 풀(비동기 통신을 사용하는 경우)이다. 이 스레드 풀의 크기를 적어도 각 노드의 평균 동시 갱신 횟수 이상으로 조율할 필요가 있다. 비슷하게, JGroups를 조율할 때에는 *OOB*[14]와 내향(incoming) 스레드 풀들의 크기를 적어도 평균 동시 갱신 횟수 이상으로 설정해야 한다.

쓰레기 수거

다른 모든 Java 기반 소프트웨어에서도 그렇듯이, Infinispan에서도 JVM 쓰레기 수거기에 관한 일반적인 모범 관행들을 따르는 것이 중요하다. 이는 오랫동안 살아남는 컨테이너 객체들도 있고 일시적으로만 존재하는 객체들(특정 연산이나 트랜잭션에 관련된)도 많이 있는 자료 격자에서 더욱 중요하다. 게다가 쓰레기 수거에 의한 지연은 분산 자료구조에 악영향을 미칠 수 있다. 쓰레기 수거 때문에 노드가 잠시 반응하지 않으면 그 노드가 고장난 것으로 간주될 수 있기 때문이다.

---

14 http://www.jgroups.org/manual/html/user-advanced.html#d0e3284

이상은 Infinispan을 설계하고 구축할 때 고려했던 사항들이다. 이외에도 Infinispan을 실행하기 위해 JVM을 설정하는 데 관련된 고려사항들이 많이 있다. JVM은 다양하다. 우리는 Infinispan을 실행할 때 특정 JVM의 최적의 설정에 대한 분석을 수행한 적이 있다.[15] 예를 들어 OpenJDK[16]나 Oracle의 HotSpot JVM[17]에서는 CMS(Concurrent Mark and Sweep) 수거기[18]와 각각 약 12 GB의 힙 메모리로 된 커다란 페이지들을 사용하는 것이 최적의 설정인 것으로 보인다.[19]

그리고 쓰레기 수거의 지연이 눈에 띄는 문제가 되는 경우에는 C4[20](Azul의 Zing JVM[21]에 쓰임) 같은 지연 없는 쓰레기 수거기도 고려해볼 만하다.

7.6 결론

Infinispan 같은 성능 중심적 미들웨어는 고안, 설계, 개발의 모든 단계에서 성능을 염두에 두어야 한다. 최상의 비차단, 무잠금 알고리즘들을 사용하고, 생성되는 쓰레기들의 특성을 파악하고, JVM 문맥 전환 부담을 감안해서 개발하고, 필요하다면 JVM에서 벗어나는 것(이를테면 네이티브 영속성 구성요소를 작성하는 등)은 모두 Infinispan의 개발 과정에서 우리가 중요시했던 것들이다. 또한 벤치마킹과 프로파일링을 위한 적절한 도구들을 마련하고 벤치마크를 지속적 통합 스타일로 수행하는 것은 기능들을 추가할 때 성능이 희생되지 않게 하는 데 도움이 된다.

---

15 http://howtojboss.com/2013/01/08/data-grid-performance-tuning/

16 http://openjdk.java.net/

17 http://www.oracle.com/technetwork/java/javase/downloads/index.html

18 http://www.oracle.com/technetwork/java/javase/gc-tuning-6-140523.html#cms

19 http://www.oracle.com/technetwork/java/javase/tech/largememory-jsp-137182.html

20 http://www.azulsystems.com/technology/c4-garbage-collector

21 http://www.azulsystems.com/products/zing/virtual-machine

제8장

Talos

클린트 탤버트^{Clint Talbert}, 조엘 마어^{Joel Maher}

Talos는 성능 검사 프레임워크로, 모질라^{Mozilla}에서 우리가 만든 최초의 자동화 시스템들 중 하나이다. 도중에 소유권이 바뀌면서 Talos에 깔린 원래의 가정들과 설계상의 결정들이 사라지긴 했지만, 그래도 Talos는 2007년 처음 만들어진 후 큰 수정 없이 믿음직하게 자리를 지켜왔다.

그러나 2011년 여름부터 Talos의 수치들에 잡음과 변동이 드러나기 시작했으며, 그래서 우리는 성능 개선을 위해 시스템을 조금 손보기로 했다. 그것이 판도라의 상자를 여는 것이었음을 당시에는 알지 못했다.

이번 장에서는 우리가 이 소프트웨어를 한 꺼풀씩 벗기면서 문제점들을 발견하고 그것을 해결한 과정을 자세히 이야기한다. 우리가 실수한 점과 잘한 점에서 독자가 교훈을 얻을 수 있다면 좋겠다.

8.1 개요

그럼 Talos의 여러 부품들을 살펴보자. 본질적으로 Talos는 간단한 검사 설비이다. Talos는 새 파이어폭스^{Firefox} 프로파일을 만들어서 초기화하고, 브라우저를 설정하고, 지정된 검사를 실행하고, 검사 결과를 요약해서 보고한다. 그러한 검사들은 Talos 저장소(repository) 안에서 살아간다. 검사는 두 종류인데, 하나는 한 페이지를 검사해서 하나의 수치(이를테면 웹 페이지의 onload 처리부를 통한 시동 시간)를 보고하는 것이고 또 하나는 일련의 페이지들을 차례로 검사하면서 페이지 적재 시간을 측정하는 것이다. 내부적으로는 한 파이어폭스 확장기능을 이용해서 일단의 페이지들을 차례로 훑으면서 메모리 사용량이나 페이지 적재 시간을 측정하고, 쓰레기 수거를 강제하고, 서로 다른 브라우저 모드들을 시험한다. 원래의 목표는 다양한 종류의 검사를 수행할 수 있고 검사 자체에 정의된 여러 성능 특성들을 측정할 수 있는, 최대한 범용적인 검사 설비를 만드는 것이었다.

검사 자료를 보고할 때 Talos가 JSON 자료를 그래프 서버$^{Graph\ Server}$에 보내게 할 수 있다. 그래프 서버는 그래프를 생성하는 웹 응용 프로그램으로, 각 검사와 값, 플랫폼, 구성마다 특정한, 미리 정해진 형식에 부합하기만 하면 Talos의 자료를 받아들인다. 그래프 서버는 또한 경향(trend)와 성능 회귀(regression)를 조사하기 위한 인터페이스로도 쓰인다. 검사를 실행하는 도중 웹 페이지들은 지역에 설치된 표준적인 아파치^{Apache} 웹 서버가 제공한다.

Talos의 마지막 구성요소는 회귀 보고 도구이다. 파이어폭스의 코드를 저장소에 체크인할 때마다 여러 Talos 검사들이 실행되며, 그 검사들은 자신의 자료를 그래프 서버에 올린다. 그리고 또 다른 스크립트가 그래프 서버의 자료를 분석해서 성능 회귀의 발생 여부를 점검한다. 회귀가 발생했다면(즉, 체크인된 코드 때문에 성능 검사의 결과가 이전보다 나빠졌다는 분석 결과가 나오면) 스크립트는 메일링리스트와 해당 코드를 체크인한 개발자에게 이메일을 보낸다.

이러한 아키텍처(그림 8.1 참고)는 상당히 간단해 보이지만, Talos의 각 부품은 모질라에 새로운 플랫폼들과 제품들, 검사들이 추가됨에 따라 변했다. 전체 시스템을 하나의 종점간 해법(end-to-end solution)으로서 관리하는 데 소홀했던 탓에, Talos는 몇 가지 심각한 교정이 필요한 상태가 되었다.

- 입력되는 자료를 감시하는 스크립트가 검사 잡음 안의 급등치(spike)들을 실제 회귀로 오인하는 경우가 너무 많았기 때문에 보고 결과를 신뢰할 수 없었다.
- 회귀를 판정하기 위해 스크립트는 파이어폭스의 각 체크인을 이전의 세 체크인은 물론 이후의 세 체크인과도 비교했다. 이 때문에 코드를 체크인하고 여러 시간이 지난 후에야 Talos의 검사 결과를 보게 될 수 있었다.
- 그래프 서버에는 모든 입력 자료가 미리 정의된 플랫폼과 가지(branch), 검사 종류, 구성을 만족해야 한다는 엄격한 요구사항이 있었다. 이 때문에 새 검사를 추가하기가 어려웠다(새 검사마다 데이터베이스에 SQL 질의문을 실행해야 하는 등).
- 범용성을 너무 강조한 탓에, Talos 설비 자체를 실행하기가 어려웠다. 반드시 configure 단계를 통해서 구성 스크립트를 생성한 후 그것을 이용해서 검사를 실행해야 했다.

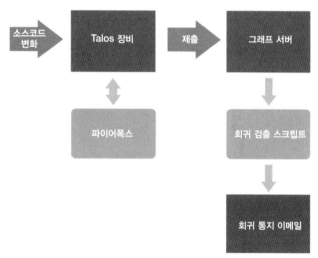

그림 8.1 Talos의 구조

2011년 여름에 새 플랫폼들과 검사들을 지원하기 위해 Talos 설비를 주무르던 도중 우리는 Jan Larres의 석사 논문에 나온 결과들을 발견했다. 그는 Talos 검사들에 나타난 대량의 잡음을 조사하고, 하드웨어와 운영체제, 파일 시스템, 구동기(driver), 파이어폭스 등 Talos 검사의 결과에 영향을 줄 수 있는 다양한 요인을 분석했다. 그의 결과에 기초해서 Stephen Lewchuk는 자신의 수습 기간 동안 그런 검사들에 나타나는 잡음을 통계적으로 줄이기 위해 노력했다.

그들의 노고와 관심에 기초해서 우리는 Talos 검사들의 잡음을 없애거나 줄이기 위한 계획을 만들기 시작했다. 우리는 설비 해커들과 함께 Talos 설비 자체를 살펴보았으며, 웹 개발자들과는 그래프 서버를 갱신했다. 그리고 통계학자들과 함께 예측 가능한 결과를 최소한의 잡음으로 산출하기 위해 각 검사를 최적으로 실행하는 방법을 파악했다.

8.2 측정 대상의 이해

성능 검사를 수행할 때에는, 제품의 개발자에게는 구체적인 수치를 제공하고 고객에게는 특정 조건 하에서 해당 제품이 어떤 성능을 내는지 보여줄 수 있는 검사들을 마련하는 것이 도움이 된다. 또한 결과들을 언제든지 재현할 수 있는 반복 가능한 환경을 갖추는 것도 중요하다. 그러나 가장 중요한 것은 검사하고자 하는 것이 무엇인지, 그리고 그 검사들로부터 무엇을 측정할 것인지를 이해하는 것이다.

프로젝트를 시작하고 몇 주 지나자 우리는 전체 시스템에 대해 좀 더 많이 알게 되었으며, 다양한 매개변수들로 검사들을 서로 다른 방식으로 실행하기 시작했다. 이 때 계속해서 제기된 질문은 "이 수치가 무엇을 의미하는가"였다. 이에 대한 답을 얻기란 쉽지 않다. 검사들 중에서는 수 년 전에 만들어진, 그러나 아무런 문서화도 없는 것들이 많았다.

더 나쁜 것은, 자동화된 검사 실행에서 얻은 결과를 지역에서 똑같이 재현하는 것이 불가능했다는 점이다. 조사해 보니 Talos 설비 자체가 계산을 수행하며(페이지 당 최고 수치를 생략하고 나머지 주기들에 대한 평균을 내는 방식으로) 그래프 서버도 계산을 수행한다는(최고 페이지 수치를 생략하고 페이지들의 평균을 내는 방식으로) 점을 알게 되었다. 결과적으로, 훨씬 더 가치있을 역사적 자료가 전혀 남겨지지 않았으며, 그 누구도 시행 중인 검사들을 이해하지 못했다.

그러나 어느 정도 파악이 된 검사가 하나 있긴 했다. 우리는 이 검사가 현재 상위 100개의 웹 사이트들을 정하고 한 번에 한 페이지씩 적재하는 작업을 10번 반복한다는 점을 알고 있었다. Talos는 페이지를 적재하고, `mozAfterPaint` 사건(파이어폭스가 웹 페이지를 위한 캔버스를 그린 후에 발생하는 표준 사건)이 발생하길 기다리고, 페이지를 적재한 시점에서 이 사건이 발생한 시점 사이의 시간을 기록했다. 하나의 검사 실행에서 나온 1000개의 자료점들을 살펴보았는데 명백한 패턴은 없었다. 1000개의 점들을 단 하나의 수치로 축약하고 시간의 흐름에 따라 그 수치를 추적한다고 생각해 보라. 만일 CSS 파싱이 더 빨라졌지만 이미지 적재가 더 느려졌다면 어떨까? 그런 사실을 어떻게 검출해야 할까? 17번 페이지는 느려지고 나머지 99개의 페이지는 이전과 동일하다는 점을 알아 낼 수 있을까? 다음은 원래 버전의 Talos에서 수치들이 어떤 식으로 계산되는지 보여주는 예이다.

우선, 세 페이지의 적재 시간 수치들이 다음과 같다고 하자.

- 페이지 1: 570, 572, 600, 503, 560
- 페이지 2: 780, 650, 620, 700, 750
- 페이지 3: 1220, 980, 1000, 1100, 1200

Talos 설비는 먼저 첫 번째 값을 생략하고 중앙값(median)을 계산한다.

- 페이지 1: 565.5
- 페이지 2: 675
- 페이지 3: 1050

Talos는 이 값들을 그래프 서버에 제출한다. 그래프 서버는 이러한 페이지별 중앙값들 중 최댓값을 제외한 나머지의 평균을 계산해서 하나의 값을 얻는다.

$$(565.5 + 675)/2 = 620.25$$

그래프 서버는 이러한 최종 값들을 시간에 따라 수집해서 그래프를 만든다. 그런데 이런 값들은 단지 성능을 대략적으로만 추측할 수 있는 근사값이라서 별로 유용하지 않다. 게다가 이런 값을 이용해서 회귀를 검출한다면 작업 내역을 거꾸로 짚어가면서 회귀를 유발한 구체적인 페이지를 알아내는(개발자가 고쳐야 할 특정한 문제를 식별하기 위해) 것이 아주 어렵다.

우리는 이 페이지 100개짜리 검사의 자료에서 잡음을 줄이는 것이 가능함을 입증하고자 했다. 그 검사는 페이지를 적재하는 데 걸리는 시간을 검사하므로, 우선 페이지 적재 시간에 영향을 미치는 시스템의 다른 요인들(캐싱 등)을 검사로부터 격리시켜야 했다. 여러 페이지들을 차례로 적재하는 대신 같은 페이지를 여러 번 적재하도록 검사를 변경했다. 이렇게 하면 가장 많이 캐싱된 페이지의 적재 시간을 측정할 수 있다. 이러한 접근방식이 최종 사용자가 실제로 웹을 브라우징할 때의 성능을 말해주지는 않지만, 그래도 기록된 자료의 잡음을 줄이는 데에는 효과가 있었다. 그러나 안타깝게도 주어진 한 페이지에 대한 단 10개의 자료점은 유용한 표본 크기가 아니었다.

표본 크기를 바꾸어 가면서 여러 번 검사를 수행하고 페이지 적재 수치들의 표준 편차를 구해보니, 하나의 페이지를 적어도 20번 이상 적재할 때 잡음이 줄어든다는 점을 알게 되었다. 수많은 실험 끝에 우리는 페이지를 25회 적재하되 처음 5회의 수치는 폐기하는 것이 가장 나은 결과를 낸다는 결론을 얻었다. 여러 페이지 적재 수치들의 표준 편차를 검토해 보았더니 잡음 섞인 결과의 95%가 처음 다섯 번 이내의 적재에서 발생했음을 알 수 있었던 것이다. 그런 처음 다섯 개의 자료점들을 계산에 사용하지는 않지만, 그래도 나중에 필요하면 통계치 계산에 사용하게 될 수도 있으므로 데이터베이스에 저장해 둔다.

이 모든 실험으로부터, Talos가 수행하는 자료 수집에 대해 다음과 같은 새로운 요구 사항들이 제기되었다.

- 수집된 모든 자료를 데이터베이스에 저장해야 한다(중앙값들의 평균만 저장하는 것이 아니라).
- 검사당(구체적으로는 페이지당) 유용한 자료점을 적어도 20개 이상 수집해야 한다.
- 한 페이지의 개선 때문에 다른 어떤 페이지에서 회귀가 일어난 것처럼 보이는 현상을 방지하기 위해, 각 페이지를 반드시 개별적으로 계산해야 한다. 페이지들간의 평균은 구하지 않는다.
- 각 검사마다 담당 개발자를 배정하고 무엇을 왜 수집하는지 문서화한다.
- 검사가 끝나고 결과들이 보고되었을 때, 임의의 주어진 페이지에서 회귀가 있었는지를 명확하게 알 수 있어야 한다.

이러한 새로운 요구사항들을 Talos 시스템 전체에 적용하는 것이 바람직했지만, Talos를 중심으로 자라난 생태계를 이 새로운 모형으로 전환하려면 많은 것을 크게 뜯어고쳐야 했다. 그래서 우리는 시스템을 리팩터링할 것인지 아니면 처음부터 다시 작성할 것인지 결정해야 했다.

8.3 재작성 대 리팩터링

Talos 개선 방안에 대한 연구 결과, 우리는 뭔가 커다란 변화가 필요함을 알게 되었다. 그러나 모질라에서의 Talos에 대한 지난 변경 역사를 보면, 항상 "수치가 깨지는" 것을 꺼리다가 일을 망치는 경우가 많았다. Talos의 여러 부분은 좋은 의도를 가진(당시에는 자신의 추가가 유용하다고 생각한) 기여자들에 의해 만들어진 것이지만, 그런 기여자들은 문서화를 빼먹거나 전체 도구 사슬(tool chain)에 미치는 영향을 간과하는 경우가 많았다. 그러다보니 Talos는 검사와 수정이 어렵고 이해하기도 어려운 짜깁기 코드가 되었다.

코드 기반에서 문서화되지 않은 암흑물질(dark matter)에 대한 우리의 두려움과 새로운 측정들이 기존 측정들과 일관되는지 확인할 필요가 있다는 점이 결합되면서, 우리는 Talos와 그래프 서버를 계속 돌리면서 리팩터링을 병행하기 시작했다. 그러나 얼마 되지 않아 데이터베이스 스키마의 구조를 크게 뜯어고치지 않는다면 그래프 서버 시스템이 성능 검사들로부터 입력된 원본 자료 전체를 소화할 수 없다는 점이 명백해졌다. 게다가 우리는 연구를 통해 얻은 새로운 통계적 방법을 그래프 서버의 뒷단(backend)에 적용할 명확한 방법을 떠올리지 못했다. 결국 우리는 그래프 서버를 완전히 새로 작성하기로 결정했으며, 그 결과로 데이터질라[Datazilla]라는 이름의 프로젝트가 만들어졌다. 자신만의 성능 자동화를 위해 그래프 서버 코드 기반으로부터 분기된 다른 오픈소스 프로젝트들처럼, 이러한 결정은 경솔한 것이 아니었다. Talos 설비 쪽에서도, 우리는 완전히 새로운 원형(prototype)을 만들었다. 그 원형은 기존 코드보다 약 2000줄 정도 적고 간단한 검사를 수행할 수 있는 수준까지 발전했다.

그래프 서버를 처음부터 재작성하는 동안 우리는 새 Talos 검사 실행 원형보다 너무 앞서나가지는 않는지 걱정했다. 특히, 새 접근방식을 기존의 것과 비교할 수 있으려면 수치들을 기존의 방식으로 계산하는 능력을 계속 유지할 필요가 있었다. 그래서 우리는 그 원형을 폐기하고, Talos 설비 자체를 조금씩 수정해서 하나의 데이터 생성기로 바꿔나가되 평균값을 기존의 그래프 서버 시스템에 제출하는 부분은 남겨두었다. 결과적으로 이는 대단히 나쁜 결정이었다. 개별적인 설비를 작성하고 그것을 기존 설비와 비교했어야 했다.

각 페이지에 대해 기존의 자료 흐름과 새로운 측정 방법을 모두 지원하는 것은 어려운 일이었다. 긍정적인 면을 보자면, 그 과정에서 우리는 프레임워크의 내부 코드의 구조를 크게 개선하고 상당히 많은 것들을 간결하게 만들었다. 그러나 이 모든 부분적인 수정을 실행 중인 자동화 시스템에 대해 수행해야 했기 때문에 지속적 통합 장비와 관련해서 여러 가지 문제점들이 발생했다.

기존 코드는 그대로 남겨두고, 프레임워크로서의 Talos와 그 보고 시스템으로서의 데이터질라를 처음부터 병행해서 개발했다면 훨씬 좋았을 것이다. 특히 배치(staging) 단계에서는, 향후 데이터질라 시스템을 위한 개발 자료의 생성과의 연동(자동화 실행 시의)을 신경쓰지 않았다면 새로운 시스템의 배치가 훨씬 쉬웠을 것이다. 우리는 설계의 규모가 제대로 확장됨을 보장하기 위해서는 실제 빌드들과 실제 적재들로 검사 자료를 생성할 필요가 있고, 그러려면 반드시 그런 연동이 필요하다고 생각했다. 우리의 프로젝트가 6개월로 끝나지 않고 1년이나 걸릴 것을 미리 알았다면 아마 Talos와 결과 보고 프레임워크를 처음부터 다시 작성했을 것이다.

8.4 성능 문화 만들기

Talos는 하나의 오픈소스 프로젝트이기 때문에 다른 개발자들이나 프로젝트들이 제시하는 착안이나 비평을 받아들일 수 있어야 한다. 우리에게 작업 방향을 지시해주는 관리자는 없다. 가능한 한 많은 정보를 얻고 올바른 결정을 내리기 위해서는 서로 다른 여러 팀의 여러 사람들의 힘을 빌릴 필요가 있었다. 프로젝트 초창기에 개발팀은 Talos 프레임워크를 다루는 개발자 두 명과 데이터질라/그래프 서버를 다루는 개발자 두 명, 그리고 측정 팀에서 차출한 통계학자 두 명으로 구성되었다. 우리는 이 프로젝트를 처음부터 자원봉사자들에게 개방했으며, 수많은 새로운 얼굴을 모질라로 영입했고 자신의 프로젝트에서 그래프 서버와 일부 Talos 검사들을 다루어 본 다른 개발자들도 끌어들였다. 그들과 함께 일하면서 잡음이 적은 결과를 내는 검사 구성이 어떤 것인지 차츰 이해하게 되자 우리는 여러 모질라 개발자들을 프로젝트에 포함시켰다. 우리가 수많은 변경 사항을 제시했던 만큼, 그들과의 첫 회의가 다소 덜컹거렸던 것은 이해할만한 일이었다. 앞에서 말한 Talos의 '미스테리' 때문에, 성능에 신경을 많이 쓰는 수많은 개발자들을 설득하기가 쉽지 않았다.

특히 설득하기 어려웠던 중요한 사항은 시스템의 커다란 부분을 다시 작성하는 것이 바람직한 일이며, 그냥 "제자리에서 고치는" 것은 불가능하다는 점이었다. 대부분은 기존 시스템을 조금씩 고치면 어떻겠냐는 반응을 보였지만, 막상 바탕 시스템이 어떻게 작동하는지 파악하고 있는 사람은 아무도 없었다. 우리는 여러 자료를 발표하고 우리의 회의에 많은 사람을 초대했으며 특별한 일회성 회의도 열었다. 또한 블로그나 게시판, 트위터 등등 우리의 뜻을 알리기 위해 모든 수단을 동원했다. 더 나은 시스템을 만든다고 해도 아무도 사용하지 않는다면 소용이 없으므로, 할 수 있는 일은 모두 해야 했다. Talos 잡음 문제를 처음으로 검토한 후 1년이 지나자 우리의 노력이 성과를 보이기 시작했다. 이제 개발자들은 우리의 새 릴리스를 기다린다. 리팩터링을 거친 현재의 Talos 프레임워크는 깔끔한 내부 구조를 갖추고 있으며 데이터질라와 기존 그래프 서버에 동시에 결과를 보고한다. 데이터질라는 우리가 추구하는 규모의 자료(6개월 당 1TB)를 처리할 수 있음이 입증되었으며, 데이터질라의 계산 결과들이 측정치들과 부합한다는 점도 검증되었다. 더욱 신나는 일은, 모질라 코드 트리에 변화가 있을 때마다 실시간으로 회귀/개선 분석을 제공할 수 있다는 점이다. 이는 개발자들에게 아주 큰 도움이 된다.

정리하자면, 누군가가 파이어폭스의 코드를 변경하면 Talos는 다음과 같은 일을 수행한다.

- Talos는 각 페이지마다 25개의 자료점을 수집한다.
- 그 수치들을 모두 데이터질라에 제출한다.

- 데이터질라는 처음 다섯 개의 자료점을 폐기한 후 통계 분석을 수행한다. (잡음의 95%가 처음 다섯 개의 자료점에서 발견된다.)

- Welch의 T-Test[1]를 이용해서 그 수치들을 분석한다. 특히, 이전 코드 변경의 경향들과 비교할 때 페이지당 자료에 특이한 사항이 없는지 점검한다.

- T-Test 분석의 모든 결과를 가양성 발견률(False Discovery Rate) 필터[2]로 거른다. 이에 의해 데이터질라가 단지 잡음 때문에 생긴 가양성(false positive) 결과를 검출할 수 있게 된다.

- 마지막으로, 그러한 결과가 허용 범위 이내이면 데이터질라는 결과들에 지수적 평활화(exponential smoothing) 알고리즘[3]을 적용해서 새로운 경향선(trend line)을 생성한다. 결과가 허용 범위 바깥이면 새로운 경향선은 생성하지 않고 해당 페이지를 실패로 표시한다.

- 통과된 페이지들의 비율에 기초해서 전반적인 통과/실패 수치를 결정한다. 통과된 페이지가 95% 이상이면 '통과'이다.

이러한 결과들은 실시간으로 다시 Talos 설비로 반환되며, 그러면 Talos는 성능 회귀가 있었는지의 여부를 빌드 스크립트에게 보고한다. 이 모든 과정이 매 분마다 10~20회의 Talos 실행으로 이루어진다(그래서 자료의 양이 1TB이다). 또한 계산들의 갱신과 통계치들의 저장도 이와 동시에 일어난다.

이러한 솔루션이 기존 솔루션을 확실히 대체할 수 있는지 확인하기 위해서는 파이어폭스의 완전한 릴리스에 대해 두 시스템을 모두 실행해 보아야 한다. 이러한 공정을 통해서 원래의 그래프 서버가 보고한 모든 회귀를 새 시스템도 보고하는지 확인할 수 있으며, 그것이 데이터질라의 보고와도 일치하는지 확인할 수 있다. 데이터질라는 검사 모음 단위가 아니라 페이지 단위로 결과를 보고하므로, 새로운 UI와 회귀 보고 방식에 적응하는 데 시간이 조금 필요할 것이다.

---

1   https://github.com/mozilla/datazilla/blob/2c369a346fe61072e52b07791492c815fe316291/vendor/dzmetrics/ttest.py

2   https://github.com/mozilla/datazilla/blob/2c369a/vendor/dzmetrics/fdr.py

3   https://github.com/mozilla/datazilla/blob/2c369a346fe61072e52b07791492c815fe316291/vendor/dzmetrics/data_smoothing.py

돌이켜 보면 기존의 Talos 장비를 완전히 대체하는 것이 더 빨랐을 것이다. 그러나 Talos를 리팩토링한 덕분에 모질라는 수많은 새로운 기여자들을 Talos 프로젝트에 끌어들일 수 있었다. 또한 리팩토링을 통해서 우리는 검사들을 더 잘 이해하게 되었으며, 이는 수많은 잘못된 검사들을 고치고 별로 쓸모 없는 검사들을 비활성화하는 것으로 이어졌다. 따라서, 재작성이냐 리팩터링이냐를 따질 때 소비된 시간이 유일한 비교 기준은 아니다.

8.5 결론

작년에 우리는 모질라의 성능 검사 자동화의 모든 부분을 파헤쳤다. 검사 설비와 보고 도구를 분석했으며 생성된 결과들의 통계적 건전성을 점검했다. 그 한 해 동안 우리는 Talos 프레임워크의 유지보수와 실행, 설정, 실험적 패치의 점검을 더 쉽고 간단하게 만들고 오류의 여지를 줄이는 방법을 파악하고 적용했다. Talos와 향후의 임의의 성능 자동화에서 얻은 모든 성능 수치를 저장하고 조회하기 위한 확장성 있는 시스템인 데이터질라를 만들었으며, 성능 통계 분석 방식을 갈아 엎고, 통계적으로 유용한 코드 변경별 회귀/개선 검출 방법을 만들었다. 이 모든 시스템을 더 사용하기 쉽고 더 개방적으로 만들어서 세상의 그 어떤 기여자도 손쉽게 우리의 코드를 살펴볼 수 있게 했으며, 심지어 우리의 성능 자료에 대해 새로운 통계 분석 방식을 시험해 볼 수 있게 했다. 프로젝트의 이정표(milestone)마다 자료를 끈질기게 다시 검토하고 결정적이지 않거나 유효하지 않은 자료를 기꺼이 폐기한 것은 이 거대한 프로젝트를 추진하면서 우리의 초점을 유지하는 데 도움이 되었다. 모질라의 여러 개발팀에서 사람들을 영입하고 수많은 자원봉사자들을 끌어들인 것은 우리의 노력이 실제로 성과를 내는 데 도움이 되었으며, 모질라가 추진하는 여러 영역에서 성능 감시와 자료 분석을 다시 살리는 데에도 도움이 되었다. 그 결과로 좀 더 자료주도적이고 성능에 초점을 두는 문화가 생겨났다.

제9장

Zotonic

아르얀 스헤르페니서Arjan Scherpenisse, 마크 워렐Marc Worrell

9.1 Zotonic 소개

Zotonic은 웹 개발에 필요한 앞단(frontend)에서 뒷단(backend)까지의 전체 스택(full stack)을 제공하는 오픈소스 프레임워크이다. 이 프레임워크는 소수의 핵심 기능성들을 바탕으로 가볍지만 확장성 있는 내용 관리 시스템(Content Management Sysetem, CMS)을 구현한다. Zotonic의 주된 목표는 "상자에서 꺼내자마자" 잘 수행되는 웹 사이트를 쉽게 만들 수 있게 하는 것, 즉 처음부터 규모가변성이 좋은 웹 사이트를 만들 수 있게 하는 것이다.

Zotonic은 Django나 Drupal, Ruby on Rails, Wordpress 같은 여러 웹 개발 프레임워크들과 비슷한 특징과 기능성을 가지고 있다. 그러나 Zotonic의 주된 경쟁력은 바로 Zotonic에 쓰인 언어인 Erlang에서 비롯된다. 원래 전화 교환기 구축을 위해 개발된 이 언어 덕분에 Zotonic이 오류내구성을 갖추고 훌륭한 성능 특성을 보이게 되었다.

이 책의 제목에서 짐작했겠지만 이번 장은 Zotonic의 성능에 초점을 둔다. 먼저 Erlang을 프로그래밍 플랫폼으로 선택한 이유를 살펴본 후 HTTP 요청 스택을 조사하고,

Zotonic에 쓰인 캐싱^{caching} 전략들을 논의한다. 마지막으로는 Zotonic의 부분 모듈들과 데이터베이스에 적용한 최적화들을 설명한다.

9.2 왜 Zotonic인가? 왜 Erlang인가?

Zotonic 프로젝트는 2008년에 시작되었다. 다른 여러 프로젝트들과 마찬가지로, 이 프로젝트는 "가려운 곳을 긁는" 것으로 출발했다. Zotonic의 주 아키텍트인 Marc Worrell은 7년 간 Amsterdam의 Mediamatic Lab에서 Anymeta라는 제품을 개발했다. PHP/MySQL로 작성된, Drupal 비슷한 CMS인 Anymeta의 주된 패러다임은 시스템의 모든 것을 범용적인 '개체'들로 모형화함으로써 '의미적 웹(Semantic Web)에 대한 실용적 접근방식'을 구현한다는 것이었다. 그런 목표를 이루긴 했지만, 구현들에 규모가변성(scalability) 문제가 있었다.

　　Mediamatic을 나온 후 Marc는 수 개월간 Anymeta와 비슷한 자신만의 CMS를 처음부터 다시 설계했다. Zotonic의 주된 설계 목표는 앞단 개발자들이 사용하기 쉬워야 하고 실시간 웹 인터페이스들을 손쉽게 개발할 수 있어야 하며, 오래 지속되는 연결들과 짧은 요청들을 동시에 허용해야 하며, 잘 정의된 성능 특성들을 가져야 한다는 것이었다. 더욱 중요하게는, 기존의 웹 개발 접근방식들의 성능을 제한하는 가장 흔한 문제점들을 해결해야 한다는 것이었다. 이를테면 '슬래시닷 효과'(Slashdot effect; 방문자들이 갑자기 많이 몰리는 것)를 견딜 수 있어야 했다

전통적인 PHP+아파치 접근방식의 문제점

전통적인 설정에서 PHP는 아파치^{Apache} 같은 컨테이너 웹 서버 안에서 하나의 모듈로 실행된다. 요청이 들어올 때마다 아파치는 요청을 처리하는 방법을 결정한다. PHP 요청인 경우에는 mod_php5를 시동한다. 그러면 PHP 해석기(interpreter)가 PHP 스크립트의 해석을 시작한다. 이런 방식에서는 시동에 잠복지연이 존재한다. 대체로 그런 시동에만 5ms가 소비되며, 그런 다음 해석기의 PHP 코드 실행이 완료되기까지에도 시간이 소비된다. 이 문

제는 PHP 스크립트를 미리 컴파일해 두고 실행시점에서 해석기를 거치지 않고 코드를 실행하는 방식의 PHP 가속기를 이용하면 완화된다. PHP 시동 추가부담을 PHP-FPM 같은 프로세스 관리자를 이용해서 완화할 수도 있다.

그렇긴 하지만 이런 방식의 시스템들은 여전히 아무것도 공유하지 않는 아키텍처에서 비롯되는 문제를 겪는다. 데이터베이스와 연동되는 스크립트는 매번 데이터베이스와의 연결을 준비해야 한다. 다른 입출력 자원들 역시 요청들 사이에서 공유하지 못하고 매번 새로 마련해야 한다. 이를 극복하기 위해 영속적인 연결을 제공하는 모듈들이 많이 있긴 하지만, PHP에서 이 문제에 대한 일반적인 해법은 존재하지 않는다.

오래 유지되는 클라이언트 연결들을 처리하는 것 역시 어렵다. 그런 연결들을 위해서는 매 요청마다 개별적인 웹 서버 스레드나 프로세스가 필요하기 때문이다. 아파치와 PHP-FPM의 조합에서는 오래 유지되는 동시적 연결들이 많아짐에 따라 규모가 원활하게 확장되지 않는다.

현대적인 웹 프레임워크에 대한 요구사항들

현대적인 웹 프레임워크가 HTTP를 통해서 제공하는 내용은 크게 세 종류이다. 첫째로, 동적으로 생성되는 페이지들이 있다. 이들은 동적으로 제공되며, 템플릿 처리기를 통해서 생성되는 경우가 많다. 둘째로 정적인 내용이 있다. 이들은 시간에 따라 변하지 않는 작고 큰 파일들이다(JavaScript, CSS, 매체 파일 등). 셋째로는 오래 유지되는 연결을 통해서 제공되는 자료들이 있다. 상호작용성 증가나 페이지들 사이의 양방향 통신을 지원하기 위해 웹소켓을 사용하거나 오랫동안 요청을 반복한다.

Zotonic을 만들기 전에 우리는 우리의 설계 목표들(고성능, 개발자 친화성)을 만족하며 전통적인 웹 서버 시스템들에 연관된 병목(bottleneck)들을 피할 수 있는 소프트웨어 프레임워크와 프로그래밍 언어를 찾아보았다. 이상적으로, 그러한 프레임워크 또는 언어는 다음과 같은 요구사항들을 만족해야 한다.

- 동시성: UNIX 프로세스 개수나 OS 스레드 개수에 제한되지 않는 많은 수의 연결들을 동시에 지원해야 한다.

- 자원 공유: 요청들 사이에서 자원들을 저렴하게 공유하는 메커니즘을 갖추어야 한다(캐싱, DB 연결 등).
- 즉석 코드 갱신: 개발 편의 및 운영 중인 시스템의 즉석 업그레이드를 위해, 실행 중인 시스템을 재시작하지 않고도 변경된 코드를 배치할 수 있으면 좋다.
- 다중 코어 CPU 지원: 현재의 CPU들이 클록 속도 증가보다는 코어 수 증가에 치중하는 만큼, 현대적인 시스템은 코어 개수에 따른 규모확장성을 갖추어야 한다.
- 오류내구성(fault tolerance): 시스템은 예외적인 상황이나 '오작동하는' 코드, 비정상적인 상태, 자원 고갈 등을 처리할 수 있어야 한다. 이상적으로는, 일종의 감독(supervison) 메커니즘이 고장 난 부분을 감지하고 재시작함으로써 오류내구성을 갖추는 것이 좋다.
- 분산성: 이상적으로, 성능 향상과 하드웨어 고장 대비를 위해 시스템에 다수의 노드들에 대한 분산을 지원하는 기능이 내장되어 있어야 하며, 그런 기능을 설정하기 쉬워야 한다.

해답은 Erlang

우리가 알기로 이러한 요구사항들을 "상자에서 꺼낼 때부터" 바로 지원하는 언어는 Erlang뿐이다. Erlang VM과 Erlang의 OTP(Open Telecom Platform)의 조합은 우리에게 필요한 모든 기능을 제공했으며, 지금도 제공하고 있다.

Erlang(의 거의 대부분)은 함수적 프로그래밍 언어(functional programming language; 소위 함수형 언어)이자 실행시점 시스템이다. Erlang/OTP 응용 프로그램들은 원래 전화 교환기를 위해 개발된 것으로, 오류내구성과 동시성이 뛰어난 것으로 알려졌다. Erlang은 행위자(actor) 기반 동시성 모형을 사용한다. 각각의 행위자는 가벼운 '프로세스'(녹색 스레드)이고, 프로세스들 사이의 상태 공유는 오직 메시지 전달을 통해서만 일어난다. OTP는 표준 Erlang 라이브러리들의 집합으로, 무엇보다도 오류내구성과 프로세스 감독 능력을 제공한다.

오류내구성은 이 시스템의 프로그래밍 패러다임의 핵심에 놓여 있다. 시스템의 주된 철학은 **폭주하게 놔두라**(let it crash)이다. 프로세스들이 어떠한 상태도 공유하지 않으므로(상태 공유를 위해서는 반드시 서로 메시지를 주고받아야 한다), 한 프로세스의 상태는 다른 프로세스들과 완전히 격리된다. 따라서 한 프로세스가 폭주해도 시스템이 죽는 일은 없다. 한 프로세스가 폭주하면 감독 프로세스가 그 프로세스를 재시작할 수 있다.

　폭주하게 놔두라라는 철학 덕분에 개발자는 프로그램을 작성할 때 잘 되는 경우에만 집중할 수 있다. 패턴 부합과 함수 보호기(guard)를 이용해서 온전한 상태를 보장함으로써 오류 처리 코드의 양을 줄일 수 있으며, 그러면 코드가 좀 더 깔끔하고, 간결하고, 읽기 쉬워진다.

9.3　Zotonic의 구조

Zotonic의 성능 최적화를 논의하기 전에 우선 Zotonic의 전반적인 구조를 살펴보자. 그림 9.1에 Zotonic의 가장 중요한 구성요소들이 나와 있다.

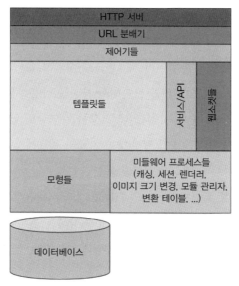

그림 9.1　Zotonic의 구조

　이 도식은 하나의 HTTP 요청이 거쳐 가는 Zotonic의 여러 계층을 보여준다. 성능 문제점을 논의하려면 이 계층들이 어떤 것이고 성능에 어떤 영향을 주는지 알아야 한다.

우선, Zotonic에는 Mochiweb(이 역시 Erlang의 한 프로젝트이다)이라는 웹 서버가 내장되어 있다. 따라서 외부 웹 서버를 따로 마련할 필요가 없다. 이 덕분에 배치(deployment)의 존성이 최소화된다.[1]

다른 여러 웹 프레임워크에서처럼, 요청을 특정 제어기에 대응시키기 위한 URL 분배 시스템이 존재한다. 제어기(controller)들은 각 요청을 REST 방식으로 처리하는데, 이때 Webmachine이라는 라이브러리가 쓰인다.

제어기들은 의도적으로 '멍청하게' 만들어져 있다. 즉, 제어기들에는 응용 프로그램을 위한 구체적인 논리가 별로 들어 있지 않다. Zotonic은 일단의 표준 제어기들을 제공하며, 기본적인 웹 응용 프로그램을 만드는 데에는 그런 제어기들로 충분한 경우가 많다. 예를 들어 주어진 템플릿을 렌더링함으로써 HTTP GET 요청에 대해 응답하는 것을 유일한 목적으로 하는 `controller_template`라는 제어기가 있다.

템플릿 기능에 쓰이는 템플릿 언어는 ErlyDTL인데, 이는 잘 알려진 Django 템플릿 언어를 Erlang으로 구현한 것이다. Zotonic은 템플릿이 자료 요청을 주도한다는 일반적인 원칙을 가지고 있다. 템플릿은 자신에게 어떤 자료가 필요한지 결정하고 모형(model)들로부터 그 자료를 가져온다.

모형은 데이터베이스를 비롯한 여러 자료원으로부터 자료를 가져오는 함수들을 노출한다. 모형은 템플릿에게 하나의 API를 노출해서 자신을 사용하는 방법을 템플릿에게 알려준다. 모형은 또한 자신의 결과를 메모리에 저장하는 역할도 담당한다. 언제 무엇을 얼마나 오래 캐시에 담아 둘지를 모형이 결정한다. 자료가 필요해지면 템플릿은 모형을 호출해서 전역적으로 사용 가능한 변수가 있는지 묻는다.

모형은 특정한 자료를 책임지는 하나의 Erlang 래퍼(wrapper) 모듈이다. 모형 모듈은 자료를 응용 프로그램에 필요한 방식으로 조회하고 저장하는 필수적인 함수들을 포함한다. 예를 들어 Zotonic의 중심 모형은 `m.rsc`라는 것인데, 이 모형은 일반적 자원('페이지') 자료

---

1   그러나 경우에 따라서는 또 다른 웹 서버를 앞단에 배치하는 것도 가능하다. 예를 들어 다른 웹 시스템들이 같은 서버에서 이미 실행되는 경우에 그렇다. 그러나 보통의 경우에는 그렇게 할 필요가 없다. 다른 프레임워크들에서는 Varnish 같은 캐싱 웹 서버를 자신의 응용 서버 앞에 두고 정적 파일들을 제공함으로써 성능을 최적화하는 경우가 많지만, Zotonic에서는 그렇게 해도 요청들의 처리 속도가 크게 증가하지 않는다. Zotonic 자체가 이미 정적 파일들을 메모리 내부에서 캐싱하기 때문이다.

모형에 대한 접근을 제공한다. 자원들은 데이터베이스를 사용하므로, m_rsc.erl은 데이터베이스 연결을 이용해서 자신의 자료를 조회하고 그것을 템플릿에게 넘겨주며, 가능하다면 그 자료를 캐시에 보관한다.

이러한 "템플릿이 자료를 주도한다"는 접근방식은 Rails나 Django 같은 다른 웹 프레임워크와는 차별화된 특징이다. 그런 웹 프레임워크들은 제어기가 자료를 템플릿에 배정하는, 좀 더 고전적인 MVC 접근방식을 따른다. Zotonic은 그러한 '제어기 중심적' 성격이 약하기 때문에, 전형적인 웹사이트는 그냥 템플릿들만 작성해서 구축할 수 있다.

Zotonic은 자료 영속성을 위해 PostgreSQL을 사용한다. PostgreSQL을 선택한 이유는 §9.8에서 설명하겠다.

Zotonic의 추가적인 개념들

이번 장의 주된 초점이 웹 요청 스택의 성능 특성이긴 하지만, Zotonic의 심장부에 있는 다른 몇 가지 개념들도 알아두면 유용할 것이다.

가상 호스팅: 일반적으로 하나의 Zotonic 인스턴스로 여러 개의 사이트를 처리한다. 가상 호스팅(virtual hosting)을 염두에 두고 설계된 Zotonic은 도메인 별칭과 SSL을 지원한다. 그리고 Erlang의 프로세스 격리 특징 덕분에 한 사이트가 죽어도 같은 VM에서 실행되는 다른 사이트에는 영향이 미치지 않는다.

모듈: 모듈은 Zotonic에서 기능성을 묶는 수단이다. 각 모듈은 개별적인 디렉터리를 차지한다. 각 모듈 디렉터리에는 Erlang 파일들과 템플릿들, 기타 자산 파일들이 담긴다. 모듈을 사이트별로 활성화하는 것도 가능하다. 모듈을 관리 시스템에 끼어 넣을 수도 있다. 예를 들어 mod_backup 모듈은 페이지 편집기에 버전 관리 기능을 추가하며, 또한 일일 전체 데이터베이스 백업도 실행한다. 또 다른 모듈인 mod_github는 하나의 webhook을 제공하는데, 이 webhook은 GitHub로부터 Zotonic 사이트를 가져와서 재구축, 재적재하는 기능을 가지고 있다. 이를 통해서 지속적 배치가 가능하다.

통지: 느슨한 결합(coupling)과 코드 확장성을 위해, 모듈들과 핵심 구성요소들 사이의

통신은 통지 메커니즘을 통해서 이루어진다. 이 메커니즘은 특정한 이름을 가진 통지의 관찰자(observer)들에 대한 맵(map) 또는 폴드(fold)로서 작용한다. 맵인지 폴드인지는 호출하는 함수가 지정한다. 예를 들어 admin_menu 통지는 모듈들에 대한 폴드이다. 이에 의해 모듈들이 메뉴 항목을 관리 메뉴에 추가하거나 제거할 수 있다.

자료 모형: Zotonic이 사용하는 주된 자료 모형은 "모든 것은 노드이다(everything is a node)"라는 Drupal의 노드 모형에 비유할 수 있다. 이 자료 모형은 계통적으로 분류된 자원들로 이루어지는데, 각각의 자원은 이름표 붙은 간선(edge)을 통해서 다른 자원들과 연결된다. 영감의 원천인 Anymeta CMS처럼 이 자료 모형은 느슨하게나마 의미적 웹의 원리들에 기초한다.

Zotonic은 확장성 시스템이며, 시스템에 추가된 모든 부분은 성능에 영향을 미친다. 예를 들어 웹 요청들을 가로채는 모듈을 추가해서 각 요청마다 뭔가를 수행한다고 하자. 그러한 모듈은 시스템 전체의 성능에 영향을 줄 수 있다. 그러나 이번 장에서는 그런 추가 모듈에 의한 성능 문제는 고려하지 않고, 핵심적인 성능 문제점들에 집중한다.

9.4 문제 해결: 슬래시닷 효과에 맞서기

대부분의 웹 사이트는 웹 어딘가의 작은 장소에서 평범한 삶을 살아간다. 그러나 사이트의 한 페이지가 CNN이나 BBC, Yahoo 같은 인기 있는 웹사이트의 시작 페이지에 언급되면 상황이 달라진다. 그런 경우 웹 사이트의 소통량(traffic)이 순식간에 엄청나게 증가한다. 초당 페이지 요청 수가 초당 수십에서 수백, 심지어 수천으로 치솟게 된다.

요청 수가 이처럼 급격하게 치솟으면 전통적인 웹 서버는 과부하가 걸려서 서비스를 중지하게 된다. 웹 사이트가 이런 종류의 압도적인 참조에 영향을 받는 것을 흔히 '슬래시닷 효과'*라고 부른다. 과부하가 걸린 서버를 재시작하는 것조차 대단히 힘든 경우도 있

★ **역주** 지금은 Digg(http://digg.com)나 reddit(http://reddit.com)에 좀 가려졌지만 그래도 여전히 인기 있는 소식 공유 사이트인 Slashdot(http://slashdot.org)에서 비롯된 이름이다. 국내에서는 '네이버 폭탄'이나 '다음 폭탄' 같은 용어가 쓰이기도 한다(직접적인 페이지 링크보다는 실시간 검색어에 관련된 경우가 더 많겠지만).

다. 새로 시작된 서버는 캐시가 비어 있고, 데이터베이스 연결들도 없고, 컴파일되지 않은 템플릿들도 있고 해서 요청들을 감당하기가 더 힘들어진다.

수많은 익명 방문자들이 거의 같은 시간에 정확히 동일한 페이지를 요청한다고 해서 반드시 서버에 과부하가 걸려야 하는 것은 아니다. 이런 문제는 페이지의 정적 복사본을 캐시에 담아 두고 가끔씩만 페이지 갱신 여부를 점검하는 Varnish 같은 캐싱 대리 서버를 이용해서 쉽게 해결할 수 있다.

그러나 각 방문자마다 동적인 페이지를 제공해야 하는 경우에는 소통량의 급격한 증가를 해결하기가 좀 더 어렵다. 그런 페이지들은 캐시에 담아 둘 수 없기 때문이다. 우리는 Zotonic에서 이 문제를 해결하기로 결심했다.

우리는 대부분의 웹 사이트에 다음과 같은 특징이 있음을 알게 되었다.

- 아주 인기 있는 페이지들은 그 수가 많지 않다.
- 훨씬 덜 인기 있는 페이지들이 긴 꼬리(long tail)를 형성한다.
- 모든 페이지는 많은 부분을 공유한다(메뉴, 가장 많이 읽은 항목, 최신 소식 등등).

우리는 다음과 같은 해결책을 구현하기로 했다.

- '뜨거운' 자료를 메모리에 캐싱해 두어서, 그런 자료에 접근할 때에는 통신이 필요하지 않도록 한다.
- 템플릿 및 부분 템플릿의 렌더링 결과를 요청들 사이에서, 그리고 웹 사이트의 여러 페이지들 사이에서 공유한다.
- 서버의 시동 및 재시동 시 과부하가 걸리지 않게 만드는 것을 염두에 두고 시스템을 설계한다.

뜨거운 자료(hot data)의 캐싱

몇 밀리초 전에 다른 요청에 의해 이미 조회된 자료는 외부 자료원(데이터베이스나 memcached 등)으로부터 다시 조회할 필요가 없다. Zotonic은 간단한 자료 요청들을 항상 캐시에 보관한다. 캐싱 메커니즘의 구체적인 사항은 다음 절에서 논의하겠다.

템플릿 및 부분 템플릿의 렌더링 결과를 페이지들 사이에서 공유

페이지나 페이지에 포함된 템플릿을 렌더링할 때 개발자는 선택적인 캐싱 지시문을 추가할 수 있다. 그러면 렌더링 결과가 일정 기간 동안 캐시에 보관된다.

캐싱은 우리가 **메모화**(memoization) 기능이라고 부르는 것으로 시작된다. 템플릿 렌더링 시 여러 프로세스가 동일한 렌더링을 요청하면, 더 늦게 요청한 프로세스들의 처리가 유보된다. 렌더링이 끝나면 대기 중인 모든 프로세스에게 렌더링 결과가 전달된다.

메모화만으로도(다른 추가 캐싱 없이) 병렬 템플릿 처리량이 크게 줄어서 성능이 많이 향상된다.

서버 시동·재시동 시 과부하 방지

Zotonic은 의도적으로 여러 가지 병목들을 도입한다. 이 병목들은 제한된 자원들을 사용하거나 실행 비용이 큰(CPU나 메모리 사용량 면에서) 프로세스들에 대한 접근을 제한한다. 현재 병목들은 템플릿 컴파일러, 이미지 크기 변경 프로세스, 데이터베이스 연결 풀에 설정되어 있다.

이러한 병목들은 요청된 동작을 수행하는 일꾼(worker) 풀의 크기를 제한하는 방식으로 구현된다. 이미지 크기 변경처럼 CPU나 디스크를 많이 사용하는 작업에 대해서는 요청들을 단 하나의 프로세스가 처리한다. 처리할 요청이 있는 프로세스들은 자신의 요청을 Erlang의 처리 요청 대기열에 제출하고 그 요청이 처리되길 기다린다. 시간이 만료되어도 요청이 처리되지 않으면 그냥 폭주한다. 요청이 폭주하면 클라이언트에게는 HTTP 상태 503 *Service not available*(서비스 불가)이 반환된다.

대기 중인 프로세스는 자원을 많이 사용하지 않으며, 템플릿이 변하거나 '뜨거운' 페이지의 이미지가 대체되어서 잘리거나 크기가 변해도 병목 때문에 과부하가 방지된다.

간단히 말하면, 서버가 바쁘게 돌아가는 도중에도 템플릿과 내용, 이미지를 여전히 동적으로 갱신할 수 있으며, 그래도 서버에 과부하에 걸리는 일이 없다. 게다가 개별 요청들이 폭주해도 시스템 자체는 계속해서 가동된다.

데이터베이스 연결 풀

데이터베이스 연결에 관해 한 마디 덧붙이고자 한다. Zotonic에서 프로세스는 각각의 질의나 트랜잭션마다 데이터베이스 연결 풀에서 연결 하나를 가져온다. 이 덕분에 다수의 동시적인 프로세스들이 아주 제한된 개수의 데이터베이스 연결을 공유할 수 있다. 이는 요청이 완료될 때까지는 요청에 쓰이는 데이터베이스 연결을 닫지 못하는 다른 대부분의 (PHP) 시스템들과 차별화되는 특징이다.

Zotonic은 일정 시간 동안 쓰이지 않은 데이터베이스 연결들을 닫는다. 단, 들어온 요청이나 배경 활동을 항상 빠르게 처리할 수 있도록 연결 하나는 열어 둔다. 대부분의 Zotonic 웹 사이트들에서, 동적 연결 풀 덕분에 열린 데이터베이스 연결의 수가 극적으로 줄어든다(한두 개 정도로).

9.5 캐싱 계층들

캐싱에서 가장 어려운 부분은 무효화(invalidation), 즉 캐싱된 자료를 신선하게 유지하고 묵은 자료는 폐기하는 것이다.

이번 절에서는 Zotonic의 캐싱 메커니즘을 하향식으로, 즉 브라우저에서 시작해서 스택을 거쳐 데이터베이스로 내려가면서 설명한다.

클라이언트 쪽 캐싱

클라이언트 쪽 캐싱은 브라우저가 담당한다. 브라우저는 이미지들과 CSS, JavaScript 파일들을 캐싱한다. Zotonic은 HTML 페이지의 클라이언트 쪽 캐싱을 허용하지 않는다. Zotonic은 모든 페이지를 항상 동적으로 생성하기 때문이다. 서버 쪽의 HTML 페이지 캐싱은 아주 비효율적이며(앞 절에서 설명했듯이), HTML 페이지를 캐싱하지 않으면 사용자가 로그인 또는 로그아웃하거나 의견을 올린 후에 기존 페이지가 나타나는 문제를 방지할 수 있다.

Zotonic은 클라이언트 쪽 성능을 다음 두 가지 방식으로 향상시킨다.

1. 정적 파일들(CSS, JavaScript, 이미지 등등)의 캐싱을 허용한다.
2. 하나의 응답에 여러 개의 CSS나 JavaScript 파일들을 포함시킨다.

첫 항목은 응답에 다음과 같은 모습의 적절한 HTTP 헤더를 포함시켜서 실현한다.[2]

```
Last-Modified: Tue, 18 Dec 2012 20:32:56 GMT
Expires: Sun, 01 Jan 2023 14:55:37 GMT
Date: Thu, 03 Jan 2013 14:55:37 GMT
Cache-Control: public, max-age=315360000
```

여러 개의 CSS나 JavaScript 파일들을 하나의 파일로 합쳐서 전송하는 기능에는 다음과 같이 개별 파일들을 틸드(~)로 연결한 형태의 URL이 쓰인다. 이때 경로는 이전 파일에 비해 다른 부분만 명시하면 된다.

```
http://example.org/lib/bootstrap/css/bootstrap
  ~bootstrap-responsive~bootstrap-base-site~
  /css/jquery.loadmask~z.growl~z.modal~site~63523081976.css
```

끝의 수치는 목록의 가장 최신 파일의 타임스탬프이다. 이러한 형태의 CSS 링크나 JavaScript script 태그는 템플릿 태그 {% lib %}를 통해서 생성된다.

서버 쪽 캐싱

Zotonic은 커다란 시스템이며, 시스템의 여러 부분들이 나름의 형태로 캐싱을 수행한다. 그럼 가장 흥미로운 부분 몇 가지를 살펴보자.

---

2   Zotonic이 ETag를 설정하지 않음을 주목하기 바란다. 파일의 모든 용도에 대해 서버에 요청을 보내서 ETag를 점검하는(그러면 캐싱을 통해서 요청 수를 줄이고자 하는 의도가 무산된다) 브라우저들이 있기 때문이다.

정적 CSS, JS, 이미지 파일들

정적 파일들을 처리하는 제어기는 그런 파일들을 어느 정도 최적화된 방식으로 처리한다. 제어기는 여러 파일들이 하나로 합쳐진 요청 문자열을 분해해서 개별 파일들의 목록을 만들어 낸다.

제어기는 If-Modified-Since 헤더를 점검해서 필요하다면 HTTP 상태 304 *Not Modified*(수정되지 않음)를 보낸다.

첫 요청에서 제어기는 정적 파일들의 모든 내용을 하나의 바이트 배열(Erlang의 *binary*)[3]로 합친다. 이 바이트 배열을 중앙 depcache(§9.5 참고)에 압축된(gzip 적용) 형태와 압축되지 않은 형태로 보관해 둔다. Zotonic은 브라우저가 보낸 Accept-Encoding 헤더의 값에 기초해서 압축된 버전과 압축되지 않은 버전 중 하나를 제공한다.

이러한 캐싱 메커니즘은 다른 여러 캐싱 대리(proxy) 모듈들과 비슷한 성능을 낼 정도로 효율적이며, 게다가 웹 서버가 완전히 제어할 수 있다. 이전에 우리는 Zotonic의 한 버전을 저렴한 하드웨어(2008년의 4중 코어 2.4GHz Xeon)에서 돌려서 초당 약 6000개의 요청을 처리할 수 있었으며, 작은(20KB 이하) 이미지 파일 요청들로 기가비트 이더넷의 대역폭을 완전히 채울 수 있었다.

템플릿 렌더링

템플릿은 Erlang 모듈로 컴파일되며, 그 결과로 얻은 바이트 코드가 메모리 안에 유지된다. 컴파일된 템플릿은 보통의 Erlang 함수로서 호출된다.

템플릿 시스템은 모든 템플릿 변경을 감지하고 실행 시점에서 템플릿을 다시 컴파일한다. 컴파일이 끝나면 해당 Erlang 모듈을 Erlang의 즉석 코드 업그레이드 메커니즘을 통해서 적재한다.

주 페이지와 템플릿 제어기에는 템플릿 렌더링 결과를 캐싱하는 옵션이 있다. 익명(비

---

3   바이트 배열은 Erlang의 내장 자료 형식이다. 바이트 개수가 64개 미만인 바이트 배열은 프로세스들 사이에서 복사되고, 그 이상의 배열은 공유된다. 또한 Erlang은 바이트 배열의 일부를 그 부분에 대한 참조들을 통해서 공유하는 (실제 바이트들 자체를 복사하는 대신) 기능도 제공한다. 이에 의해 바이트 배열은 효율적이고 사용하기 쉬운 자료 형식이 된다.

로그인) 방문자에 대해서만 캐싱을 활성화하는 것도 가능하다. 대부분의 웹 사이트에서 모든 요청의 상당 부분을 익명 방문자들이 차지하는데, 그런 페이지들은 개인화되지 않고 (거의)동일하다. 템플릿 렌더링 결과는 중간 결과일 뿐 최종 HTML이 아님을 주의하기 바란다. 특히 이러한 중간 결과에는 변환·번역되지 않은 문자열들과 JavaScript 조각들이 포함되어 있다. 최종 HTML은 이러한 중간적인 구조를 파싱해서 적절한 변환을 선택하고 모든 JavaScript 코드를 모아서 만든다.

조합된 JavaScript 코드와 고유 페이지 ID는 템플릿 태그 {% script %}의 자리에 놓인다. 이 태그는 반드시 본문의 끝을 뜻하는 </body> 태그 바로 위에 있어야 한다. 고유 페이지 ID는 지금 렌더링되는 페이지와 그것을 처리하는 Erlang 프로세스를 대응시키는 데 쓰이며, 페이지에 대한 웹소켓^{WebSocket}/Comet 상호작용에도 쓰인다.

다른 여러 템플릿 언어처럼 Zotonic의 템플릿은 다른 템플릿을 포함할 수 있다. Zotonic에서, 포함된 템플릿은 컴파일 시 인라인화되는 경우가 많다(포함된 파일들을 사용할 때 생기는 성능 하락을 막기 위해).

특별한 옵션들을 이용하면 실행 시점에서 템플릿이 포함되게 만들 수 있다. 그런 옵션들 중 하나가 캐싱이다. 캐싱을 익명 방문자에 대해서만 활성화할 수도 있고, 캐싱 기간도 설정할 수 있으며, 캐싱 의존성들을 추가하는 것도 가능하다. 이러한 캐싱 의존성들은 나타난 자원들 중 하나라도 변경되면 캐싱된 렌더링 결과가 무효화되게 만드는 데 쓰인다.

템플릿의 일부를 캐싱하는 또 다른 방법은 {% cache %} ... {% endcache %} 블록 태그를 사용하는 것이다. 이렇게 하면 템플릿의 해당 부분만 일정 시간 동안 캐싱된다. 이 태그의 옵션들은 포함용 태그의 것들과 동일하나, 이 태그에는 기존 템플릿에 쉽게 추가할 수 있다는 장점이 있다.

메모리 내부 캐싱

모든 캐싱은 메모리 안에서, Erlang의 VM 자체에서 수행된다. 캐싱된 자료에 접근할 때 컴퓨터들 사이 또는 운영체제 프로세스들 사이의 통신은 전혀 필요하지 않다. 이 덕분에 캐싱된 자료를 아주 간단하고 효율적으로 사용할 수 있다.

비교하자면, memcache 서버의 경우에는 일반적으로 캐싱된 자료에 접근하는 데 0.5 밀리초가 걸린다. 반면 같은 프로세스에서 주 메모리에 접근하는 데에는 CPU 캐시 적중 시 1나노초, 적중 실패 시 100나노초 정도이다. 메모리와 네트워크 사이의 커다란 속도 차이는 말할 필요도 없을 것이다.[4]

Zotonic이 사용하는 메모리 내부 캐싱 메커니즘은 다음 두 가지이다.[5]

1. 사이트별 중앙 캐시인 depcache
2. 프로세스 사전(dictionary) 메모 캐시

depcache

모든 Zotonic 사이트에 쓰이는 중앙 캐싱 메커니즘은 *depcache*이다. 이 이름은 *dependency cache*(의존성 캐시)를 줄인 것이다. depcache는 저장된 모든 키마다 의존성들의 목록을 가진 메모리 내부 키-값 저장소이다.

depcache의 각 키마다 Zotonic은 다음과 같은 항목들을 저장한다.

- 키의 값
- 일련번호(갱신 요청마다 증가되는 전역적인 정수)
- 키의 만료 시간(초 단위)
- 이 키에 의존하는 다른 키들의 목록(이를테면 캐싱된 템플릿에 나타나는 자원 ID 등)
- 키를 아직 계산하고 있는 중이면, 키의 값을 기다리는 프로세스들의 목록

어떤 키가 요청되면 캐시 메커니즘은 그 키가 존재하는지, 만료되지는 않았는지, 그리고 의존성 키들의 일련번호들이 모두 캐싱된 키의 일련번호보다 낮은지 점검한다. 키가 여전히 유효하면 키의 값을 돌려주고, 그렇지 않으면 키와 그 값을 캐시에서 제거하고 undefined를 돌려준다.

---

4 "Latency Numbers Every Programmer Should Know"(http://www.eecs.berkeley.edu/~rcs/research/interactive_latency.html)를 볼 것.

5 이 메커니즘 외에 데이터베이스 서버도 나름의 메모리 내부 캐싱을 수행하지만, 이는 이번 장의 범위를 넘는 주제이다.

단, 아직 키가 계산중이면 키를 요청한 프로세스를 키를 기다리는 프로세스들의 목록에 추가한다.

이러한 캐싱 메커니즘의 구현은 ETS(Erlang Term Storage)를 사용한다. ETS는 Erlang OTP 배포판의 일부인 표준 해시 테이블 구현이다. depcache를 위해 Zotonic은 다음과 같은 ETS 테이블들을 만든다.

- 메타 테이블: 저장된 모든 키와 만료 시간, 의존 키들을 담는 ETS 테이블. 이 테이블의 한 항목은 #meta{key, expire, serial, deps} 형태로 기록된다.
- 의존성 테이블: 각 키의 일련번호를 담는 ETS 테이블.
- 자료 테이블: 각 키의 자료를 담는 ETS 테이블.
- 대기 중 PID 사전: 키의 값이 제공되길 기다리는 모든 프로세스의 ID들을 담는 ETS 테이블.

ETS 테이블은 병렬 읽기에 최적화되어 있으며, 보통의 경우 호출 프로세스가 직접 접근한다. 따라서 호출 프로세스와 depcache 프로세스 사이에는 어떠한 통신도 발생하지 않는다.

depcache 프로세스는 다음과 같은 요청들을 처리한다.

- 메모화(memoization) 요청—프로세스들이 다른 프로세스의 키 값이 계산되길 기다림
- *put*(저장) 요청—이 경우 일련 번호 증가들이 직렬화됨
- 삭제 요청—이 경우에도 depcache 접근이 직렬화됨

depcache 캐시가 상당히 커질 수 있다. Zotonic은 캐시가 너무 커지지 않게 하기 위해 쓰레기 수거기 프로세스 하나를 사용한다. 이 쓰레기 수거기는 전체 depcache 캐시를 천천히 훑으면서 만료되거나 무효화된 키들을 폐기한다. 만일 캐시의 크기가 특정 문턱값(threshold)(기본은 100MiB)을 넘으면 쓰레기 수거기는 속도를 좀 더 높여서, 방문하는 항목들의 10%를 폐기한다. 캐시가 문턱값 이하가 될 때까지 폐기 작업을 계속한다.

데이터베이스가 수 테라바이트급인 분야에서는 100 MiB가 좀 부족해 보일 것이다.

그러나 캐시가 주로 텍스트 자료를 담기 때문에, 대부분의 웹 사이트에서 뜨거운 자료를 담는 데에는 그 정도로 충분하다. 충분하지 않은 경우에는 설정을 통해서 캐시 크기를 변경할 수 있다.

프로세스 사전 메모 캐시

Zotonic에 쓰이는 또 다른 메모리 내부 캐시는 프로세스 사전 메모 캐시(process dictionary memo cache)이다. 앞에서 설명했듯이, 자료 접근 패턴들은 템플릿들에 의해 결정된다. 이 캐싱 시스템은 간단한 발견법(heuristics)을 이용해서 자료 접근을 최적화한다.

이 최적화에서 중요한 것은, 요청을 처리하는 프로세스의 Erlang 프로세스 사전 안에서의 자료 캐싱이다. 프로세스 사전은 간단한 키-값 저장소로, 프로세스와 동일한 힙에 존재한다. 기본적으로 이 사전은 함수적 언어인 Erlang에 상태(state)를 추가한다. 그래서 프로세스 사전을 사용하길 꺼리는 사람들이 있지만, 프로세스 내부 캐싱에는 프로세스 사전이 유용하다.

어떤 프로세스가 자원에 접근하면(Zotonic에서 자원은 중심적인 자료 단위임을 기억할 것) 그 자원이 프로세스 사전에 복사된다. 계산 결과(접근 제어 점검 등)나 구성 설정 값 같은 자료에 대해서도 마찬가지 일이 벌어진다.

페이지에 나타나는 자원의 모든 속성(제목, 본문 요약 등등)마다 반드시 접근 제어 점검이 수행되며, 그 점검을 통과해야만 자원에서 해당 속성이 조회된다. 자원의 모든 속성과 접근 점검 결과를 캐싱하면 자원 자료 사용 속도가 빨라지고, 템플릿에 의한 자료 접근 패턴들을 예측하기 어렵다는 점에서 생기는 여러 단점들도 제거된다.

하나의 페이지나 프로세스가 자료를 아주 많이 사용할 수도 있으므로, 이러한 메모 캐시는 여러 가지 '압력 밸브'를 갖추고 있다.

1. 프로세스 사전에 담긴 키가 10,000개를 넘으면 사전의 모든 항목을 방출한다 (flush). 이에 의해, 프로세스 사전이 쓰이지 않는 항목들을 너무 많이 담고 있는 사태(긴 자원 목록을 훑을 때 발생할 수 있는)가 방지된다. 단, $ancestors 같은 특별한 Erlang 변수들은 방출하지 않는다.

2. 메모 캐시는 반드시 프로그램 코드를 통해서 활성화되어야 한다. 그러한 활성화는 모든 HTTP 요청이나 웹소켓 요청, 템플릿 렌더링에 의해 자동으로 수행된다.

3. 여러 순차적인 HTTP·웹소켓 요청들이 같은 프로세스를 공유하는 경우, HTTP·웹소켓 요청들 사이에서 프로세스 사전이 방출된다.

4. 메모 캐시는 의존성들을 추적하지 않는다. depcache에서 항목이 삭제되면 삭제를 수행한 프로세스의 프로세스 사전 전체가 방출된다.

메모 캐시가 비활성화되어 있으면 모든 조회를 depcache가 처리한다. 이에 의해 depcache 프로세스가 호출되어서 depcache와 요청 프로세스 사이에 자료 복사가 일어난다.

9.6 Erlang의 가상 기계

Erlang의 가상 기계(VM)에는 성능과 관련해서 주목해야 할 중요한 속성이 몇 가지 있다.

프로세스는 싸다

Erlang VM은 많은 작업을 병렬로 수행하도록 특별히 설계되어 있으며, 그런 만큼 다중 프로세스 처리 기능이 VM 자체에 구현되어 있다. Erlang의 프로세스들의 실행 일정은 환산 횟수(reduction count)를 기준으로 결정되는데, 환산 1회는 대략 함수 호출 1회에 해당한다. 프로세스는 입력을 기다리기 위해 일시 정지될 때까지, 또는 고정된 개수의 환산들을 모두 소진할 때까지만 실행된다. 각 CPU 코어마다 하나의 스케줄러가 시작되며, 각 스케줄러는 하나의 실행 대기열을 가진다. 주어진 한 시점에서 VM 안에 Erlang 응용 프로그램의 프로세스가 수천에서 수백 개까지 공존하는 것도 드문 일이 아니다.

프로세스는 시동 비용뿐만 아니라 메모리 비용도 저렴하다. 하나의 프로세스는 워드 327개밖에 소비하지 않는다. 이는 64비트 컴퓨터에서 2.5KiB 이하이다.[6] Java의 ~500KiB이나 pthreads의 2MiB에 비하면 훨씬 작다.

---

6 http://www.erlang.org/doc/efficiency_guide/advanced.html#id68921 참고.

프로세스의 사용 비용이 이처럼 낮기 때문에, Zotonic은 요청의 결과에 필요하지 않은 모든 처리를 각각 개별적인 프로세스를 띄워서 처리한다. 개별적인 프로세스로 처리하는 임무의 예로는 전자우편 전송이나 로깅(logging)이 있다.

자료 복사는 비싸다

Erlang VM에서 프로세스들 사이의 메시지는 비교적 비싸다. 메시지를 프로세스에서 복사해야 하기 때문이다. 이러한 복사는 Erlang의 프로세스별 쓰레기 수거기 때문에 필요한 것이다. 자료의 복사를 피하는 것은 중요한 일이다. Zotonic의 depcache가 모든 프로세스에서 접근할 수 있는 ETS 테이블들을 사용하는 것도 자료의 복사를 피하기 위한 것이다.

더 큰 바이트 배열에 대해서는 개별적인 힙을 사용

프로세스들 사이의 자료 복사에 큰 예외가 하나 있다. 64바이트를 넘는 바이트 배열은 프로세스들 사이에서 복사되지 않는다. 그런 배열은 개별적인 힙에 저장되며, 쓰레기 수거도 개별적으로 적용된다.

이런 방식에서는 프로세스들 사이에서 커다란 바이트 배열을 저렴한 비용으로 주고받을 수 있다. 바이트 배열에 대한 참조만 복사하면 되기 때문이다. 그러나 쓰레기 수거는 좀 더 어려워진다. 바이트 배열이 해제되려면 그에 대한 모든 참조가 수거되어야 하기 때문이다.

종종 프로세스들이 큰 바이트 배열의 일부분에 대한 참조를 주고받기도 한다. 바이트 배열의 일부에 대한 참조가 수거되지 않으면 그것을 포함하는 바이트 배열이 수거되지 못한다. 이 때문에, 작은 바이트 배열을 복사한 덕분에 그것을 포함하는 더 큰 바이트 배열이 해제되기도 한다. 즉, 복사가 일종의 최적화로 작용하는 것이다.

문자열 처리는 비싸다

다른 여러 함수적 언어에서처럼 Erlang의 문자열 처리는 비싸다. 이는 문자열이 정수들의 연결 목록으로 표현되는 경우가 많으며, Erlang의 함수적 성격 때문에 자료의 파괴적 갱신이 불가능하기 때문이다.

목록으로 표현되는 문자열은 꼬리 재귀 함수(tail recursive function)와 패턴 부합을 통해서 처리된다. 이는 함수적 언어에 잘 맞는 방식이다. 문제는, 자료를 연결 목록 형태로 표현하면 추가부담이 가중되며 목록을 다른 프로세스에 메시지로서 전송할 때에는 반드시 자료구조 전체가 복사된다는 점이다. 따라서 문자열을 목록으로 표현하는 것은 최적의 방식이 아니다.

문자열 문제에 대한 잠정적인 해답으로 Erlang은 io-list라는 것을 제공한다. io-list는 목록, 정수(단일 바이트 값), 바이트 배열, 다른 바이트 배열의 일부에 대한 참조를 담을 수 있는 내포된 목록이다. io-list는 사용하기가 아주 쉬우며, 자료를 앞이나 뒤에 추가하거나 중간에 삽입하는 비용도 낮다. 자료 복사 없이 비교적 짧은 목록만 변경하면 되기 때문이다.[7]

io-list를 그 자체로 하나의 '포트[port]'(파일 서술자)에 보낼 수도 있다. 그러면 자료구조가 바이트 스트림으로 직렬화되어서 소켓으로 전송된다.

예를 들어 다음과 같은 io-list는

```
[ <<"Hello">>, 32, [ <<"Wo">>, [114, 108], <<"d">>]].
```

다음과 같은 바이트 배열로 직렬화된다.

```
<<"Hello World">>.
```

흥미롭게도, 웹 응용 프로그램에서 대부분의 문자열 처리는 다음과 같은 두 가지 용도로 쓰인다.

1. 최종 페이지를 만들기 위한 자료(동적 및 정적) 연결(concatenation)
2. 내용의 HTML 특수 문자 탈출 및 소독(sanitization)

---

7 또한 Erlang에서 바이트 배열의 일부분을 그 부분에 대한 참조들을 통해서 **공유**하는 것도 가능하다. 그러면 자료를 복사할 필요가 없어진다. 바이트 배열에 대한 자료 삽입은 세 부분으로 구성된 하나의 io-list로 표현할 수 있다. 세 부분이란 변하지 않은 머리(앞부분)의 바이트들, 삽입된 값들, 그리고 변하지 않은 꼬리(뒷부분)의 바이트들이다.

Erlang의 io-list는 1번 용도에 완벽하게 적합한 자료구조이다. 2번 용도는 모든 내용을 데이터베이스에 저장하기 전에 공격적으로 소독(sanitization)해서 해결한다.

이 둘의 결합은, Zotonic에서 렌더링된 페이지가 바이트 배열들의 커다란 연결이자 하나의 io-list 안의 소독되기 전의 값들임을 의미한다.

Zotonic의 대응 방식

Zotonic은 비교적 커다란 자료구조인 문맥(Context)을 많이 사용한다. 문맥은 하나의 요청을 평가하는 데 필요한 모든 자료를 담은 레코드이다. 구체적으로는 다음과 같은 항목들로 구성된다.

- 요청 자료: 헤더, 요청 인수들, 본문 자료 등등
- Webmachine 상태
- 사용자 정보(사용자 ID, 접근 제어 정보 등)
- 선호 언어 설정
- User-Agent 종류(텍스트 기반, 전화기, 태블릿, 데스크톱 등)
- 특별한 사이트 프로세스들에 대한 참조(통지기, depcache 등)
- 처리되는 요청에 대한 고유 ID(이후 페이지 ID로 쓰임)
- 세션 및 페이지 프로세스 ID들
- 트랜잭션 도중의 데이터베이스 연결 프로세스
- 응답 자료(자료, 렌더링할 동작, JavaScript 파일들)를 위한 누적기(accumulator)들

이 모든 자료가 모이면 상당히 큰 자료구조가 만들어질 수 있다. 이러한 커다란 문맥 자료구조를 같은 요청을 처리하는 서로 다른 프로세스들이 주고받는다면 상당한 자료 복사 부담이 발생할 것이다.

이것이 요청 처리 과정의 대부분을 하나의 프로세스(요청을 받은 Mochiweb 프로세스)에서 실행하는 이유이다. 추가적인 모듈들과 확장기능(extension)들은 프로세스 간 메시지 전송 대신 함수 호출을 통해서 실행된다.

그러나 확장기능이 개별 프로세스로 구현되는 경우도 있다. 그런 경우 확장기능은 문

맥과 확장기능 프로세스의 프로세스 ID를 받는 함수를 제공한다. 확장기능 프로세스와의 효율적인 메시지 전달은 이 인터페이스 함수가 책임진다.

캐싱 가능한 부분 템플릿들을 렌더링할 때에도 Zotonic이 메시지를 전송해야 한다. 이 경우 문맥 자료구조에서 중간 템플릿 결과들과 기타 불필요한 자료 몇 가지(로깅 정보 등)를 잘라 낸 후 메시지로 만들어서 부분 템플릿을 렌더링하는 프로세스에 보낸다.

바이트 배열을 메시지로서 전달하는 문제는 별로 신경 쓰지 않는다. 대부분의 경우 바이트 배열은 64바이트를 넘으며, 따라서 프로세스들 사이에서 복사되지 않기 때문이다.

커다란 정적 파일들을 제공할 때에는 Linux의 sendfile() 시스템 호출을 사용해서 파일 전송을 운영체제에게 맡길 수도 있다.

9.7 Webmachine 라이브러리 변경 사항

Webmachine은 HTTP 프로토콜의 추상을 구현한 라이브러리이다. 이 라이브러리는 더 낮은 수준의 HTTP 처리(수용기(acceptor) 프로세스, 헤더 파싱 등등)를 구현하는 Mochiweb 라이브러리를 바탕으로 구현되어 있다.

제어기들은 콜백 함수들을 구현하는 Erlang 모듈들을 생성하도록 만들어져 있다. resource_exists, previously_existed, authorized, allowed_methods 등이 그러한 콜백 함수의 예이다. Webmachine은 또한 요청 경로를 일단의 분배(dispatch) 규칙들과 부합시켜서 요청 인수들을 적절히 배정하고 주어진 HTTP 요청을 처리하기에 적합한 제어기를 선택하는 작업도 수행한다.

Webmachine을 이용하면 HTTP 프로토콜을 손쉽게 처리할 수 있다. 그래서 우리는 애초부터 Zotonic을 Webmachine을 바탕으로 구축하기로 결정했다.

그러나 Zotonic을 구축하는 동안 Webmachine의 몇 가지 문제점을 발견했다.

1. Zotonic 프로젝트 초기에는 Webmachine이 분배 규칙들의 목록을 하나만 지원했다. 그래서 호스트(즉 사이트)별로 규칙들을 따로 둘 수 없었다.

2. 분배 규칙들은 응용 프로그램 환경에 설정되어 있으며, 분배가 일어날 요청 프로세스에 복사된다.

3. 요청이 평가되는 동안 일부 콜백이 여러 번 호출된다(이를테면 `last_modified`).

4. 요청 평가 도중에 Webmachine이 폭주하는 경우 요청 기록기(logger)가 아무런 항목도 기록하지 않는다.

5. HTTP Upgrade 헤더를 지원하지 않아서 웹소켓을 지원하기가 어렵다.

1번 문제(분배 규칙들의 분할)는 그냥 약간 불편한 수준이다. 이 문제 때문에 분배 규칙들의 목록이 덜 직관적이고 해석하기가 좀 더 어렵다.

2번 문제(요청마다 분배 목록 복사)는 Zotonic의 취지를 무산시킬 정도로 심각한 것으로 판명되었다. 분배 규칙 목록이 길어지면 요청 하나를 처리하는 시간의 대부분을 목록 복사가 차지할 정도였다.

3번 문제(같은 함수를 여러 번 호출) 때문에 제어기 작성자는 자신만의 캐싱 메커니즘을 구현하게 되었으며, 그러다 보니 코드에 오류가 많이 생겼다.

4번 문제(폭주 시 로그 기록 없음)는 제품 운영 시 문제점들을 파악하기 어렵게 만든다.

5번 문제(HTTP Upgrade 미지원) 때문에 웹소켓 연결에 대한 Webmachine의 깔끔한 추상들을 사용할 수 없다.

이러한 문제점들이 너무 심각해서 결국 우리는 Webmachine을 우리의 목적에 맞게 고쳐야 했다.

우선 우리는 분배기(dispatcher)라는 새로운 옵션을 추가했다. 분배기는 `dispatch/3` 함수를 구현하는 모듈로, 이 함수는 주어진 요청을 하나의 분배 목록에 대응시키는 역할을 한다. 분배기는 또한 HTTP Host 헤더를 이용해서 정확한 사이트(가상 호스트)를 선택한다. 간단한 "hello world" 제어기로 검사해 보았더니, 이러한 변경 덕분에 처리량이 세 배로 증가했다. 또한 가상 호스트들과 분배 규칙들이 많은 시스템들에서는 이득이 더욱 크다는 점도 관찰할 수 있었다.

Webmachine은 두 가지 자료구조를 유지하는데, 하나는 요청 자료에 대한 것이고 또하나는 내부 요청 처리 상태에 대한 것이다. 이 자료구조들은 서로를 참조하며, 사실 거의 항상 나란히 쓰인다. 그래서 우리는 이들을 단일한 자료구조로 결합했다. 이 덕분에 프로세스 사전을 사용하는 부분을 제거하기가 쉬워졌으며, 새로운 단일한 자료구조를 Webmachine 안의 모든 함수에 하나의 인수로서 추가하기도 쉬워졌다. 이러한 변경에 의해 요청당 처리 시간이 20% 줄어들었다.

여기서 자세히 이야기하지는 않겠지만, 우리는 이외에도 여러 가지 방법으로 Webmachine을 최적화했다. 가장 중요한 사항들 몇 가지만 이야기하자면 다음과 같다.

- 일부 제어기 콜백들(charsets_provided, content_types_provided, encodings_provided, last_modified, generate_etag)의 반환값을 캐싱하게 했다.
- 프로세스 사전 사용을 더욱 줄였다(전역 상태가 줄고, 코드가 깔끔해지고, 검사하기가 쉬워짐)
- 로그 기록 프로세스를 요청별로 분리했다. 따라서 하나의 요청 처리가 폭주해도 폭주가 일어난 시점까지는 정보가 기록된다.
- 웹소켓 지원을 위해, HTTP Upgrade를 위한 콜백이 금지된 접근 점검 다음의 한 단계로 추가되었다.
- 원래는 제어기를 '자원(resource)'이라고 불렀는데, 제공되는 자료로서의 자원과 그 자원을 제공하는 코드를 명확하게 구분하기 위해 '제어기'로 바꾸었다.
- 요청 속도와 크기를 측정하기 위한 약간의 계장(instrumentation)이 추가되었다.

9.8 자료 모형: SQL 기반 문서 데이터베이스

자료의 관점에서는 한 '자원'(Zotonic의 주된 자료 단위)의 모든 속성이 하나의 이진 블롭[blob]으로 직렬화된다는 점을 언급할 필요가 있겠다. '실제' 데이터베이스 열(column)들은 오직 키와 질의, 외래 키 제약에만 쓰인다.

색인이 필요한 속성 또는 속성들의 조합마다 개별적인 '추축(pivot)' 필드와 테이블이 추가된다. 전문(full text) 열이나 날짜 속성 등이 그러한 예이다.

자원을 갱신할 때에는 데이터베이스 트리거[trigger]가 자원의 ID를 추축 대기열(pivot queue)에 추가한다. 이 추축 대기열을 개별 Erlang 배경 프로세스들이 소비한다. 그런 프로세스는 자원 모음의 자원을 하나의 트랜잭션 안에서 하나씩 가져간다.

SQL을 선택한 덕분에 우리는 실행의 기반을 마련할 수 있었다. PostgreSQL은 잘 알려진 질의 언어를 가지고 있으며 안정성이 뛰어나고 성능 특성이 잘 알려져 있다. 또한 훌륭한 도구들이 있으며 상용(commercial) 지원과 비상용(non-commercial) 지원을 모두 제공한다.

게다가, 사실 데이터베이스는 Zotonic의 성능을 제한하는 요인이 아니다. 어떤 질의가 병목이 된다면, 그 질의를 데이터베이스의 질의 분석기를 이용해서 최적화하는 것은 개발자의 책임이다.

마지막으로, 그 어떤 데이터베이스이든 성능과 관련된 황금률은 "데이터베이스까지 가지 말라; 디스크까지 가지 말라; 네트워크까지 가지 말라; 캐시를 적중시켜라"이다.

9.9 벤치마크, 통계치, 최적화

우리는 벤치마크를 그리 믿지 않는다. 벤치마크가 시스템의 최소한의 부분들만 검사할 뿐 시스템 전체의 성능을 대표하지 못하는 경우가 많기 때문이다. 특히 Zotonic처럼 움직이는 부분이 많은, 그리고 캐싱과 공통적인 접근 패턴들의 처리가 설계의 주요 고려사항인 시스템에서는 더욱 그렇다.

단순화된 벤치마크

벤치마크가 할 수 있을 만한 역할은, 시스템에서 가장 먼저 최적화할 부분을 보여주는 것이다.

이를 염두에 두고 우리는 TechEmpower JSON 벤치마크를 이용해서 Zotonic을 벤치마킹했다. 이 벤치마크는 기본적으로 요청 분배기, JSON 부호화, HTTP 요청 처리, 그리고 TCP/IP 스택을 검사한다.

벤치마크에 쓰인 컴퓨터의 CPU는 2.67GHz의 Intel i7 4중 코어 M620이으며, 명령은 `wrk -c 3000 -t 3000 http://localhost:8080/json`이었다. 표 9.1에 벤치마크 결과가 나와 있다.

표 9.1 벤치마크 결과

플랫폼	초당 요청 수(천 단위)
Node.js	27
Cowboy(Erlang)	31
Elli(Erlang)	38
Zotonic	5.5
Zotonic(접근 기록 없이)	7.5
Zotonic(접근 기록 없이, 분배기 풀 적용)	8.5

이러한 소규모 벤치마크에서는 Zotonic의 동적 분배기와 HTTP 프로토콜 추상의 점수가 낮게 나온다. 이 문제점은 쉽게 해결할 수 있으며, 사실 이미 다음과 같은 해법들을 마련해 둔 상태이다.

- 표준 Webmachine 기록기를 좀 더 효율적인 것으로 대체한다.
- 분배 규칙들을 Erlang 모듈 형태로 컴파일한다(하나의 프로세스가 분배 규칙 목록을 해석하는 대신).
- MochiWeb HTTP 처리기를 Elli HTTP 처리기로 대체한다.
- Webmachine에서 현재의 문자 목록 대신 바이트 배열을 사용한다.

실제 운영 성능

2013년 네덜란드의 여왕이 새 왕에게 왕위를 물려준 것과 관련해서 전국적인 투표[★] 사이트 하나가 Zotonic으로 구축되었다. 사이트 개발을 수주한 의뢰인은 100%의 가용성과 시간 당 10만 건의 투표를 처리할 수 있는 높은 성능을 요구했다.

그러한 요구를 네 개의 가상 서버로 이루어진 시스템으로 만족할 수 있었다. 각 가상 서버는 2GB의 RAM으로 독립적인 Zotonic 시스템을 실행했다. 네 서버 중 세 노드는 투표를 처리하고 한 노드는 관리용으로 쓰였다. 모든 노드는 독립적이나, 투표 노드들은 모든 투표를 적어도 두 개의 다른 노드들과 공유하기 때문에 한 노드가 폭주해도 투표가

★ 역주 왕을 투표로 뽑는 것은 물론 아니고, 자선 활동에 관련된 이벤트이다.

소실되는 일이 없다.

투표 1회에 동적 HTML(여러 언어들로 된), Ajax, 그리고 CSS와 JavaScript 같은 정적 자산들을 위한 30개 이하의 HTTP 요청이 쓰였다. 투표할 프로젝트 세 개를 선택하고 투표자의 세부사항을 채우기 위해 여러 개의 요청들이 필요했다.

시험 과정에서 우리는 시스템을 최대로 가동하지 않고도 의뢰인의 요구사항들을 쉽사리 만족할 수 있었다. 투표 시뮬레이션은 시간당 50만 건의 투표를 처리할 때까지 진행되었는데, 약 400mbps의 대역폭이 소비되었으며 99%의 요청들이 200밀리초 이하로 처리되었다.

이러한 수치들은 Zotonic이 인기 있는 동적 웹 사이트들을 감당할 수 있음을 명확히 보여준다. 실제 운영용 하드웨어에서는 그보다 훨씬 높은 성능이 나왔다. 특히 바탕 입출력과 데이터베이스 성능이 아주 높게 나왔다.

9.10 결론

내용 관리 시스템이나 프레임워크를 만들 때에는 웹 서버에서 시작해서 요청 처리 시스템, 캐싱 시스템을 거쳐 데이터베이스 시스템에 이르는 응용 프로그램의 전체 스택을 고려하는 것이 중요하다. 그 모든 구성요소가 잘 연동되어야 좋은 성능이 나온다.

자료를 미리 처리함으로써 성능을 크게 높일 수 있다. 텍스트 자료를 데이터베이스에 저장하기 전에 미리 특수 문자들을 탈출시키고 문제가 될 만한 부분을 소독하는 것이 그러한 전처리의 예이다.

인기 있는 페이지들이 명확하고 그 외의 덜 인기 있는 페이지들이 긴 꼬리를 이루는 웹 사이트에서는 뜨거운 자료를 캐싱하는 것이 바람직한 전략이다. 그러한 캐시를 요청 처리 코드와 동일한 메모리 공간에 두면 개별적인 캐싱 서버를 사용할 때보다 속도와 구조의 단순함 면에서 이득이 된다.

급격한 방문자 증가를 처리하기 위한 또 다른 최적화는 서로 비슷한 요청들을 동적으로 부합시키고 그것들을 한 번에 처리해서 동일한 결과를 산출하는 것이다. 이를 잘 구현한다면 대리(proxy) 서버를 사용하지 않아도 되며, 모든 HTML 페이지를 동적으로 생성할 수 있다.

Erlang은 가벼운 다중 프로세스 관리와 우월한 오류 처리 및 메모리 관리 때문에 동적 웹 기반 시스템의 구축에 아주 적합하다.

Zotonic을 Erlang으로 구현한 덕분에, 웹 서버와 캐싱 대리 서버, memcache 서버, 전자우편 처리기 등을 분리하지 않고도 경쟁력이 아주 높고 성능이 좋은 콘텐트 관리 시스템과 프레임워크를 만들 수 있었다. 그런 구성요소들을 분리시키지 않으면 시스템 관리 작업이 아주 간단해진다.

현세대의 하드웨어에서 하나의 Zotonic 서버가 초당 수천 개의 동적 페이지 요청을 처리할 수 있다. 따라서 월드와이드웹의 빠른 웹 사이트들 대부분을 Zotonic으로 손쉽게 운영할 수 있다.

Erlang을 사용한 덕분에 Zotonic은 조만간 대중화될 수십 개의 코어와 수기가의 메모리를 가진 다중 코어 시스템들에도 잘 대응할 수 있다.

9.11 감사의 글

Michiel Klønhammer(Maximonster Interactive Things), Andreas Stenius, Maas-Maarten Zeeman, Atilla Erdődi에게 감사한다.

제10장

이동통신망 성능의 비밀

브라이스 하워드 Bryce Howard

10.1 소개

지난 몇 년 간 셀 방식 이동통신망(mobile cellular network)의 성능이 크게 향상되었다. 그러나 증폭된 네트워크 잠복지연(latency) 때문에, 그런 성능 향상의 이점을 최대한 취하지 못하는 모바일 응용 프로그램들이 많다.

예전부터 잠복지연은 모바일 네트워킹과 동의어였다. 최근 몇 년 동안 진척이 있긴 했지만, 네트워크 잠복지연의 감소는 네트워크 속도의 증가와 발을 맞추지 못했다. 이러한 불일치의 한 결과로, 네트워크 트랜잭션의 성능을 제한하는 요인이 처리량이 아니라 바로 잠복지연인 경우가 많다.

이번 장은 논리적으로 두 부분으로 나뉜다. 첫 부분에서는 잠복지연 문제에 영향을 미치는 셀 방식 이동통신망의 특이 사항들을 살펴보고, 둘째 부분에서는 높아진 네트워크 잠복지연이 성능에 미치는 영향을 최소화하기 위한 소프트웨어 기법들을 소개한다.

10.2 잠복지연의 근원들

잠복지연은 자료 패킷이 하나의 네트워크 또는 일련의 네트워크들을 거쳐서 전송되는 데 필요한 시간을 나타낸다. 이동통신망은 대부분의 인터넷 기반 통신에 이미 존재하는 잠복지연을 더욱 증폭시키는데, 여기에는 네트워크 종류(이를테면 HSPA+ 대 LTE), 사업자(AT&T 대 Verizon), 주변 상황(정지 상태 대 운전 중, 지리, 하루 중 시간 등) 등의 여러 요인이 관여한다. 모바일 네트워크 잠복지연의 정확한 수치를 언급하기는 어렵지만, 수십 밀리초에서 수백 밀리초로 다양하다는 점은 확실하다.

왕복운행 시간(Round-trip time, RTT)은 하나의 자료 패킷이 그 원천에서 출발해서 목적지에 갔다가 다시 돌아오는 데 걸리는 잠복지연을 측정한 것이다. 왕복운행 시간은 여러 네트워크 프로토콜의 성능에 엄청난 영향을 미친다. 그 이유를 유서 깊은 스포츠인 탁구에 비유해서 설명해 보겠다.

보통의 탁구 시합에서 탁구공이 선수들 사이를 왕복하는 데 걸리는 시간은 인식하기 힘들 정도로 짧다. 그러나 선수들이 탁구대에서 멀어지면 아무 일도 하지 않고 공이 오길 기다리는 데 걸리는 시간도 길어진다. 선수들 사이의 거리가 보통일 때에는 5분 걸리는 시합이라도, 선수들이 수백 미터 떨어져 있으면 몇 시간이 걸릴 수 있다(좀 황당한 가정이겠지만). 두 선수를 클라이언트와 서버로 대체하고 선수들 사이의 거리를 왕복운행 시간으로 대체한다면 잠복지연이 얼마나 큰 문제인지 알 수 있을 것이다.

대부분의 네트워크 프로토콜은 탁구 시합처럼 두 단위가 서로 메시지를 주고받으면서 작동한다. 논리적인 네트워크 세션을 확립하고 유지하려면(TCP에서), 또는 서비스 요청을 수행하려면(HTTP에서) 그러한 메시지 왕복 교환이 필요하다. 그러한 메시지 교환 도중에 실질적인 자료는 거의 전송되지 않으며, 따라서 네트워크 대역폭의 대부분이 쓰이지 않는다. 잠복지연은 이러한 과소활용의 규모를 더욱 키운다. 모든 메시지 교환은 적어도 네트워크의 왕복운행 시간만큼의 지연을 유발한다. 그러한 지연이 누적되면 성능에 커다란 영향이 미친다.

10KiB짜리 객체 하나를 내려 받기 위한 HTTP 요청에 4회의 메시지 교환이 필요하며, 왕복운행 시간은 100ms(이동통신망에서는 상당히 적당한 수준이다)라고 하자. 그러면

10KiB를 내려 받는 데 적어도 400ms가 걸린다. 즉, 유효 산출량이 초당 25KiB인 것이다.

이 예에서 네트워크의 대역폭(bandwidth)은 전혀 무관함을 주목하기 바란다. 네트워크 자체가 아무리 빠르다고 해도 결과는 여전히 25KiB/s로 동일하다. 이런 부류의 연산의 성능을 개선하는 데 필요한 명확한 전략은 오직 "네트워크 클라이언트와 서버 사이의 왕복 메시지 교환을 피한다" 뿐이다.

10.3 셀 방식 이동통신망의 특성

다음은 잠복지연에 영향을 주는 셀 방식(cellular) 이동통신망의 구성요소와 규약을 간략하게만 설명한 것이다.

셀 방식 이동통신망은 고도로 특화된 기능들을 가진 일련의 구성요소들이 연결된 형태이다. 그러한 구성요소들 각각은 어떤 방식으로든 네트워크 잠복지연에 기여하는데, 기여 수준은 다양하다. 셀 방식 통신망에는 무선 자원 관리 같은 고유한 규약들이 존재하는데, 이들 역시 이동통신망의 잠복지연에 영향을 미친다.

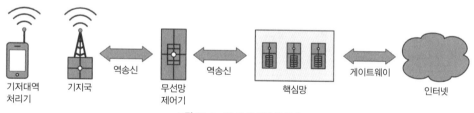

기저대역 처리기   기지국   역송신   무선망 제어기   역송신   핵심망   게이트웨이   인터넷

그림 10.1 셀 방식 이동통신망

기저대역 처리기

대부분의 이동기기에는 아주 정교한 컴퓨터 두 대가 들어 있다. 하나는 운영체제와 응용 프로그램들을 주재하는 응용 프로그램 처리기(AP)이다. 이는 데스크톱에 비유할 수 있다. 또 하나는 모든 무선 네트워크 기능을 담당하는 기저대역 처리기(baseband processor)로, 컴

퓨터 모뎀에 비유할 수 있다. 물론 기저대역 처리기는 전화선이 아니라 무선 전파를 사용한다는 점이 다르다.[1]

기저대역 처리기는 고정된 양의 잠복지연을 기여하는데, 보통의 경우 그 잠복지연은 무시할 수 있다. 고속 무선망에서 일어나는 일은 엄청나게 복잡하다. 대부분의 네트워크 통신에서, 고속 무선 통신에 필요한 정교한 신호 처리는 수 마이크로초에서 수 밀리초에 이르는 고정된 크기의 지연을 기여한다.

기지국

셀 사이트[cell site]나 셀 타워[cell tower]라고도 부르는 통신 기지국(transceiver base station)은 이동통신망의 접속점(access point) 역할을 한다. 각 기지국은 셀(cell)이라고 하는 단위 영역의 범위 안에서 네트워크 접근을 제공하는 임무를 담당한다.

기지국의 서비스를 받는 이동기기와 마찬가지로 기지국 자체에도 고속 무선망에 관련된 복잡한 처리가 요구되며, 그래서 기지국도 이동기기와 거의 비슷한 잠복지연을 기여한다. 그러한 잠복지연 자체는 무시할 수 있는 수준이긴 하지만, 기지국이 동시에 수백에서 수천 개의 이동기기들에게 통신을 제공해야 한다는 점을 주목해야 한다. 이 때문에 구체적인 처리량과 잠복지연은 기지국 시스템에 걸린 부하에 따라 다를 수 있다. 예를 들어 공개 행사 때문에 사람이 많이 모인 지역에서는 기지국의 처리 능력이 한계에 달해서 네트워크가 느리고 불안정해지기도 한다.

최신 세대의 이동통신망에서는 기지국의 역할이 확장되어서, 기지국이 이동기기들을 직접 관리하기까지 한다. 예전에는 무선망 제어기(radio network controller, RNC)가 했던 여러 기능들, 이를테면 네트워크 등록이나 전송 일정 조정 같은 것들을 이제는 기지국이 처리한다. 이후에 설명하겠지만, 최신 세대의 셀 방식 이동통신망의 잠복 지연 감소에는 이러한 역할 변화가 큰 몫을 했다.

---

1   실제로 여러 이동전화기들은 기저대역 처리기를 AT 비슷한 명령 집합으로 관리한다. http://www.3gpp.org/ftp/Specs/html-info/0707.htm을 보라.

역송망

역송망(backhaul network; 백홀 망)은 기지국과 제어기, 그리고 핵심망 사이의 전용 WAN 연결이다. 역송망은 오래 전부터 잠복지연의 커다란 근원으로 악명이 높다.

고전적인 역송망 잠복지연은 구식 이동통신망(GSM, EV-DO)에 쓰인 회로교환식 또는 프레임 기반 전송 프로토콜들에서 비롯된다. 그런 프로토콜들에서는 논리적인 연결들이 미리 배정된 짧은 시간 동안 자료를 받거나 보낼 수만 있는 하나의 채널로 표현된다. 이런 동기적인 성격 때문에 잠복지연이 생긴다. 반면 최신 세대의 이동통신망은 비동기 자료 전송을 지원하는 IP 기반 패킷 교환 역송망을 사용한다. 이러한 변화 덕분에 역송망의 잠복지연이 크게 줄었다.

물리적 기반구조의 대역폭 한계는 예나 지금이나 병목이다. 역송망들 중에는 요즘의 고속 이동통신망이 감당할 수 있는 대량의 순간 통신량 부하를 처리할 수 있도록 설계되지 않은 것들이 많다. 그리고 그런 역송망들은 통신량이 많은 경우 잠복지연과 처리량이 크게 요동치는 현상을 보이는 경우가 많다. 통신망 사업자들이 그런 역송망들을 최대한 빨리 업그레이드하려고 노력하긴 하지만, 다수의 네트워크 기반구조에서 이 구성요소는 여전히 약점으로 남아 있다.

무선망 제어기

관례적으로 무선망 제어기(RNC)는 근처의 기지국들과 그 기지국들에 접속하는 이동기기들을 관리한다.

무선망 제어기는 이동기기들의 활동을 신호 보내기(signaling)라고 부르는 메시지 기반 관리 방식을 이용해서 조정한다. 무선망 제어기에 관련된 위상 구조 때문에, 이동기기들과 제어기 사이의 모든 메시지 소통이 반드시 하나의 잠복지연 높은 역송망을 통해서 이루어지게 된다. 그 자체도 그리 바람직하지 않지만, 여러 네트워크 등록, 전송 일정 조정 같은 네트워크 연산들에 여러 번의 왕복 메시지 교환이 필요하다는 점 때문에 상황이 더욱 나빠진다. 이 때문에 전통적으로 무선망 제어기는 잠복지연의 주된 근원으로 작용했다.

앞에서 언급했듯이 최신 세대의 이동통신망에서는 무선망 제어기가 담당하던 이동기기 관리 역할의 상당 부분을 기지국 자체가 처리한다. 이러한 설계상의 결정 덕분에 여러 네트워크 기능들에서 역송신에 의한 잠복지연이 제거되었다.

핵심망

핵심망(core network)은 통신망 사업자의 사설망과 공용 인터넷 사이의 관문(게이트웨이) 역할을 한다. 통신망 사업자가 인라인 네트워킹 장비를 이용해서 서비스 품질(QoS) 정책이나 대역폭 계량을 강제하는 지점이 바로 여기이다. 원칙적으로, 네트워크 소통에 뭔가가 끼어들 때마다 잠복지연이 증가된다. 현실적으로 이 지연은 대체로 무시할 수 있는 수준이지만, 어쨌든 그런 지연이 존재한다는 점은 인식할 필요가 있다.

이동기기의 절전 기능

이동통신망 잠복지연의 가장 중요한 원천 중 하나는 이동전화기 배터리의 제한된 용량과 직접 관련되어 있다.

고속 이동기기의 네트워크 무선 신호는 무선 통신 작동 시 약 3W의 전력을 소비할 수 있다. 이는 iPhone 5의 경우 한 시간을 조금 넘기면 배터리가 모두 소진되는 정도의 수치이다. 그래서 이동기기들은 기회만 되면 무선 회로에서 전력을 제거하거나 줄이려고 노력한다. 배터리 수명을 연장하는 데에는 이상적이겠지만, 무선 회로에 전원이 다시 공급되고 나서 어느 정도 시간이 흐른 후에 실제로 자료를 보내거나 받을 수 있게 되는 '시동 지연(startup delay)'이 발생하게 된다.

모든 셀 방식 이동통신망 표준은 전력 보존을 위한 **무선 자원 관리**(radio resource management, RRM) 방식을 공식화한다. 대부분의 RRM 관례들은 **활성화**(active), **유휴**(idle), **단절**(disconnected)이라는 세 가지 상태를 정의한다. 각각의 상태는 시동 잠복지연과 절전 사이의 서로 다른 절충을 나타낸다.

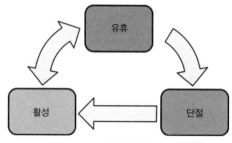

그림 10.2 무선 자원 관리 상태 전이

활성 상태

활성 상태는 최소한의 잠복지연으로 자료를 고속으로 보내거나 받을 수 있는 상태를 나타낸다.

이 상태는 자료를 보내거나 받지 않을 때에도 대량의 전력을 소비한다. 네트워크의 활동이 잠시(1초 미만인 경우도 많음) 멈추면 상태 전이가 발동해서 저전력의 **유휴** 상태가 된다. 이것이 성능에 미치는 영향에 주목할 필요가 있다. 네트워크 트랜잭션 도중에 일시 정지 기간이 충분히 길면 이동기기가 활성 상태와 유휴 상태를 오가게 되며, 그러면 추가적인 지연이 발생할 수 있음을 조심해야 한다.

유휴 상태

유휴 상태는 저전력과 적당한 시동 잠복지연 사이의 타협에 해당한다.

이 상태에서 이동기기는 여전히 네트워크에 연결되어 있지만 자료를 보내거나 받지는 못한다. 그러나 활성 상태에서 처리해야 할 네트워크 요청(유입 자료 등)을 받는 것은 가능하다. 유휴 상태에서 일정 기간 동안(보통은 1분 내외) 네트워크 활동이 없으면 기기는 단절 상태로 전이한다.

유휴 상태는 두 가지 방식으로 잠복지연에 기여한다. 첫째로, 무선 회로에 전원이 다시 공급되고 해당 아날로그 회로가 동기화되기까지는 일정한 시간이 필요하다. 둘째로, 유휴 상태에서 전력을 더욱 아끼기 위해 이동기기는 간헐적으로만 무선 신호를 감지하므로 네트워크 통지에 대한 반응에 약간의 지연이 생긴다.

단절 상태

단절 상태는 전력 사용량이 가장 작고 시동 지연은 가장 크다.

이 상태에서 이동기기와 이동통신망의 연결은 완전히 끊어져 있으며, 무선 기능도 비활성화되어 있다. 단, 특별한 방송(broadcast) 채널을 통해 들어오는 네트워크 요청을 감지하기 위해 무선 기능이 가끔씩 활성화된다.

단절 상태에서는 유휴 상태에서와 동일한 잠복지연들 외에 네트워크 재연결에 의한 잠복지연도 존재한다. 이동통신망에 연결하는 것은 여러 번의 메시지 교환('신호 보내기')이 관여하는 복잡한 공정이다. 연결을 복원하는 데 최소한 수백 밀리초가 소비되며, 몇 초 이상 걸리는 경우도 드물지 않다.

10.4 네트워크 프로토콜 성능

이제부터는 우리가 어느 정도 제어할 수 있는 것들을 살펴보자.

네트워크 트랜잭션의 성능은 증폭된 왕복운행 시간에 반비례한다. 이는 대부분의 네트워크 프로토콜의 연산들에서 필수적으로 수반되는 왕복 메시지 교환 때문이다. 이번 장의 나머지 부분에서는 이러한 메시지 교환이 일어나는 이유와 그 횟수를 줄이거나 심지어는 메시지 교환을 아예 제거하는 방법에 초점을 둔다.

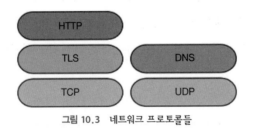

그림 10.3   네트워크 프로토콜들

10.5 TCP(전송 제어 프로토콜)

TCP(Transport Control Protocol; 전송 제어 프로토콜)는 IP 네트워킹의 관례에 기초한 세션 지향적 네트워크 전송 프로토콜이다. TCP는 HTTP나 TLS 같은 다른 프로토콜들에 필수적인, 오류 없는 전이중 통신 채널에 영향을 미친다.

TCP는 우리가 줄이고자 노력하는 메시지 왕복 교환을 많이 사용한다. 그런 교환들 중에는 *TFO* 같은 프로토콜 확장을 이용해서 제거할 수 있는 것들도 있고 초기 밀집 구간 같은 시스템 매개변수를 조율해서 최소화할 수도 있는 것들도 있다. 이번 절에서는 그 두 접근방식을 TCP의 기본적인 내부 작동 방식과 함께 살펴보겠다.

TFO 확장

TCP 연결을 새로 만들기 위해서는 삼중 제어 교환(three-way handshake)이라고 부르는 3단계 메시지 교환 과정이 필요하다. TFO(TCP Fast Open)는 그러한 제어 교환 과정에서 유발되는 왕복운행 지연을 제거하기 위한 TCP의 한 확장이다.

TCP의 삼중 제어 교환의 목적은 안정적인 이중 통신을 가능하게 하기 위해 클라이언트와 서버가 운영 매개변수들을 협상하는 것이다. 우선 클라이언트가 서버에게 SYN(*synchronize*) 메시지를 보낸다. 이 메시지는 서버에 대한 클라이언트의 연결 요청에 해당한다. 그 연결 요청을 수락한 서버는 SYN-ACK(*synchronize*와 *acknowledge*) 메시지를 클라이언트에게 보낸다. 마지막으로 클라이언트는 그 메시지를 받았음을 확인해주기 위해 서버에게 ACK 메시지를 보낸다. 여기까지 마치면 서버와 클라이언트 사이에 하나의 논리적 연결이 확립된 것이며, 이제 클라이언트는 자료를 보낼 수 있다. 직접 계산해 보면 알겠지만, 이러한 삼중 제어 교환 과정에 의해 적어도 현재 네트워크의 왕복운행 1회에 해당하는 지연이 발생한다.

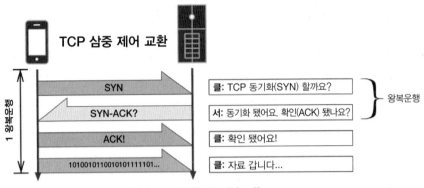

그림 10.4   TCP의 삼중 제어 교환

예전에는 연결 재활용 이외에는 이러한 TCP 삼중 제어 교환의 지연을 피할 방법이 없었다. 그러나 최근 IETF의 TFO 명세[2]가 발표되면서 상황이 달라졌다.

TFO를 이용하면 연결이 논리적으로 수립되기 전에 클라이언트가 자료를 보내기 시작할 수 있다. 결과적으로 삼중 제어 교환에 의한 모든 왕복운행 지연이 사실상 상쇄된다. 이러한 최적화의 효과가 누적되면 인상적인 결과가 생긴다. Google의 연구 결과에 따르면[3] TFO가 페이지 적재 시간을 많게는 40%까지 줄여 준다고 한다. 아직 명세 초안 상태이긴 하지만, TFO는 이미 주요 브라우저(Chrome 22+)와 플랫폼(Linux 3.6+)이 지원하고 있으며, 다른 제조사들도 조만간 이를 완전히 지원할 것이라고 약속하고 있다.

TFO는 SYN 메시지 안에 작은 자료 페이로드[payload](이를테면 HTTP 요청)를 포함시킬 수 있도록 삼중 제어 과정을 수정한다. 이 페이로드는 연결 제어 교환이 이미 완료되었다는 가정 하에서 응용 프로그램 서버에 전달된다.

예전에도 TFO 같은 확장 제안들이 있었지만 보안상의 문제로 채택되지 못했다. TFO는 보안 토큰 또는 쿠키를 이용해서 보안 문제를 해결한다. 전통적인 TCP 연결 제어 교환 도중에 클라이언트에 쿠키가 배정되며, 서버는 TFO에 최적화된 요청을 담은 SYN 메시지 안에 담긴 쿠키를 이용해서 클라이언트를 확인한다.

TFO 사용 시 주의해야 할 사소한 사항들이 몇 가지 있다. 가장 주목할 사항은 SYN

---

2   http://datatracker.ietf.org/doc/draft-ietf-tcpm-fastopen
3   http://research.google.com/pubs/pub36640.html

메시지와 함께 보낸 요청 자료에 대해 그 어떤 멱등성(idempotency)도 보장되지 않는다는 것이다. TCP는 중복된 패킷들(패킷 중복은 흔히 일어난다)이 수신자 쪽에서 무시됨을 보장하나, 연결 제어 교환에서는 그러한 보장이 없다. 이에 대한 해결책을 명세 초안에 포함시키고자 하는 노력이 진행되고 있긴 하지만, 그렇지 않더라도 TFO를 멱등 트랜잭션에 안전하게 사용할 수 있는 방법은 존재한다.

초기 밀집 구간

초기 밀집 구간(initial congestion window, initcwnd)은 변경 가능한 TCP 설정이다. 이를 잘 조율하면 작은 네트워크 트랜잭션들의 속도를 크게 높일 수 있다.

최근, 공통의 초기 밀집 구간 설정을 구획(segment) 세 개(즉 패킷 세 개)에서 구획 10개로 증가하는 것을 장려하는 IETF 명세[4]가 나왔다. 이 제안은 그러한 설정을 통해서 성능을 평균 10% 증가할 수 있음을 보여주는, 구글이 수행한 상세한 연구 결과[5]에 기초한 것이다. 이 설정의 목적과 잠재적 영향을 이해하려면 TCP의 밀집 구간(congestion window, cwnd) 설정이 무엇인지 알아야 한다.

TCP는 신뢰성이 없는 네트워크에서도 클라이언트와 서버에게 신뢰성을 보장한다. 이러한 신뢰성 보장은 한 쪽이 보낸 모든 자료가 반드시 다른 쪽에게 전달된다는(또는 적어도 그렇게 보인다는) 약속에 해당한다. 패킷 소실(packet loss)은 이러한 신뢰성 약속을 지키는데 있어 가장 큰 장애물이다. 따라서 TCP는 반드시 패킷 소실을 검출하고, 보정하고, 방지해야 한다.

패킷 소실을 검출하기 위해 TCP는 긍정 확인응답(positive acknowledgement) 관례를 사용한다. 이 관례에서는 전송된 모든 패킷에 해당 수신자가 확인응답을 보내야 한다. 확인응답이 오지 않았다면 TCP는 패킷이 전송 도중 사라진 것으로 간주한다. 확인응답을 기다리는 동안에는, 전송된 패킷들을 밀집 구간이라고 부르는 특별한 버퍼에 보존해 둔다. 이 버퍼가 꽉 차는 사건을 일컬어 **밀집 구간 소진**(cwnd exhaustion)이라고 부른다. 밀집 구간

---

4   http://datatracker.ietf.org/doc/rfc6928
5   http://research.google.com/pubs/pub36640.html

소진 사건이 발생하면 수신자의 확인응답이 도착해서 밀집 구간에 공간이 생길 때까지는 더 이상 패킷을 보내지 않는다. 이러한 사건들은 TCP의 성능에 커다란 영향을 미친다.

　네트워크 대역폭 한계 외에, TCP 처리량은 궁극적으로 밀집 구간 소진 사건의 빈도에 의해 제한된다. 그리고 소진 사건이 발생할 확률은 밀집 구간의 크기와 관련이 있다. 순간 최대 TCP 성능을 달성하기 위해서는 밀집 구간의 크기가 네트워크의 현재 조건과 잘 맞아야 한다. 너무 크면 네트워크 밀집(네트워크가 너무 붐벼서 대역폭이 모자라는 현상) 때문에 패킷들이 더 많이 소실될 가능성이 있고, 너무 작으면 귀중한 대역폭을 제대로 써먹지 못하게 된다. 논리적으로, 네트워크 조건들을 잘 알수록 최적의 밀집 구간을 선택할 가능성이 커진다. 현실적으로, 네트워크의 용량이나 잠복지연 같은 핵심 속성들은 측정하기 힘들고 끊임없이 변한다. 게다가 임의의 IP 기반 TCP 연결이 여러 개의 네트워크들에 걸쳐 있을 수 있다는 점 때문에 상황이 더욱 악화된다.

　네트워크 용량을 정확히 측정할 수단이 없으면 TCP는 네트워크 밀집(network congestion)의 조건으로부터 네트워크 용량을 유추한다. TCP는 밀집 구간을 패킷 손실이 일어나기 시작하는 지점까지 확장해 본다. 패킷 손실이 일어난다면, 연결 경로 어딘가에 현재의 전송 속도를 감당하지 못하는 네트워크가 존재한다는 뜻이다. 이러한 밀집 회피 방식을 사용하는 덕분에, 언젠가는 TCP가 밀집 구간 소진 사건들을 할당된 연결 용량을 모두 소비하는 수준까지 최소화하게 된다. 이쯤 되면 TCP의 초기 밀집 구간 설정의 목적과 중요성을 이해할 수 있을 것이다.

　네트워크 밀집은 패킷 소실의 징후가 없으면 검출할 수 없다. 새로 만들어졌거나 한동안 쓰이지 않은 연결에는 최적의 밀집 구간 크기를 결정하는 데 필요한 패킷 소실의 증거가 부족하다. TCP는 밀집이 발생할 가능성이 최소인 크기의 밀집 구간으로 시작하는 것이 낫다는 전략을 사용한다. 원래의 크기는 구획 1개(~1480바이트)였으며 한동안 그러한 설정이 권장되었다. 그러나 이후의 실험 결과들은 구획 4개까지 높여도 효과적일 수 있음을 보여준다. 실제로는 초기 밀집 구간이 구획 3개(~4KiB) 크기로 설정되어 있는 경우가 많다.

　초기 밀집 구간은 작은 네트워크 트랜잭션들의 속도에 악영향을 미친다. 이는 간단한 예를 통해서 쉽게 이해할 수 있다. 표준적인 설정인 3 구획의 경우 패킷 세 개 또는 4KiB

만 전송해도 밀집 구간 소진이 발생할 것이다. 패킷들이 연달아 전송된다고 할 때, 해당 확인응답들이 연결의 왕복운행 시간보다 더 일찍 도착할 수는 없다. RTT가 100ms라고 하면 유효 전송 속도는 초당 400바이트밖에 되지 않는다. 언젠가는 가용 용량을 완전히 소비할 수 있도록 TCP가 밀집 구간을 확장하겠지만, 시동이 아주 느리다는 것이 문제이다. 실제로 이런 현상을 흔히 느린 시동(slow start)이라고 부른다.

느린 시동이 작은 다운로드들의 성능에 미치는 영향을 알려면 초기 밀집 구간의 위험 대 보상 비율을 재평가할 필요가 있다. 실제로 Google이 그런 실험을 수행했는데,[6] 처리량이 최고가 되고 밀집 소진이 최소가 되는 초기 밀집 구간은 구획 10개 크기(~14KiB)라는 결과가 나왔다. 실세계의 결과들은 페이지 적재 시간이 전반적으로 10% 감소함을 보여준다. 왕복운행 잠복지연이 더 높은 연결들에서는 감소 비율이 더욱 클 것이다.

초기 밀집 구간 크기를 기본 설정 이외의 것으로 바꾸는 것이 간단하지는 않다. 대부분의 서버 운영체제에서 이 설정은 오직 특권을 가진 사용자만 바꿀 수 있는 시스템 전역 설정이다. 특권이 없는 응용 프로그램을 통해서 클라이언트가 이 설정을 바꿀 수 있는 경우는 드물다(아예 없을 수도 있다). 초기 밀집 구간을 크게 잡으면 서버에서는 다운로드 속도가 올라가고 클라이언트에서는 업로드 속도가 올라간다는 점이 중요하다. 클라이언트에서 이 설정을 변경하지 못한다는 점 때문에, 클라이언트의 요청 페이로드 크기를 최소화하는 데 특별한 노력을 기울일 필요가 있다.

10.6 HTTP(하이퍼텍스트 전송 프로토콜)

이번 절에서는 높은 왕복운행 잠복지연이 HTTP(Hypertext Transfer Protocol)의 성능에 미치는 영향을 완화하는 기법들을 논의한다.

---

6 http://research.google.com/pubs/pub36640.html

연결 유지

연결 유지(keepalive)는 일련의 요청들에 동일한 TCP 연결을 사용할 수 있게 만드는 HTTP의 한 규약이다. 이를 이용하면 적어도 하나의 왕복운행(TCP의 삼중 제어 교환에 필요한)을 피할 수 있으므로 요청당 수십에서 수백 밀리초를 아낄 수 있다. 또한 연결 유지 기능에는 추가적인, 그리고 종종 예상치 못한 성능상의 이점이 있다. 바로, 현재의 TCP 밀집 구간이 요청들 사이에서 보존되기 때문에 밀집 구간 소진 사건이 훨씬 덜 발생한다는 점이다.

밀집 구간을 고려하는 메시지 전달

HTTP를 메시지 전송 프로토콜로 사용할 때 종종 뜬금없고 영문 모를 지연이 발생하기도 한다. 이는 TCP의 밀집 구간 소진 사건들 때문이다. 메시지와 메시지 사이에 유휴 시간이 어느 정도 있으면(보통은 1초 이상) TCP는 자신의 밀집 구간을 재설정한다.

    메시지 페이로드 크기를 초기 밀집 구간 설정(보통은 구획 3개, 약 4KiB) 이하로 유지하면 그러한 밀집 구간 소진을 방지할 수 있다. 메시지 페이로드가 그러한 문턱값을 넘지 않도록 하는 기법 두 가지를 소개한다. 하나는 헤더 축소이고 또 하나는 차이 부호화이다.

헤더 축소

의외라고 생각하는 독자도 있을 것 같은데, 사실 HTTP 요청들 중에는 반드시 헤더를 포함시키지 않아도 되는 것들이 많다. 이 점을 이용하면 공간을 상당히 줄일 수 있다. 대략적인 원칙은 먼저 헤더를 하나도 포함시키지 않는 것에서 시작해서 꼭 필요한 것만 추가해 나가는 것이다. HTTP 클라이언트나 서버가 자동으로 헤더들을 추가하는지도 살펴보아야 한다. 그런 행동을 방지하려면 설정을 변경해야 할 수도 있다.

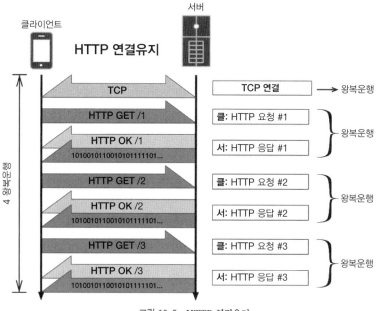

그림 10.5   HTTP 연결유지

차이 부호화

차이 부호화(delta encoding)는 연속된 메시지들 사이의 유사성을 활용하는 압축 기법이다. 차이 부호화로 압축된 메시지는 이전 메시지와 다른 부분으로만 구성된다. 일관된 서식을 따라 JSON 형태로 서식화된 메시지는 이 기법에 특히나 적합하다.

파이프라인화

파이프라인화pipelining는 여러 개의 연속된 요청들을 하나의 트랜잭션으로서 제출하는 HTTP의 한 규약이다. 이 기법은 HTTP 연결 유지와 동일한 성능상의 이점을 제공하며, 또한 보통의 경우 추가적인 HTTP 요청들에 필요한 왕복운행들을 제거한다는 이점도 있다.

파이프라인화는 네트워크 왕복운행 1회의 지연을 여러 HTTP 트랜잭션에 분산시키는 효과를 낸다. 예를 들어 HTTP 요청 다섯 개를 파이프라인화해서 RTT가 100ms인 연결을 통해 서버에 보낸다면, 요청당 평균 RTT가 20ms로 줄어든다. 같은 조건에서 HTTP

요청 10개를 파이프라인화하면 평균 잠복지연이 10ms로 줄어든다.

그런데 HTTP 파이프라인화는 중요한 단점 때문에 그리 널리 쓰이지 못하고 있다. 단점이란, 역사적으로 HTTP 프록시에 대한 지원이 좋지 않았다는 점과 서비스 거부(DoS) 공격에 취약하다는 점이다.

10.7 TLS(전송층 보안)

TLS(Transport Layer Security; 전송층 보안) 프로토콜은 민감한 정보를 공공 네트워크를 통해서 안전하게 교환할 수 있는 세션 지향적 네트워크 프로토콜이다. TLS가 통신 보안에는 아주 효과적이지만, 잠복지연이 높은 네트워크에서 운용되는 경우에는 성능에 악영향을 미친다.

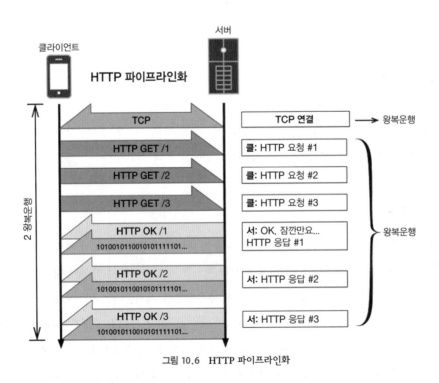

그림 10.6   HTTP 파이프라인화

TLS에는 2회의 클라이언트-서버 메시지 교환을 수반하는 복잡한 제어 교환 과정이 필요하다. 이 때문에 TLS로 보안된 HTTP 트랜잭션이 눈에 띄게 느려 보일 수 있다. TLS가 느리다는 불평의 근본 원인은 이러한 제어 교환 절차에 의한 여러 회의 왕복운행에 의한 지연 때문인 경우가 많다.

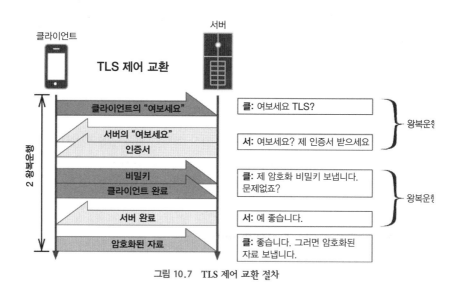

그림 10.7 TLS 제어 교환 절차

좋은 소식은, 트랜잭션들 사이에서 TCP 연결을 보존하는 모든 기법(HTTP의 연결 유지 규약 등)은 TLS 세션도 보존한다는 점이다. 그러나 현실적으로 보안 TCP 연결을 오랫동안 유지하는 것이 항상 가능하지는 않다. 다음은 TLS 제어 교환 절차 자체를 가속하는 방법 두 가지이다.

세션 재개

TLS의 세션 재개(session resumption) 기능은 TCP 연결들 사이에서 하나의 보안 세션을 보존할 수 있게 만든다. 이를 이용하면 제어 교환 과정의 초반에서 공개키 암호화를 위한 메시지 교환(서버의 신원을 확인하고 대칭 암호화 키를 확립하는 데 필요한)이 제거된다. 계산 비용이 큰 공개키 암호화 연산들을 피하는 것도 성능에 도움이 되지만, 하나의 메시지 교환의 왕복운행 지연을 제거함으로써 절약되는 시간이 더 크다.

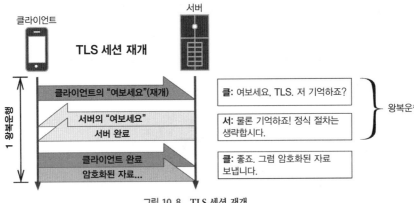

그림 10.8   TLS 세션 재개

TLS의 이전 버전들(즉 SSL)에서는 서버가 세션 상태를 유지해야 했는데, 고도로 분산된 서버 구조에서는 그것이 아주 어려운 일이었다. TLS는 세션 티켓session ticket을 이용한 좀 더 간단한 해법을 제공한다. TLS의 한 확장인 세션 티켓에서는, 제어 교환 과정에서 서버가 허락한다면 클라이언트가 암호화된 페이로드 형태로 세션 상태를 보존할 수 있다. 세션을 재개할 때에는 클라이언트가 제어 교환 과정의 처음에서 그 티켓을 제출해야 한다.

가짜 시동

가짜 시동(false start)은 TLS 제어 과정의 한 특징을 이용해서 프로토콜을 교묘한 방식으로 수정한 것이다. 기술적으로, 클라이언트가 자신의 최종 제어 교환 메시지를 서버에 보낸 직후에 암호화된 자료를 보내는 것이 허용된다. 이 점을 이용해서, 가짜 시동 기법은 보통의 경우 클라이언트가 서버의 최종 제어 교환 메시지를 기다리느라 소비되는 왕복운행을 제거한다.

가짜 시동은 세션 재개와 동일한 성능상의 이득을 제공하며, 게다가 상태가 없다는 장점도 제공한다. 클라이언트와 서버가 세션 상태를 관리하는 부담을 벗을 수 있는 것이다. 대다수의 웹 클라이언트는 조금만 수정하면 가짜 시동을 지원할 수 있다. 그리고 놀랍게도, 약 99%의 경우에서 서버는 전혀 수정할 필요가 없다. 따라서 이 최적화는 대부분의 기반구조에서 즉시 적용할 수 있다.

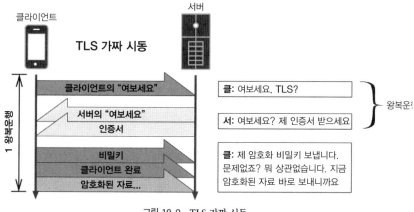

그림 10.9 TLS 가짜 시동

10.8 DNS(도메인 이름 시스템)

DNS(Domain Name System)는 대부분의 IP 기반 네트워크 트랜잭션에 필요한 이름-주소 환원 기능을 제공한다. 프로토콜로서의 DNS는 상당히 간단하다. 보통의 경우 신뢰성 있는 전송 프로토콜(TCP 등) 없이도 DNS가 작동한다. 그렇긴 하지만 DNS 질의에 걸리는 시간들이 길고 변동이 심한 경우가 많다(그 이유는 너무 다양하고 복잡해서 여기에서 일일이 설명하기 힘들다).

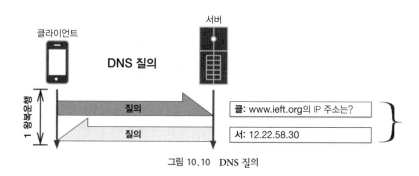

그림 10.10 DNS 질의

대체로 호스팅 플랫폼은 빈번한 DNS 질의를 피하기 위한 캐시 구현을 제공한다. DNS 캐싱의 의미론은 간단하다. 각 DNS 응답에는 그 응답이 캐시에 얼마나 오래 유지될 수 있는지를 뜻하는 유효 기간(time-to-live, TTL) 특성이 있다. TTL은 몇 초에서 며칠까지 다양하나, 일반적으로는 몇 분 정도이다. 아주 낮은(흔히 1분 이하) TTL은 부하 분산에, 또는 서버 교체나 ISP 오류 복구시의 비가동 시간(downtime)을 최소화하는 데 쓰인다.

대부분의 플랫폼에 내장된 DNS 캐시 구현은 이동통신망의 더 높은 왕복운행 시간을 고려하지 않는다. 그러한 기본 캐시 구현을 보강하거나 대체하는 캐시 구현을 사용한다면 수많은 이동기기용 응용 프로그램에 도움이 될 것이다. 그럼 이동기기용 응용 프로그램들에 적용했을 때 불필요한 DNS 질의에 의한 무작위적이고 불필요한 지연을 제거할 수 있는 몇 가지 캐싱 전략을 살펴보자.

실패 시 갱신

가용성 높은 시스템들은 자신의 IP 주소 공간 안에 호스팅되어 있는 여분의 기반구조들에 의존하는 경우가 많다. TTL이 낮은 DNS 항목들은 고장 난 호스트의 주소를 지칭할 수도 있는 네트워크 클라이언트의 시간을 줄여 준다는 장점이 있지만, 대신 추가적인 DNS 질의가 많이 발생한다는 단점도 있다. TTL은 비가동 시간의 최소화와 클라이언트 성능의 최대화 사이의 절충 요인으로 작용한다.

일반적으로, 서버 고장이 일상적인 일이 아닌 예외적인 사건이라면 그런 사건을 위해 클라이언트의 성능을 낮추는 것은 비합리적이다. 이러한 딜레마에는 간단한 해답이 있다. TTL을 엄격하게 따르는 대신, TCP나 HTTP 같은 더 높은 수준의 프로토콜이 복구 불가능한 오류를 검출한 경우에만 캐시의 DNS 항목을 갱신하면 된다. 대부분의 시나리오에서 이 기법은 TTL 준수 DNS 캐시의 행동을 흉내면서도 DNS 기반 고가용성 솔루션에서 흔히 볼 수 있는 성능상의 피해를 거의 다 제거한다.

단, 이러한 캐싱 기법이 임의의 DNS 기반 부하 분산 방식과는 호환되지 않을 가능성이 있다는 점을 주의해야 한다.

비동기 갱신

비동기 갱신은 주어진 TTL들을 (대부분)따르면서도 잦은 DNS 질의에 의한 잠복지연을 대거 제거할 수 있는 접근방식이다. c-ares[7] 같은 비동기 DNS 클라이언트 라이브러리는 그러한 기법을 구현해야 한다.

착상은 간단하다. 만료된 DNS 캐시 항목에 대한 요청이 들어오면 일단은 오래된 결과를 돌려주고, 그와 함께 캐시를 갱신하기 위한 비차단(non-blocking) 질의를 배경에서 수행하도록 일정을 잡는 것일 뿐이다. 아주 오래된 항목에 대해서는 차단식(즉, 동기적인) 질의를 수행한다는 대안까지 구현한다면, 이 기법은 DNS 지연을 거의 다 제거하면서도 여러 DNS 기반 오류 복구·부하 분산 방식들과 호환된다.

10.9 결론

이동통신망의 증폭된 잠복지연이 미치는 영향을 완화하려면 잠복지연을 악화시키는 네트워크 왕복운행을 줄여야 한다. 그러한 벅찬 성능 문제를 극복하는 데에는 왕복운행 프로토콜 메시지 교환을 최소화하거나 제거하는 데 전적으로 초점을 둔 소프트웨어 최적화 기법들을 도입하는 것이 꼭 필요하다.

---

7 http://c-ares.haxx.se/

제11장

Warp

가즈 야마모토 Kazu Yamamoto, 마이클 스노이먼 Michael Snoyman,

안드레아스 보엘미 Andreas Voellmy

Warp는 순수(pure) 함수적 언어인 Haskell로 작성된 고성능 HTTP 서버 라이브러리이다. 웹 응용 프로그램 프레임워크인 Yesod와 HTTP 서버인 mighty는 바로 이 Warp에 기초해서 구현된 것이다. 우리의 처리량 벤치마크에 따르면 mighty의 성능은 nginx와 비슷한 수준이다. 이 글에서는 Warp의 구조를 소개하고, Warp가 그 정도의 성능을 낼 수 있는 이유를 설명한다. Warp는 Linux, BSD의 여러 변형들, Mac OS, Windows를 비롯한 여러 플랫폼들에서 실행된다. 그러나, 설명을 간단하게 하기 위해 이 글에서는 Linux에 대해서만 이야기한다.

11.1 Haskell의 네트워크 프로그래밍

함수적 프로그래밍 언어(functional programming language; 소위 함수형 언어)가 느리거나 비실용적이라고 믿는 사람들이 있다. 그러나 우리가 알기로는 Haskell은 네트워크 프로그래밍에 거의 이상적인 접근방식을 제공한다. 이는 Haskell의 대표적 컴파일러인 GHC(Glasgow Haskell Compiler)가 가볍고 안정적인 사용자 스레드(종종 녹색(green) 스레드라고 부르는)를 제공하는 덕분이다. 이번 절에서는 서버 쪽 네트워크 프로그래밍에 관한 잘 알려진 접근방식 몇 가지를 개괄하고 그것들을 Haskell의 네트워크 프로그래밍과 비교한다. 이를 통해서, Haskell이 다른 접근방식에는 없는 프로그래밍 능력과 성능의 조합을 제공함을 알게 될 것이다. Haskell의 추상들을 이용하면 프로그래머는 명확하고 간단한 코드를 작성할 수 있다. 그리고 GHC의 정교한 컴파일러와 다중 코어 실행시점 시스템은 대다수의 손으로 직접 짠 고급 네트워크 프로그램들과 아주 비슷한 방식으로 작동하는 다중 코어 프로그램을 산출한다.

네이티브 스레드

전통적인 서버들은 다중 스레드 프로그래밍이라고 부르는 기법을 사용한다. 그러한 구조를 따르는 서버는 연결들을 각각 하나의 프로세스 또는 네이티브 스레드[native thread](OS 스레드라고도 한다)로 처리한다.

이러한 접근방식을, 프로세스나 네이티브 스레드를 생성하는 데 쓰이는 메커니즘을 기준으로 좀 더 분류할 수 있다. 스레드 풀을 사용하는 방식에서는 프로세스들 또는 네이티브 스레드들을 미리 생성해 둔다. Apache의 사전 파생(prefork) 모드가 그러한 예이다. 반대로, 연결 요청이 들어올 때마다 프로세스나 네이티브 스레드를 생성하는 방식도 있다. 그림 11.1이 그러한 방식이다.

이러한 다중 스레드 구조의 장점은 개발자가 깔끔한 코드를 작성할 수 있다는 것이다. 특히, 스레드들을 이용하면 간단하고 익숙한 제어 흐름을 따라 코드를 작성할 수 있으며, 입력을 가져오거나 출력을 내보내는 것도 그냥 간단한 함수 호출의 형태로 수행할 수 있다. 또한 커널이 프로세스 또는 네이티브 스레드를 가용 코어에 배정해 주므로 코어

들이 고르게 활용된다. 단점은 커널과 프로세스 또는 네이티브 스레드 사이에 문맥 전환
이 많이 일어나서 성능이 하락한다는 것이다.

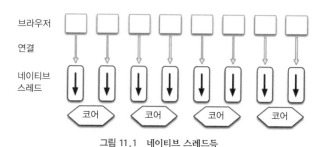

그림 11.1   네이티브 스레드들

사건 주도적 구조

고성능 서버의 세계에서 요즘 추세는 사건 주도적 프로그래밍(event-driven programming)의
장점을 취하는 것이다. 그러한 구조에서는 여러 개의 연결들을 하나의 프로세스가 처리한
다(그림 11.2). 웹 서버들 중 이러한 구조를 사용하는 예는 lighttpd이다.

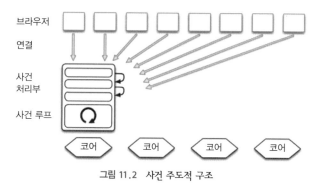

그림 11.2   사건 주도적 구조

전환할 프로세스가 없으므로 문맥 전환이 덜 일어나며, 따라서 성능이 개선된다. 이
것이 이 구조의 주된 장점이다.

반면 이 구조에서는 네트워크 프로그램의 코드가 상당히 복잡해진다. 특히, 이 구조
에서는 제어의 흐름이 뒤집혀 있어서, 사건 루프가 프로그램의 전체 실행을 제어한다. 그

래서 프로그래머는 자신의 프로그램을 사건 처리부(event handler)들의 형태로 재조직화해야 한다. 또한 각 사건 처리부가 오직 비차단(non-blocking) 코드만 수행해야 한다는 제약도 지켜야 한다. 이는 입출력 연산들을 단순한 함수 호출을 통해서 수행할 수는 없음을 뜻한다. 대신 좀 더 복잡한 비동기 방법을 사용해야 한다. 같은 맥락에서, 통상적인 예외 처리 방법들도 더 이상 사용할 수 없다.

코어당 프로세스 하나

n개의 코어에 대해 사건 주도적 프로세스를 n개 만들어서 그 코어들을 모두 활용할 수 있는 구조를 떠올리는 독자들이 많을 것이다(그림 11.3). 그런 구조에서는 각 프로세스를 일꾼(worker)이라고 부른다. 이 경우 여러 일꾼들이 하나의 서비스 포트를 공유해야 한다. 그러한 포트 공유는 사전 파생(prefork) 기법을 이용하면 된다.

전통적인 프로세스 기반 프로그래밍에서는 새 연결을 수락한 후에 그 연결을 위한 프로세스를 띄운다. 반면 사전 파생 기법에서는 새 연결을 수락하기 전에 프로세스를 띄운다. 이름이 같긴 하지만, 이 기법은 Apache의 사전 파생 모드와는 다른 것이다.

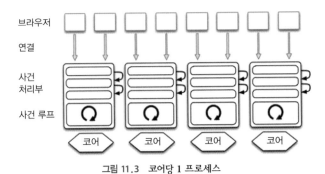

그림 11.3   코어당 1 프로세스

이런 구조를 사용하는 웹 서버로 nginx가 있다. Node.js는 과거에는 사건 주도적 아키텍처를 사용했지만, 최근에는 사전 파생 기법도 구현했다. 이런 구조의 장점은 모든 코어가 활용되어서 성능이 개선된다는 것이다. 그러나 처리부와 콜백 함수에 의존해야 하기 때문에 프로그램의 코드가 명확하지 못하다는 문제는 해결하지 못한다.

사용자 스레드

코드 명확성 문제를 해결하는 데 GHC의 사용자 스레드(user thread)가 도움이 된다. 구체적으로 말하자면, 각각의 HTTP 연결을 각각 하나의 새 사용자 스레드로 처리할 수 있다. 그러한 사용자 스레드의 코드는 전통적인 방식으로, 즉 차단식(논리적으로) 입출력 호출 형태로 작성하면 된다. 이 덕분에 프로그램이 깔끔하고 간단해진다. 복잡한 비차단 입출력과 다중 코어 작업 배분은 GHC가 알아서 처리해 준다.

내부적으로 GHC는 사용자 스레드들을 적은 수의 네이티브 스레드들로 다중화 (multiplexing)한다. GHC의 실행시점 시스템에는 다중 코어 스레드 스케줄러가 포함되어 있는데, 이 스케줄러는 사용자 스레드들 사이의 전환을 저렴한 비용으로 수행한다. 이는 그러한 전환에 실질적인 OS 문맥 전환이 관여하지 않기 때문이다.

GHC의 사용자 스레드는 가볍다. 요즘 컴퓨터들은 10만 개의 사용자 스레드를 매끄럽게 돌릴 수 있다. GHC의 사용자 스레드는 견고하다. 심지어 비동기 예외 처리도 지원한다(§11.2와 §11.7에 나오겠지만, 이 기능은 시간 만료 처리부에 쓰인다). 또한 이 스케줄러에는 모든 가용 코어의 능력을 활용하는 데 도움이 되는 다중 코어 부하 균등화(load balancing) 알고리즘이 포함되어 있다.

사용자 스레드가 소켓에서 자료를 받거나 보내는 등의 차단식(논리적으로) 입출력 연산을 수행할 때, 실제로는 비차단 호출이 시도된다. 호출 시도가 성공하면 스레드는 입출력 관리자나 스레드 스케줄러에 관여하지 않고 즉시 실행을 제거한다. 만일 호출이 차단될 상황이면 스레드는 실행시점 시스템의 입출력 관리자 구성요소에게 해당 사건에 대해 자신이 관심을 가지고 있음을 알리고, 스레드 스케줄러에게는 그 사건이 발생하길 기다리고 있다고 알린다. 사용자 스레드들과는 독립적으로, 하나의 입출력 관리자 스레드가 사건들을 감시하다가 사건이 발생하면 해당 스레드들에게 통지한다. 그러면 그 스레드들에 대한 실행 일정이 다시 수립된다. 이 모든 것은 사용자 스레드에게 투명한 방식으로 진행된다. Haskell로 코드를 작성하는 프로그래머는 이와 관련해서 특별히 신경 쓸 것이 없다.

Haskell에서 대부분의 계산은 비파괴적이다. 이는 거의 모든 함수가 스레드에 안전하다는 뜻이다. GHC는 자료 할당을 사용자 스레드들의 문맥을 전환하기에 안전한 지점으로 활용한다. 함수적 프로그래밍 스타일 때문에 프로그램 실행 도중 새로운 자료가 자주

생성된다. 실제로, 자료 할당들이 문맥 전환에 충분할 정도로 자주 일어난다는 점이 알려져 있다.[1]

예전에도 사용자 스레드를 제공하는 언어들이 있었지만, 사용자 스레드가 가볍지도 않고 견고하지도 않아서 이제는 별로 쓰이지 않는다. 라이브러리 수준의 협동루틴(coroutine)을 제공하는 언어들로 있으나, 협동루틴은 선점적(preemptive) 스레드가 아니다. Erlang과 Go가 각각 가벼운 프로세스와 가벼운 'goroutine'을 제공한다는 점도 알아두기 바란다.

이 글을 쓰는 현재 mighty는 더 많은 코어를 활용하기 위해 사전 파생 기법을 이용해서 프로세스들을 띄운다. (Warp는 그런 기능이 없다.) 그림 11.4는 사용자 스레드들에 기초한 구조를 Haskell로 작성된, 사전 파생 기법을 사용하는 웹 서버의 맥락에서 나타낸 것이다. 이 구조에서 하나의 브라우저 연결은 하나의 사용자 스레드로 처리되며, 각각 하나의 CPU 코어에서 실행되는 네이티브 스레드들이 그러한 연결들을 위한 작업을 분담해서 (네이티브 스레드당 연결 여러 개) 처리한다.

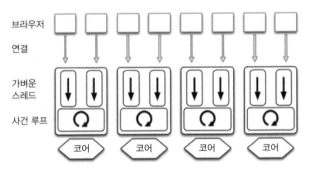

그림 11.4 코어당 1 프로세스와 사용자 스레드들의 조합

그런데 우리는 GHC 실행시점 시스템의 입출력 관리자 자체가 병목으로 작용함을 알게 되었다. 이 문제를 해결하기 위해 우리는 코어 당 사건 등록 테이블과 사건 감지기를 사용하는 **병렬 입출력 관리자**를 만들었다. 이 덕분에 다중 코어 규모가변성이 크게 개선되었다. 병렬 입출력 관리자를 사용하는 Haskell 프로그램은 하나의 프로세스로 실행되지

---

1   http://www.aosabook.org/en/ghc.html

만 다수의 입출력 관리자 인스턴스들이 여러 네이티브 스레드들에서 실행되므로 다중 코어가 활용된다(그림 11.5). 각 사용자 스레드는 코어들 중 임의의 하나에서 실행된다.

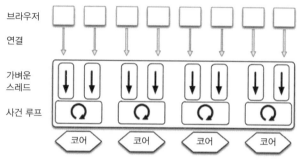

브라우저
연결

가벼운
스레드

사건 루프

코어   코어   코어   코어

그림 11.5 단일 프로세스의 사용자 스레드들

병렬 입출력 관리자를 포함한 GHC 버전 7.8이 2013년 가을에 나올 예정이다. GHC 버전 7.8에서는 코드를 전혀 수정하지 않고도 Warp가 이 구조를 사용하게 되며, `mighty`가 사전 파생 기법을 사용할 필요가 사라진다.

11.2 Warp의 구조

Warp는 웹 응용 프로그램 인터페이스(Web Application Interface, WAI)를 위한 HTTP 엔진이다. Warp는 HTTP 상에서 WAI 응용 프로그램을 실행한다. 앞에서 언급한 Yesod와 `mighty`는 둘 다 WAI 응용 프로그램의 예이다(그림 11.6).

WAI 응용 프로그램의 형식은 다음과 같다.

```
type Application = Request -> ResourceT IO Response
```

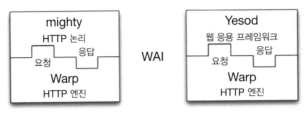

그림 11.6 웹 응용 프로그램 인터페이스(WAI)

Haskell에서 함수의 인수 형식들은 오른쪽 화살표들로 구분된다. 그리고 제일 오른쪽에 있는 것은 함수의 반환값의 형식이다. 따라서 위의 정의를 다음과 같이 해석할 수 있다: 하나의 WAI Application은 Request 하나를 받고, 입출력(IO)이 가능하며 자원들이 잘 관리되는 문맥 안에서 쓰이는 Response 하나를 돌려준다.

새 HTTP 연결을 수락하고 나면 Warp는 그 연결을 전담해서 처리할 사용자 스레드 하나를 띄운다. Warp는 클라이언트가 보낸 HTTP 요청을 받고 그것을 해석해서 Request를 만든다. 그런 다음 그 Request를 WAI 응용 프로그램에 전달하고, WAI 응용 프로그램으로부터 Response를 받는다. 마지막으로, Warp는 Response 값에 기초해서 HTTP 응답을 구축하고 그것을 클라이언트에게 돌려준다. 이상의 과정이 그림 11.7에 나와 있다.

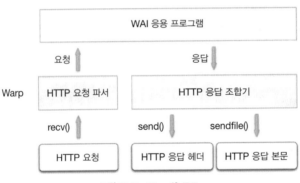

그림 11.7 Warp의 구조

사용자 스레드는 이러한 과정을 필요한 만큼 반복하되, 만일 상대방과의 연결이 닫히거나 유효하지 않은 요청이 들어오면 자신을 종료한다. 사용자 스레드는 또한 일정 기간 동안 의미 있는 분량의 자료가 들어오지 않으면(즉 시간 만료 사건이 발생하면) 자신을 종료한다.

11.3 Warp의 성능

Warp의 성능 개선 방법을 설명하기 전에, 우선 Warp의 성능 벤치마크 결과를 제시하고자 한다. 우리는 mighty 버전 2.8.4와 Warp 버전 1.3.8.1, nginx 버전 1.4.0의 조합의 처리량을 측정했다. 벤치마크 환경은 다음과 같다.

- 1gbps 이더넷으로 연결된 12코어 컴퓨터(Intel Xeon E5645, CPU 소켓 2개, CPU당 6코어) 두 대
- 둘 중 하나는 Linux 버전 3.2.0(Ubuntu 12.04 LTS)을 직접 실행한다.
- 또 하나는 FreeBSD 9.1을 직접 실행한다.

예전에 우리는 여러 가지 벤치마크 도구들을 시험해 봤는데, 가장 마음에 든 것은 httperf였다. 그러나 httperf는 select()를 사용하는 단일 프로세스 프로그램이기 때문에, 다중 코어 컴퓨터에서 HTTP 서버들을 측정하려 하자 성능상의 한계에 도달했다. 그래서 우리는 libev(epoll 계열)에 기초한, 여러 개의 네이티브 스레드들을 활용할 수 있는 weighttp로 전환했다. 다음은 FreeBSD에서 weighttp를 실행하는 데 사용한 명령이다.

```
weighttp -n 100000 -c 1000 -t 10 -k http://<IP_주소>:<포트_번호>/
```

이는 1,000개의 HTTP 연결을 만들고 각 연결마다 100개의 요청을 보내되, 그러한 작업을 10개의 네이티브 스레드를 띄워서 수행하라는 뜻이다.

대상 웹 서버는 Linux에서 컴파일된 것이다. 이 웹 서버는 모든 요청에 대해 동일한 index.html을 응답으로 돌려준다. nginx의 151바이트짜리 index.html을 사용했다.

Linux/FreeBSD에는 수많은 제어 매개변수들이 있으며, 성공적인 벤치마크를 위해서는 그런 매개변수들을 세심하게 설정해야 한다. ApacheBench & HTTPerf[2]에 Linux의 매개변수 조율에 대한 훌륭한 입문 자료가 있으니 참고하기 바란다. 우리는 mighty와 nginx를 다음과 같이 세심하게 설정했다.

---

2 http://gwan.com/en_apachebench_httperf.html

- 파일 서술자 캐시: 활성화

- 기록(logging): 비활성화

- 속도 제한(rate limitation): 비활성화

결과는 다음과 같다.

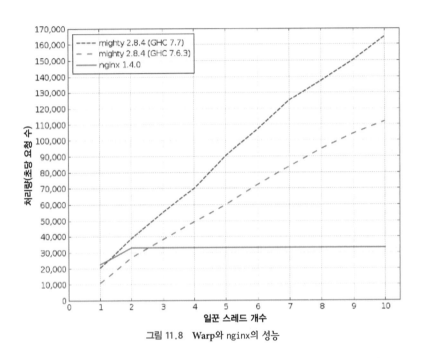

그림 11.8 Warp와 nginx의 성능

x축은 일꾼 스레드 개수이고 y축은 초당 요청 수 단위의 처리량이다.

- mighty 2.8.4 (GHC 7.7): GHC 버전 7.7.20130504(GHP 버전 7.8이 될 것임)로 컴파일되었음. 병렬 입출력 관리자를 오직 하나의 일꾼하고만 사용한다. 지정된 GHC 실행 시점 옵션은 +RTS -qa -A128m -N<x>로, 여기서 <x>는 코어 개수이고 128m은 쓰레기 수거기가 사용하는 할당 영역 크기이다.

- mighty 2.8.4 (GHC 7.6.3): GHC 버전 7.6.3(가장 최근의 안정 버전)으로 컴파일되었음.

11.4 핵심 착안

우리가 Haskell로 고성능 서버를 구현하면서 염두에 둔 핵심 착안은 다음 네 가지이다.

1. 시스템 호출 횟수를 최소화한다.
2. 특화된 함수 구현들을 사용하고 재계산을 피한다.
3. 자물쇠를 피한다.
4. 적절한 자료구조를 사용한다.

시스템 호출 횟수 최소화

대부분의 현대적인 운영체제들에서 시스템 호출(system call)은 대체로 비용이 낮지만, 그래도 자주 호출되면 계산 부담을 상당히 가중시킨다. Warp는 요청을 처리할 때 recv()나 send(), sendfile()(파일의 0 복사(zero-copying)★를 가능하게 하는 시스템 호출)을 비롯한 여러 시스템 호출을 사용한다. 요청 처리 시 open()이나 stat(), close() 같은 시스템 호출들은 §11.7에서 설명하는 캐시 메커니즘을 통해서 피할 수 있다.

실제로 쓰이는 시스템 호출들은 strace 명령으로 확인할 수 있다. nginx의 행동을 strace로 살펴보았더니 nginx가 accept4()를 사용한다는 점을 알게 되었다. strace로 조사해 보기 전까지는 그런 사실을 알지 못했다.

Haskell의 표준 네트워크 라이브러리는 청취용 소켓(listening socket)을 생성할 때 비차단 플래그를 설정한다. 그 청취용 소켓에서 새 연결을 수락할 때에는 해당 소켓도 비차단으로 설정해야 한다. 네트워크 라이브러리는 이를 fcntl()을 두 번 호출해서 구현한다. 한 번은 현재 플래그를 얻기 위해 호출하고, 또 한 번은 비차단 플래그가 활성화된 플래그 집합을 설정하기 위해 호출한다.

Linux에서, 연결된 소켓의 비차단 플래그는 청취용 소켓이 비차단이라고 해도 항상 설정되지 않은 상태이다. Linux는 accept4()라는 시스템 호출을 제공하는데, 이는 accept()의 확장 버전이다. 이 버전을 이용하면 연결을 수락할 때 비차단 플래그를 설정

★ 역주 메모리 블록을 CPU를 거치지 않고 직접 복사하는 것을 말한다.

할 수 있다. 즉, accept4()를 사용한다면 불필요한 fcntl() 호출 2회를 생략할 수 있는 것이다. 우리는 Linux에서 accept4()를 사용하도록 표준 네트워크 라이브러리를 수정했으며, 해당 패치가 이미 표준 네트워크 라이브러리에 병합되었다.

특화된 함수 사용과 재계산 회피

GHC는 프로파일링 메커니즘을 제공하지만, 그 메커니즘에는 프로그램을 전경에서 실행하며 자식 프로세스를 띄우지 않는 경우에만 프로파일링이 정확하게 일어난다는 한계가 있다. 서버의 실시간 활동들을 프로파일링하기 위해서는 세심한 주의가 필요하다.

mighty에 이를 위한 메커니즘이 존재한다. mighty의 구성 파일에 설정되어 있는 일꾼 개수가 n이라고 하자. 만일 n이 2 이상이면 mighty는 n개의 자식 프로세스를 생성하고, 부모 프로세스는 신호들을 전달하는 역할만 담당한다. 그러나 n이 1이면 mighty는 자식 프로세스를 전혀 생성하지 않는다. 대신, 실행된 프로세스 자체가 HTTP 요청을 처리한다. 또한, 만일 디버그 모드가 켜져 있으면 mighty는 자신의 터미널에서 실행된다.

mighty를 프로파일링해 보니 날짜 문자열의 서식화를 위한 표준 함수가 CPU 시간의 대부분을 소비한다는 놀라운 사실을 알게 되었다. 다들 알겠지만, HTTP 서버는 Date나 Last-Modified 같은 헤더 필드에서 날짜를 반드시 다음과 같은 형태의 GMT 서식으로 표현해야 한다.

```
Date: Mon, 01 Oct 2012 07:38:50 GMT
```

그래서 우리는 GMT 날짜 문자열을 생성하는 특화된 서식화 함수를 구현했다. 이 특화된 함수와 표준 Haskell 구현을 criterion 벤치마크 라이브러리로 비교해 보니 우리의 함수가 훨씬 빨랐다. 그런데, HTTP 서버가 초당 둘 이상의 요청을 받는다면, 서버는 동일한 서식화를 여러 번 반복하게 된다. 그래서 우리는 날짜 문자열을 위한 캐시 메커니즘도 구현했다.

특화된 함수 사용과 재계산 회피라는 착안은 §11.5와 §11.6에도 등장할 것이다.

자물쇠 피하기

불필요한 자물쇠는 프로그래밍에 해가 된다. 실행시점 시스템이나 라이브러리가 내부적으로 잠금을 사용하기 때문에, 프로그래머가 알지 못하는 사이에 불필요한 자물쇠들이 도입되기도 한다. 고성능 서버를 구현할 때에는 그런 자물쇠들을 식별하고 가능하다면 피해야 한다. 또한, 병렬 입출력 관리자에서는 잠금의 악영향이 더욱 커질 것이라는 점을 주의하기 바란다. 자물쇠들을 식별하고 피하는 방법은 §11.7과 §11.8에서 이야기하겠다.

적절한 자료구조 사용

Haskell의 표준 문자열 자료구조는 String으로, 이는 유니코드^{Unicode} 문자들의 연결 목록이다. 목록 프로그래밍은 함수적 프로그래밍의 핵심이기 때문에, 수많은 용도에서 String은 사용하기 편리한 자료구조이다. 그러나 고성능 서버의 관점에서 목록 자료구조는 너무 느리다. 그리고 바이트 스트림에 기초한 HTTP 프로토콜의 관점에서 유니코드는 너무 복잡하다. 그래서 우리는 문자열을(또는 버퍼를) ByteString을 이용해서 처리한다. ByteString은 바이트들의 배열에 메타자료가 첨가된 자료구조이다. 이 메타자료 덕분에 복사 없이 스플라이싱^{splicing}이 가능하다. 이에 대해서는 §11.5에서 좀 더 자세히 설명하겠다.

Builder와 이중 IORef도 적절한 자료구조 사용의 예이다. 이들은 각각 §11.6과 11.7에서 설명한다.

11.5 HTTP 요청 파서

다중 코어 환경에서의 효율적 동시성과 입출력에 관련된 여러 문제들 외에, 각 코어가 자신의 과제를 효율적으로 수행하게 만드는 것 역시 Warp에게 중요한 문제이다. 이와 관련해서 가장 중요한 구성요소는 HTTP 요청 처리기이다. 이 처리기의 주된 임무는 내향(incoming) 소켓에서 얻은 바이트 스트림에서 HTTP 요청의 줄(line)들과 개별 헤더들을 추출하는 것이다. 요청의 본문은 응용 프로그램이 처리하도록 놔둔다. 추출한 헤더들에 기초해서, 요청 처리기는 응용 프로그램(Yesod의 한 응용 프로그램이나 mighty, 또는 그 외의 기타 응용 프로그램)이 응답을 생성하는 데 사용할 자료구조를 만든다.

요청의 본문(body) 자체도 몇 가지 흥미로운 과제를 제시한다. Warp는 파이프라인화(pipelining)와 조각난 요청 본문(chunked request body)을 완전히 지원한다. 따라서 Warp는 반드시 조각난 요청 본문들을 다시 "합쳐서" 응용 프로그램에 넘겨주어야 한다. 파이프라인화가 작동하는 경우에는 하나의 연결에서 여러 개의 요청들이 전송될 수 있다. 따라서 Warp는 반드시 응용 프로그램이 너무 많은 바이트들을 소비하지 않도록 해야 한다(다음 요청에 속하는 중요한 정보가 지워지지 않도록). 또한 Warp는 요청의 본문에 남아 있는 자료를 반드시 폐기해야 한다. 그렇게 하지 않으면 다음번에 요청 처리기가 그 자료를 새 요청의 시작으로 해석해서 유효하지 않은 요청으로 판정하거나 요청을 오해할 수 있다.

한 예로, 클라이언트가 다음과 같은 가상의 요청을 보냈다고 하자.

```
POST /some/path HTTP/1.1
Transfer-Encoding: chunked
Content-Type: application/x-www-form-urlencoded

0008
message=
000a
helloworld
0000

GET / HTTP/1.1
```

HTTP 요청 파서는 반드시 경로이름 /some/path와 헤더 Content-Type을 추출해서 응용 프로그램에게 넘겨주어야 한다. 요청 본문을 읽기 시작한 응용 프로그램은 반드시 조각 헤더들(0008과 000a)을 건너뛰어야 하며, 실제 내용(message=helloworld)만 받아들여야 한다. 또한 조각의 끝 표시(0000) 이후의 바이트들은 전혀 소비하지 않아야 한다. 그래야 파이프라인의 다음 요청이 깨지지 않는다.

파서 작성

Haskell은 강력한 파싱 능력으로 유명하다. Haskell에는 전통적인 파서 생성기들은 물론 Parsec이나 Attoparsec 같은 조합기(combinator) 라이브러리들도 있다. Parsec과 Attoparsec 의 텍스트 모듈은 유니코드에 완전히 대응하는 방식으로 작동한다. 그러나 HTTP 헤더는 ASCII 문자들로만 이루어져 있으므로, 유니코드 대응 능력은 오히려 불필요한 추가 부담 을 야기할 뿐이다.

Attoparsec은 또한 파싱을 위한 이진 인터페이스도 제공한다. 이를 이용하면 유니코 드 추가부담을 피할 수 있다. 그러나 Attoparsec이 효율적이긴 하지만, 손으로 직접 짠 파 서에 비하면 여전히 추가부담이 존재한다. 그래서 Warp는 기존의 파서 라이브러리를 전 혀 사용하지 않고 모든 파싱을 직접 수행한다.

파서 작성에서 제기되는 질문 하나는 "실제 이진 자료를 어떻게 표현할 것인가?"이다. 답은 ByteString이다. ByteString은 본질적으로 세 가지 자료로 구성된다. 하나는 어떤 메모리 버퍼를 가리키는 포인터이고 또 하나는 그 메모리의 시작과 실제 바이트 자료 사 이의 오프셋, 마지막 하나는 실제 바이트 자료의 크기(길이)이다.

메모리 포인터가 항상 실제 자료의 시작 위치를 가리키게 한다면 오프셋은 생략할 수 있다. 그러나 오프셋이 있으면 자료의 공유가 가능해진다. 즉, 여러 개의 ByteString들이 모두 동일한 메모리 버퍼를 가리키되 각자 버퍼의 서로 다른 조각을 사용할 수 있다(이를 스플라이싱splicing이라고도 한다). 이때 자료가 깨질 염려는 없다. Haskell의 다른 대부분의 자 료 형식처럼 ByteString은 불변이(immutable)이기 때문이다. 메모리의 한 조각을 가리키는 마지막 포인터가 더 이상 쓰이지 않게 되면 메모리 버퍼 자체가 해제된다.

이러한 조합은 우리의 목적에 완벽히 부합한다. 클라이언트가 소켓을 통해 요청을 보내면 Warp는 그 자료를 비교적 커다란 조각(현재는 4096바이트)들로 읽어 들인다. 대부 분의 경우 이는 요청의 줄 전체와 모든 요청 헤더를 담기에 충분한 크기이다. 그런 다음 Warp는 우리가 직접 작성한 파서를 이용해서 커다란 조각을 여러 줄들로 분할한다. 이 작업은 다음과 같은 이유 때문에 효율적으로 수행된다.

1. 메모리 버퍼에서 새 줄(newline) 문자만 찾으면 된다. bytestring 라이브러리는 이를 위한 보조 함수들을 제공하는데, 그 함수들은 memchr 같은 저수준 C 함수들로 구현되어 있다. (여러 줄짜리 헤더들 때문에 실제로는 처리가 좀 더 복잡하지만, 그래도 기본적인 접근방식은 마찬가지이다.)

2. 자료를 담을 여분의 메모리 버퍼를 할당할 필요가 없다. 그냥 원래의 버퍼를 스플라이싱해서 나누어 사용하면 그만이다. 그림 11.9에 커다란 자료 조각에서 개별 요소들을 스플라이싱하는 상황이 나타나 있다. 이러한 상황이 관용구적인 C보다 훨씬 효율적이라는 점을 강조하고 싶다. C에서 문자열은 널 문자로 종료되므로 스플라이싱을 위해서는 새로운 메모리 버퍼를 할당하고, 기존 버퍼에서 자료를 복사하고, 끝에 널 문자를 추가하는 작업이 필요하다.

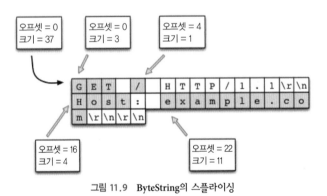

그림 11.9 **ByteString**의 스플라이싱

버퍼를 줄들로 분할한 후에는 비슷한 과정을 통해서 헤더 줄들을 키·값 쌍으로 만든다. 각각의 요청 줄에 대해, 요청된 경로를 상당히 깊게 파싱한다. 예를 들어 다음과 같은 요청이 들어왔다고 하자.

GET /buenos/d%C3%ADas HTTP/1.1

이 경우 다음과 같은 단계들을 수행해야 한다.

1. 요청의 방법(GET 등), 경로, 버전을 개별 조각으로 분리한다.
2. 경로를 슬래시(/)를 기준으로 토큰화해서 ["buenos", "d%C3%ADas"]를 얻는다.

3. 개별 조각에서 %로 시작하는 부분(URL 부호화)을 복호화해서 ["buenos", "d\195\173as"]를 얻는다.

4. 개별 조각에서 UTF-8로 표현된 부분을 복호화해서 해당 유니코드 텍스트 ["buenos", "días"]를 얻는다.

이 과정 역시 다음과 같은 이유로 효율적으로 수행된다.

1. 새 줄 점검에서처럼, 슬래시 문자를 찾는 것은 매우 효율적인 연산이다.

2. 16진 문자를 수치 값으로 변환할 때 효율적인 표 참조(table lookup) 기법을 사용한다. 표 참조 코드는 본질적으로 메모리 조회 1회이며, 조건 분기는 전혀 없다.

3. UTF-8 복호화는 Haskell의 텍스트 패키지에 있는 고도로 최적화된 연산을 이용해서 수행한다. 또한 텍스트 패키지는 UTF-8 자료를 효율적이고 압축된(packed) 형태로 표현한다.

4. Haskell의 게으른 성격 때문에 이 계산은 필요할 때에만 수행된다. 응용 프로그램이 경로의 텍스트 버전을 요구하지 않는다면 이 단계들은 전혀 수행되지 않는다.

파서에서 아직 설명하지 않은 것은 조각난 요청 본문들을 합치는 부분이다. 여러 모로, 그러한 조각 합치기는 파싱의 더 단순한 형태라 할 수 있다. 파서는 하나의 16진수 문자열을 해석해서 바이트 수를 얻는다. 그리고 그 개수만큼의 바이트들을 그대로(그 어떤 버퍼 복사 없이) 응용 프로그램에게 넘겨준다.

자료의 흐름

앞에서 요청의 본문을 응용 프로그램에 넘겨준다는 이야기가 여러 번 나왔다. 또한 응용 프로그램이 응답을 서버에게 돌려주고, 그것을 서버가 소켓에게 보내야 한다는 점을 짐작케 하는 부분도 있었다. 이와 관련되어 있지만 아직 논의하지 않은 마지막 요소로 미들웨어(middleware)가 있다. 미들웨어는 서버와 응용 프로그램 사이에서 요청이나 응답을 수정하는 구성요소이다. 미들웨어를 정의하는 Haskell 코드는 다음과 같다.

```
type Middleware = Application -> Application
```

이 정의를 보면 미들웨어가 어떤 '내부' 응용 프로그램을 인수로 받아서 요청을 전처리하고, 그 결과를 내부 응용 프로그램에 넘겨주고, 내부 응용 프로그램의 응답을 받고, 그 응답을 후처리한다는 점을 짐작할 수 있을 것이다. 이 글의 목적에서 이러한 미들웨어의 좋은 예는 응답의 본문을 자동으로 압축하는 gzip 미들웨어이다.

그런 미들웨어를 작성하려면 들어오는 자료 스트림과 나가는 자료 스트림 모두를 수정할 수단이 필요하다. 역사적으로 Haskell에서 쓰인 수단은 게으른 입출력(lazy I/O)이라는 것이다. 게으른 입출력에서는 값들의 스트림을 하나의 순수한 자료구조로 표현한다. 이 자료구조에 대해 자료를 요청하면 자료원으로부터 자료를 가져오기 위한 입출력 연산이 수행된다. 게으른 입출력을 이용하면 조합성(composability)이 엄청나게 높아진다. 그러나 고성능 서버에서는 이러한 게으른 입출력이 주요한 장애물로 작용한다. 게으른 입출력의 자원 정리 과정(finalization)이 결정론적이지 않기 때문이다. 서버에서 게으른 입출력을 사용하면, 서버에 부하가 많이 걸릴 때 파일 서술자(file descriptor)가 급격히 소진될 가능성이 크다.

게으른 입출력 대신 저수준 추상(본질적으로는 write 함수와 read 함수를 직접 다루는)을 사용할 수도 있다. 그러나 Haskell의 주된 장점은 코드의 행동을 개발자가 추론할 수 있는 고수준 접근방식이다. 그리고 저수준 추상을 사용하는 해법이 웹 응용 프로그램 작성 시 발생하는 일반적인 문제들에 얼마나 도움이 되는지도 명확하지 않다. 예를 들어 웹 응용 프로그램을 위해서는 한 단계(이를테면 요청 헤더 처리)에서 일정한 양의 자료를 읽고, 나머지 자료는 코드 기반(이를테면 웹 응용 프로그램)의 다른 부분에서 읽는 식의 버퍼링 지원이 필요하다.

이런 딜레마를 해결하기 위해, WAI 프로토콜은(따라서 Warp는) conduit(도관導管)이라는 패키지를 기반으로 삼는다. 이 패키지는 자료의 흐름(스트림)에 대한 추상을 제공한다. 이 패키지는 게으른 입출력의 조합성을 상당 부분 유지하고 버퍼링을 지원하면서도 결정론적 자료 처리를 보장한다. 예외들도 제자리에, 즉 코드에서 입출력을 처리하는 부분에 유지된다(순수성을 위해 자료구조 안에 숨겨지는 것이 아니라).

Warp는 클라이언트에서 오는 바이트 스트림을 Source로 표현하고 클라이언트에게 보내는 자료를 Sink로 표현한다. Warp는 Application에게 요청 본문을 담은 Source

를 제공하며, Application은 Warp에게 응답을 담은 Source를 제공한다. 미들웨어는 그 Source들을 가로채서 요청 본문이나 응답 본문을 적절히 변환한다. 그림 11.10은 Warp와 웹 응용 프로그램, 그리고 미들웨어의 관계를 보여준다. conduit 패키지의 조합성은 이를 쉽고 효율적인 연산으로 만들어 준다.

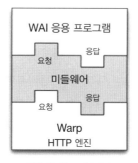

그림 11.10 미들웨어

conduit 패키지 덕분에 거의 최적의 방식으로 실행되는 미들웨어를 생성할 수 있음을 gzip 미들웨어의 예를 들어 설명해 보겠다. 응용 프로그램이 미들웨어에게 제공한 원래의 Source는 gzip Conduit에 연결되어 있다. 원래의 Source가 새로운 자료 조각을 생산할 때마다, 그 자료 조각이 zlib 라이브러리에 공급된다. zlib은 압축된 바이트들로 어떤 버퍼를 채운다. 그 버퍼가 꽉 차면 버퍼의 내용이 다른 미들웨어나 Warp로 방출된다. Warp는 압축된 바이트들을 소켓을 통해서 클라이언트에게 보낸다. 그러면 버퍼를 재사용하거나 버퍼의 메모리를 해제할 수 있다. 이런 방식에서는 메모리 사용이 최적화되며, 네트워크 실패 시에도 여분의 자료를 전혀 생산하지 않으며, 실행시점 시스템의 쓰레기 수거 부담이 줄어든다.

couduit 패키지 자체는 커다란 주제이므로 여기서 더 이상 자세히 이야기하지는 않겠다. 이 글의 목적에서는 conduit의 활용이 Warp의 높은 성능에 기여하는 하나의 요인이라는 점을 언급하는 것으로 충분할 것이다.

Slowloris 공격에 대한 방어

HTTP 요청과 관련된 마지막 관심사는 Slowloris 공격이다. DoS(Denial of Service; 서비스 거부) 공격의 일종인 Slowloris 공격★에서는 각 클라이언트가 아주 작은 양의 정보를 보내는데, 이는 동일한 하드웨어/대역폭상에서 좀 더 많은 수의 연결들을 유지하기 위한 것이다. 웹 서버에서 각각의 연결은 전송되는 바이트 수에 무관하게 일정한 추가부담을 가중하기 때문에, 이처럼 쓸데없이 많은 연결을 유지하는 것이 서버에게는 효과적인 공격이 된다. 그래서 Warp는 네트워크로 충분한 양의 자료를 보내지 않은 연결들을 감지해서 해제한다.

Slowloris에 대한 방어의 핵심은 시간 만료 관리자인데, 이에 대해서는 잠시 후에 좀 더 자세히 이야기하겠다. 요청 처리와 관련해서 유일한 요구사항은 클라이언트로부터 더 많은 자료가 왔는지 알 수 있도록 시간 만료 처리부를 갱신하는 것이다. 앞에서 언급했듯이, 입력 자료는 Source로 표현된다. 그 Source의 행동의 일부로, 새 자료 조각을 받을 때마다 시간 만료 처리부가 갱신된다. 시간 만료 처리부의 갱신은 비용이 아주 낮기 때문에 (본질적으로 메모리 쓰기 1회), 이러한 Slowloris 방어 때문에 개별 연결 처리부의 성능이 뚜렷하게 떨어지는 일은 없다.

11.6 HTTP 응답 조합기

이번 절에서는 Warp의 HTTP 응답 조합기(response composer)를 살펴본다. WAI Response 의 생성자는 다음 세 가지이다.

```
ResponseFile Status ResponseHeaders FilePath (Maybe FilePart)
ResponseBuilder Status ResponseHeaders Builder
ResponseSource Status ResponseHeaders (Source (ResourceT IO) (Flush Builder))
```

★ 　**역주** 원래 Slowloris는 그런 공격에 쓰이는 한 도구(HTTP 클라이언트)의 이름이다. Slowloris라는 단어 자체는 늘보 원숭이를 뜻하는 Slow loris에서 비롯된 것으로 보인다.

ResponseFile은 정적 파일을 보내는 데 쓰이는 반면 ResponseBuilder와 ResponseSource는 메모리 안에 생성된 동적 내용을 보내는 데 쓰인다. 이 생성자들은 Status와 ResponseHeaders를 모두 포함한다. ResponseHeaders는 키·값 헤더 쌍들의 목록으로 정의된다.

HTTP 응답 헤더 조합기

예전의 조합기는 밧줄(rope) 비슷한 자료구조인 Builder를 이용해서 HTTP 응답 헤더를 만들었다. 그 조합기는 우선 Status와 ResponseHeaders의 각 요소를 Builder로 변환한다. 각 변환은 $O(1)$로 실행된다. 그런 다음에는 한 Builder의 끝에 다른 Builder를 덧붙이는 식으로 그 Builder들을 모두 연결한다. Builder의 속성들 덕분에 각각의 덧붙이기 연산 역시 $O(1)$로 수행된다. 마지막으로, Builder의 자료를 버퍼에 복사해서 하나의 HTTP 응답 헤더를 완성한다. 이 연산은 $O(N)$으로 수행된다.

Builder가 충분한 성능을 내는 경우가 많긴 하지만, 우리는 Builder가 고성능 서버에 사용할 만큼 빠르지는 않음을 체험했다. Builder의 추가부담을 제거하기 위해 우리는 C의 고도로 조율된 복사 함수인 memcpy()를 직접 사용해서 특별한 HTTP 응답 헤더 조합기를 구현했다.

HTTP 응답 본문 조합기

ResponseBuilder와 ResponseSource의 경우 응용 프로그램이 제공하는 Builder 값들은 ByteString들의 목록으로 압축된다. 조합된 헤더를 그 목록 앞에 붙이고, send()를 이용해서 고정된 버퍼 안에 있는 목록을 전송한다.

ResponseFile의 경우 Warp는 HTTP 응답 헤더와 본문을 각각 send()와 sendfile()을 이용해서 전송한다. 그림 11.7에 이 경우가 나와 있다. 이 경우에도 §11.7에서 설명하는 캐시 메커니즘 덕분에 시스템 호출 open(), stat(), close()를 생략할 수 있다. ResponseFile의 또 다른 성능 조율 방식이 다음 소단원에 나온다.

헤더와 본문을 함께 보내기

Warp의 정적 파일 전송 성능 측정 결과들을 보면 동시성이 높을 때(즉, 동시에 많은 수의 연결을 처리할 때) 결과가 좋았다. 반면 동시성 값을 1로 하면 Warp가 아주 느리게 작동했다.

tcpdump 명령의 결과들을 조사해 보니 그 이유를 알 수 있었다. 원래 Warp는 헤더에 대해서는 writev()를, 본문에 대해서는 sendfile()을 사용했다. 그러면 하나의 HTTP 헤더와 본문이 개별적인 TCP 패킷들로 전송된다(그림 11.11).

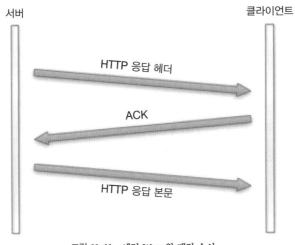

그림 11.11   예전 Warp의 패킷 순서

이들을 하나의 TCP 패킷으로 보내기(그것이 가능한 경우) 위해, 새로운 Warp는 writev() 대신 send()를 사용한다. 구체적으로 말하자면, send()와 MSG_MORE 플래그를 이용해서 헤더를 저장하고 sendfile()을 이용해서 저장된 헤더와 파일(본문)을 함께 보낸다. 이렇게 한 후 벤치마크해보니 처리량이 적어도 100배 높아졌다.

11.7 타이머를 이용한 정리

이번 절에서는 연결 시간 만료 기능과 파일 서술자 캐싱의 구현을 설명한다.

연결들에 대한 타이머

Slowloris 공격을 막기 위해, Warp는 만일 클라이언트가 일정 기간 동안 의미 있는 양의 자료를 보내지 않으면 그 클라이언트와의 통신을 취소한다. Haskell에는 timeout이라는 표준 함수가 있는데, 이 함수의 형식은 다음과 같다.

```
Int -> IO a -> IO (Maybe a)
```

이 함수의 첫 인수는 마이크로초 단위의 시간 만료 기간이다. 둘째 인수는 입출력(IO)을 처리하는 동작(action)이다. 이 함수는 IO 문맥 안에 Maybe a 값을 돌려준다. Maybe는 다음과 같이 정의되어 있다.

```
data Maybe a = Nothing | Just a
```

Nothing은 오류를 의미하며(오류의 이유는 지정되지 않음), Just는 성공적인 값인 a를 감싼다. 정리하자면, timeout은 만일 지정된 동작이 지정된 기간 안에 완료되지 않으면 Nothing을 돌려주고, 완료되면 성공적인 값을 Just로 감싸서 돌려준다. timeout 함수는 Haskell의 조합성이 얼마나 훌륭한지를 설득력 있게 보여준다.

timeout은 많은 용도에 적합하지만, 고성능 서버를 구현하기에는 성능이 충분하지 않다. 성능 문제의 근원은 각 시간 만료를 생성할 때마다 이 함수가 새 사용자 스레드를 띄운다는 것이다. 사용자 스레드가 시스템 고유의 스레드보다는 저렴하지만 그래도 일정한 추가부담이 존재하며, 그런 추가부담들이 누적되면 성능에 악영향을 미친다. 그래서 우리는 모든 연결에 대한 시간 만료들을 사용자 스레드 하나만 사용해서 처리하는 시간 만료 시스템을 구현했다. 그 시스템이 바로 앞에서 언급한 시간 만료 관리자(timeout manager)이다. 이 관리자의 핵심적인 특징은 다음 두 가지이다.

- 이중 IORef

- 안전한 교환 및 병합 알고리즘

연결의 상태를 Active와 Inactive로 나타낸다고 하자. 비활성 연결들을 정리하기 위해 시간 만료 관리자는 일정 시간마다 각 연결의 상태를 조사한다. 만일 상태가 Active이면 시간 만료 관리자는 그 연결의 상태를 Inactive로 바꾼다. 만일 상태가 Inactive이면 시간 만료 관리자는 그 연결에 연관된 사용자 스레드를 종료한다.

각 상태는 IORef로 참조된다. IORef는 그 값이 파괴적으로 갱신되는 참조이다. 시간 만료 관리자와 더불어, 각 사용자 스레드는 되풀이해서 자신의 IORef를 통해서 자신의 상태를 Active로 변경한다(자신과 연관된 연결을 활성화된 상태로 유지하기 위해).

시간 만료 관리자는 그러한 상태들을 IORef들의 목록을 통해서 관리한다. 새 연결을 위해 생성된 사용자 스레드는 Active 상태를 참조하는 자신의 새 IORef를 그 목록의 앞에 삽입하려 한다. 따라서 이 목록은 하나의 임계영역(critical section)이며, 목록의 일관성을 유지하려면 그러한 삽입이 원자적으로 일어나야 한다.

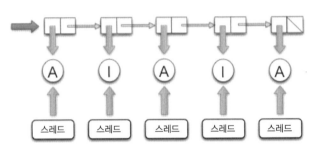

그림 11.12 상태 값들의 목록. A와 I는 각각 Active와 Inactive를 뜻한다.

Haskell에서 그러한 일관성을 유지하는 표준적인 방식은 MVar이다. 그런데 MVar는 느리다. 각각의 MVar가 자체 제작된(home-brewed) 자물쇠로 보호되기 때문이다. 대신 Warp는 또 다른 IORef로 목록을 참조하고 atomicModifyIORef를 이용해서 목록을 조작한다. atomicModifyIORef는 IORef의 값들을 원자적으로 갱신하는 함수이다. 이것은 CAS(Compare-and-Swap; 비교 후 교환)로 구현되어 있는데, CAS 연산은 자물쇠에 비해 훨씬 빠르다.

다음은 안전한 교환 및 병합 알고리즘의 개요이다.

```
do xs <- atomicModifyIORef ref (\ys -> ([], ys)) -- 빈 목록 []과 교환한다
   xs' <- manipulates_status xs
   atomicModifyIORef ref (\ys -> (merge xs' ys, ()))
```

시간 만료 관리자는 자동으로 목록을 빈 목록과 교환한다. 그런 다음에는 스레드 상태를 켜고 *끄거나* 종료된 사용자 스레드에 관련된 불필요한 상태를 제거해서 목록을 정리한다. 그 과정에서 새로운 연결들이 생성되고 해당 사용자 스레드들이 자신의 `atomicModifyIORef`를 통해서 상태 값들을 삽입할 수도 있다. 그러면 시간 만료 관리자는 정리된 목록과 새 목록을 자동으로 병합한다. Haskell의 게으른 평가(lazy evaluation) 덕분에 병합 함수의 적용은 $O(1)$로 수행되며, $O(N)$의 병합 연산 자체는 값들이 실제로 소비될 때까지 미루어진다.

파일 서술자들을 위한 타이머

Warp가 파일 전체를 `sendfile()`을 이용해서 보내는 경우를 생각해 보자. 안타깝게도 그런 경우에는 `stat()`를 호출해서 파일의 크기를 알아내야 한다. Linux에서 `sendfile()`을 호출할 때 보낼 바이트 개수를 반드시 지정해야 하기 때문이다(반면 FreeBSD나 Mac OS의 `sendfile()`은 파일의 끝을 뜻하는 마법의 수 0을 지원한다).

만일 WAI 응용 프로그램이 파일의 크기를 알고 있다면 `stat()` 호출을 피할 수 있다. WAI 응용 프로그램이 파일의 크기나 수정 시간 같은 정보를 캐시에 보관하는 것은 쉬운 일이다. 캐시 만료 시간이 충분히 짧다면(이를테면 10초), 캐시 비일관성의 위험이 그리 심각하지 않다. 캐시를 안전하게 비울 수 있으므로, 누수(leakage)는 걱정할 필요가 없다.

`sendfile()`은 파일 서술자를 요구하므로, 파일 전송 작업의 자연스러운 흐름은 `open()` 호출 후 `sendfile()` 호출을 필요한 만큼 반복하고 `close()`를 호출하는 것이다. 그럼 파일 서술자들을 캐시에 보관함으로써 `open()`, `close()`를 딱 필요한 만큼만 호출하는 방법을 살펴보자. 파일 서술자들의 캐싱은 다음과 같은 흐름으로 진행된다. 한 클라이언트가 어떤 파일을 보내 달라고 요청하면 Warp는 `open()`을 호출해서 파일 서술자를 연

다. 잠시 후에 다른 어떤 클라이언트가 같은 파일을 요청하면 Warp는 열어 둔 파일 서술자를 재사용한다. 좀 더 시간이 지나서 그 어떤 사용자 스레드도 그 파일 서술자도 사용하지 않게 되면 close()를 호출해서 그 파일 서술자를 닫는다.

이런 시나리오에 흔히 쓰이는 기법은 참조 횟수 세기(reference counting; 참조 계수)이다. 그런데 당시 우리는 견고한 참조 카운터를 구현할 수 있을 것이라는 확신이 없었다. 만일 사용자 스레드가 예기치 못한 이유로 죽으면 어떻게 될까? 그런 경우 만일 해당 참조 횟수를 감소하지 못한다면 파일 서술자 누수가 발생하는 결과가 된다. 우리는 연결 시간 만료 기법이 참조 카운터를 사용하지 않으므로 그것을 파일 서술자들을 위한 캐시 메커니즘으로서 안전하게 재활용할 수 있음을 깨달았다. 그러나 몇 가지 이유로 시간 만료 관리자를 그대로 재활용할 수는 없었다.

사용자 스레드들에는 각자 고유한 상태가 있다. 즉, 사용자 스레드들은 상태를 공유하지 않는다. 그러나 open()과 close()를 피하기 위해 파일 서술자들을 캐싱하려면 공유가 필요하다. 즉, 캐싱된 파일 서술자들의 모음에서 요청된 파일에 대한 파일 서술자를 검색해야 한다. 이러한 검색은 빨라야 하므로 목록을 사용하는 것은 바람직하지 않다. Warp는 요청들을 동시적으로 받아들이므로, 같은 파일에 대해 둘 이상의 파일 서술자가 열릴 수도 있다. 따라서 하나의 파일 이름에 대해 여러 개의 파일 서술자를 저장할 수 있어야 한다. 이러한 요구에 맞는 자료구조가 바로 **다중맵**(multimap)이다.

우리는 조회 시간이 $O(log N)$이고 여분 정리(pruning) 시간이 $O(N)$인 다중맵을 적흑 트리(red-black tree)를 이용해서 구현했다. 이 트리의 노드들은 비지 않은 목록을 담는다. 적흑 트리는 이진 검색 트리이므로 조회 시간은 $O(log(N))$이다(여기서 N은 노드 개수). 또한 이 트리를 $O(N)$의 시간으로 순서 있는 목록으로 변환하는 것도 가능하다. 우리의 구현에서, 그러한 변환 과정에서는 닫힐 파일 서술자를 담은 노드들을 정리하는 작업도 함께 수행된다. 그 구현에는 순서 있는 목록을 $O(N)$의 시간으로 적흑 트리로 변환하는 한 알고리즘을 적절히 수정한 버전이 쓰였다.

11.8 향후 작업

향후 Warp를 여러 가지 방식으로 개선할 계획인데, 여기에서는 두 가지 개선안만 설명하겠다.

메모리 할당

패킷들을 보내거나 받는 과정에서 버퍼들이 할당된다. recv()나 send() 같은 C 함수들에 전달할 수 있도록, 이 버퍼들은 '속박된(pinned)' 바이트 배열로서 할당된다. 그리고 성능을 위해서는 하나의 시스템 호출에서 최대한 많은 자료를 보내거나 받는 것이 좋기 때문에, 이 버퍼들은 어느 정도 큰 크기로 만들어진다. 안타깝게도 GHC가 커다란(64비트 컴퓨터에서 4096바이트 이상) 속박된 바이트 배열을 할당하는 방법에는 실행시점 시스템의 전역 자물쇠를 얻는 과정이 포함된다. 시스템의 규모가 확장되어서 코어 개수가 16개를 넘으며 각 코어의 사용자 스레드가 그런 버퍼들을 빈번히 할당하는 경우 그 자물쇠가 병목으로 작용한다.

프로젝트 초기에 우리는 커다란 속박된 바이트 배열이 HTTP 응답 헤더 생성의 성능에 미치는 영향을 조사해 보았다. 그러한 조사에는 각 사건의 타임스탬프를 기록하는 GHC의 eventlog가 유용하다. 우리는 메모리 할당 함수 주변을 사용자 사건을 기록하는 함수로 감쌌다. 그런 다음 mighty를 그 함수와 함께 컴파일해서 사건들을 기록했다. 그림 11.13에 그 결과가 나와 있다.

'HEC 0'이라는 이름표가 붙은 막대에서 짧은 수직선은 사용자 사건을 나타낸다. 따라서 두 수직선 사이의 영역이 바로 메모리 할당에 소비된 시간이다. 하나의 HTTP 세션의 약 1/10을 메모리 할당이 차지함을 알 수 있었다. 그럼 자물쇠 없이 메모리 할당을 구현하는 방법을 살펴보자.

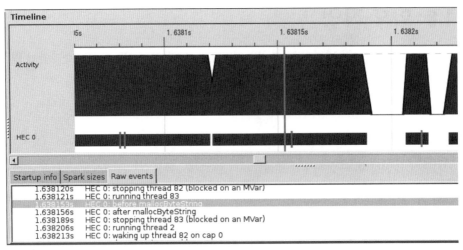

그림 11.13 메모리 할당 사건 기록 결과

새로운 '놀란 양 떼'

놀란 양 떼 문제(thundering herd problem)는 "예전부터 있었지만 새로운" 문제이다. 하나의 청취용 소켓을 공유하기 위해 프로세스나 네이티브 스레드들(이하 그냥 프로세스)을 미리 생성해 두었다고 하자. 그 프로세스들은 소켓에 대해 accept()를 호출한다. 연결이 확립되면, 예전의 Linux나 FreeBSD 구현들은 모든 프로세스를 깨운다. 그러나 그들 중 단 하나만 해당 연결을 수락할 수 있으며, 나머지는 다시 수면에 빠지게 된다. 이 과정에서 문맥 전환이 많이 일어나서 성능 문제가 발생한다. 이것이 바로 **놀란 양 떼 문제**[*]이다. 최근의 Linux와 FreeBSD 구현들은 오직 하나의 프로세스만 깨우기 때문에 이제는 이 문제가 과거지사가 되었다.

그런데 최근 네트워크 서버들은 epoll류 함수들을 사용하는 경향이 있다. 여러 일꾼들이 하나의 청취용 소켓을 공유하며 epoll류 함수들을 이용해서 연결들을 조작한다면 놀란 양 떼가 다시 나타난다. 이는 epoll류 함수들이 모든 프로세스 또는 네이티브 스레

★ [역주] 천둥소리에 놀란 양들이 우리에 들어가려고 좁은 문으로 몰려드는 광경을 상상해 보면 이런 이름이 붙은 이유를 이해할 수 있을 것이다.

드에게 통지하는 관례를 사용하기 때문이다. `nginx`와 `mighty`는 바로 이러한 새로운 놀란 양 떼 문제의 희생양이다.

병렬 입출력 관리자는 새로운 놀란 양 떼 문제에서 자유롭다. 이 구조에서는 오직 하나의 입출력 관리자만이 `epoll`류 함수들을 통해서 새 연결을 받아들인다. 그리고 다른 입출력 관리자들은 확립된 연결을 처리한다.

11.9 결론

Warp는 다재다능한 웹 서버 라이브러리로, 광범위한 용례에 대해 효율적인 HTTP 통신 능력을 제공한다. Warp의 높은 성능을 달성하기 위해 우리는 네트워크 통신, 스레드 관리, 요청 파싱 등의 여러 수준에서 최적화를 수행했다.

우리는 Haskell이 그런 코드 기반을 작성하기에 아주 훌륭한 언어임을 확인할 수 있었다. 불변성이 기본이라는 특징 덕분에 스레드에 안전한 코드를 손쉽게 작성할 수 있으며, 여분의 버퍼 복사도 피할 수 있다. 다중 스레드 방식의 실행시점 시스템 덕분에 사건 주도적 코드를 작성하는 것이 엄청나게 간단하다. 그리고 GHC의 강력한 최적화 덕분에 고수준에서 작성된 코드로도 높은 성능을 얻은 것이 가능한 경우가 많다. 그리고 이 모든 성능 최적화를 거쳤지만 우리의 코드 기반은 그래도 비교적 소규모이다(이 글을 쓰는 현재 1300행 미만). 유지보수하기 좋고 효율적인 동시적 코드를 작성하고자 하는 독자들에게 Haskell을 강력히 추천한다.

제12장

생물정보학의 거대 자료 다루기

에릭 맥도널드Eric McDonald, C. 타이터스 브라운Titus Brown

12.1 소개

생물정보학과 거대 자료

생물정보학(bioinformatics)은 지구상의 생명체의 분자 메커니즘을 좀 더 잘 이해할 수 있게 하는 도구와 분석 방법의 제공을 추구하는 분야이다. 주로는 유전 정보와 단백질 정보의 분석 및 상관관계 추론에 관련된 도구와 분석 방법을 고민한다. 유전체 염기서열(genome sequence)과 발현된(expressed) 유전체 염기서열 모두에서 사용 가능한 유전 정보의 양이 증가함에 따라, 좀 더 효율적이고 민감하며 구체적인 분석이 아주 중요해지고 있다.

DNA 서열 해독(sequencing)에서는 DNA와 RNA에 있는 정보를 화학적이고 기계적인 공정을 통해서 '디지털화(digitizing)'한다. 그러한 염기서열들은 뉴클레오티드nucleotide당 하나의 영문자로 기록된다. 이러한 서열 자료에 대해 다양한 분석을 수행함으로써 서열이 더 큰 구축 요소들로 조직화되는 방식이나 다른 서열 자료와 관련되는 방식을 알아낸다. 이러한 분석 결과는 생물학적 진화와 발전, 유전학 연구의 기초가 되며, 의·약학 연구의 기초가 되는 경우도 많아지고 있다.

뉴클레오티드 사슬에 관한 자료는 영문자들로 이루어진 문자열에 대한 서열 해독 공정에서 산출되는데, 그런 공정으로 얻은 서열 자료를 유전체 판독(read) 단편, 줄여서 판독 단편이라고 부른다. 더 큰 규모의 구조들과 공정들을 분석하기 위해서는 여러 개의 유전체 판독 단편들이 서로 부합해야 한다. 이러한 부합 작업은 최종 결과를 미리 알지 못한다는 점과 조각들이 서로 겹칠 수도 있다는(그리고 자주 겹친다는) 점에서 조각 맞추기 퍼즐과는 다르다. 게다가 모든 판독 단편의 충실도가 완벽하지는 않다는 점과 다양한 오류(뉴클레오티드 영문자의 삽입·삭제 또는 잘못된 문자와의 치환 등)가 들어 있을 수 있다는 점 때문에 부합 작업이 더욱 어려워진다. 중복된 판독 단편들이 있으면 퍼즐 조각들을 조립하거나 부합시키는 데 도움이 되겠지만, 기존의 모든 서열 해독 기술들의 불완전한 충실도 때문에 중복된 판독 단편들이 오히려 방해가 되기도 한다. 오류를 가진 유전체 판독 단편이 존재할 확률은 자료의 양에 비례하며, 그 확률이 클수록 자료의 조립이 복잡해진다.

서열 해독 기술이 개선됨에 따라 산출되는 서열 자료의 양이 너무 커져서, 그런 자료를 기존의 방법으로 처리하는 컴퓨터 하드웨어의 능력을 넘어설 정도가 되었다. (최신 서열 해독 기술은 수백만에서 수십억에 이르는 엄청난 수의 유전체 판독 단편[50에서 100개의 뉴클레오티드들로 이루어진 서열]들을 산출한다.) 이러한 경향은 앞으로도 지속될 예상이며, 이는 곧 고성능 컴퓨팅(high performance computing, HPC) 및 분석, 정보과학 공동체에서 거대 자료(big data; 소위 빅데이터)[Varc]라고 부르는 문제에 속한다. 하드웨어가 제한 요소가 됨에 따라, 이 문제를 소프트웨어 해법을 통해서 완화하는 방법을 고민하는 사람들이 많아졌다. 이번 장은 그런 소프트웨어 해법 하나를 제시하고, 그 해법을 수 테라바이트의 자료를 처리할 수 있도록 조율, 확장한 방법을 설명한다.

우리의 연구는 효율적인 전처리(pre-processing)에 초점을 두고 있다. 여기서 말하는 전처리는 이후의 하류 분석(downstream analysis)들의 성능을 개선하기 위해 유전체 판독 단편들을 미리 다양한 필터들과 통 분류(binning) 접근방식들을 이용해서 정돈하고, 폐기하고, 분류하는 것을 말한다. 이러한 접근방식에는 하류 분석들(대체로 판독 단편들을 직접 소비하는)에 필요한 변경이 줄어든다는 장점이 있다.

그럼 먼저 우리의 소프트웨어 해법을 소개하고, 그 다음에 그 해법을 점점 더 증가하는 자료를 효율적으로 다루기 위해 조율하고 확장한 방법을 이야기하겠다.

khmer 소프트웨어 소개

khmer는 대량의 유전체 서열 자료를 통상적인 생물정보학 도구들([eab])로 분석하기 전에 전처리하는 데 쓰이는 일단의 소프트웨어 도구들의 모음의 이름으로, 동남아시아의 토착 민족 집단과는 무관하다. 이 이름은 *k-mer*(k-중합체)라는 용어에서 비롯된 것이다. 전처리 의 일부로, 유전자 서열들은 주어진 길이의 서로 겹치는 부분 문자열들로 분해되는데, 그 주어진 길이를 *k*로 표시한다. 그리고 여러 분자들로 이루어진 사슬을 *polymer*(중합체)라고 부른다. 결론적으로, 하나의 k-중합체는 분자가 *k* 개인 하나의 사슬(부분 문자열)을 뜻한 다. 각각의 유전체 판독 단편에 대해, 이러한 k-중합체들의 개수는 서열의 뉴클레오티드 개수에서 *k*를 빼고 1을 더한 것임을 주목하기 바란다. 따라서 거의 모든 판독 단편은 여 러 개의 서로 겹치는 k-중합체들로 분해된다.

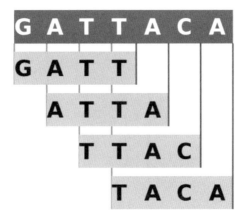

그림 12.1 유전체 서열을 4-중합체들로 분해. khmer에서 각 k-중합체의 전방 서열의 해시 값과 역의 보수
(reverse complement) 서열의 해시 값은 동일하다. 이는 DNA가 두 가닥으로 되어 있기 때문이다
(§12.8 참고).

이 글의 초점은 우리의 오픈소스 해법의 성능을 측정하고 조율하는 방법이므로, 바 탕에 깔린 이론은 대부분 생략하겠다. 해법의 작동에서 핵심이 k-중합체의 개수를 세는 것이라는 점만 강조하고 넘어가겠다. 많은 수의 k-중합체들의 개수를 간결하게 세기 위해, khmer는 블룸 필터[Bloom filter]라는 자료구조를 사용한다(그림 12.2). 일단 k-중합체들의 개수 를 파악하고 나면 '계수적 정규화(digital normalization)'라고 하는 공정을 통해서 고도로 중

복된 자료를 제외시킬 수 있다. 또한, 오류 정돈(trimming)의 일환으로, 중복도가 낮은 서열 자료를 잠재적 오류로 간주하고 이후 처리에서 배제할 수도 있다. 이러한 정규화와 정돈 공정들은 향후 분석에 필요한 원본 서열 자료의 양을 크게 줄이면서도 중요한 정보는 대부분 유지한다.

khmer는 수백억 개의 고유한 k-중합체들을 담은 수백만에서 수십억 개의 유전체 판독 단편들로 이루어진 커다란 자료 집합을 다루도록 설계되었다. 기존의 자료 집합들 중에는 k-중합체 개수를 메모리에 담는 데에만 1테라바이트의 시스템 메모리가 요구되는 것들도 있는데, 이러한 높은 요구량은 비효율적인 프로그래밍 때문이 아니다. [PHCK+12]에서 보였듯이 khmer는 다양한 종류의 흥미로운 k-중합체 문제들을 위한 여타의 엄격한 집합 소속도(exact set membership) 방식보다 메모리를 훨씬 더 효율적으로 사용한다. 메모리 사용량 면에서 의미 있는 개선을 손쉽게 이룰 가능성은 별로 크지 않다.

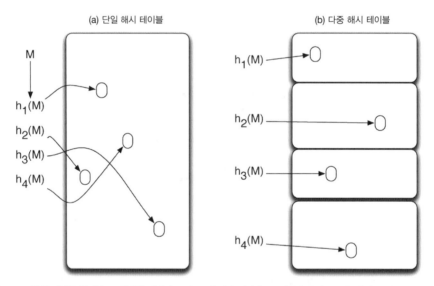

그림 12.2 블룸 필터는 본적으로 하나의 커다란 고정 크기 해시 테이블로, 테이블의 요소들은 여러 개의 직교적인 해시 함수들을 통해서 충돌 관리 없이 삽입되거나 조회된다. 따라서 그러한 해시 함수들은 확률론적(probabilistic) 자료구조들이다. 우리의 구현은 다수의 서로 다른 해시 테이블들을 사용하는데, 그 해시 테이블들의 해시 함수는 서로 다르지만 속성들은 동일하다. 일반적으로 우리는 khmer의 블룸 필터들이 주 메모리를 최대한 많이 사용하도록 설정하길 권한다. 그러면 충돌이 가장 크게 줄어들기 때문이다.

그렇다면 우리의 목표는 간단하다. 이토록 커다란 자료 집합들을 효율적으로 처리하기 위해 우리가 할 일은 khmer의 처리 시간을 최적화하는 것이다. 특히 가장 중요한 것은 디스크에서 자료를 적재하고 k-중합체들의 개수를 세는 데 필요한 시간을 최소화하는 것이다.

호기심이 생긴 독자라면 khmer의 소스 코드와 문서화를 GitHub의 http://github.com/ged-lab/khmer.git에서 복제해서 살펴보기 바란다. khmer가 공개된 지 약 4년이 지났는데, 처음에는 사전 배포된 논문 몇 편을 통해 접한 사람들만 사용했다. 2012년에 주고받은 전자우편에 근거하면 약 100개의 집단이 khmer를 사용하고 있는 것으로 추정된다. 그러나 다양한 조립 문제들을 khmer를 이용해서 좀 더 쉽게 해결할 수 있음이 명백해지면서 사용자 기반이 급격히 성장하고 있는 것으로 보인다([BHZ+12]).

12.2 khmer의 구조와 성능상의 고려사항

khmer는 예비적인 프로그래밍 연습으로 시작했으나 시간이 흐르면서 좀 더 성숙한 연구 코드로 진화하고 있다. 처음에는 특정한 과학 문제들을 최대한 정밀하게 또는 '정확하게' 푸는 데 초점을 두었다. 시간이 흘러 이 소프트웨어가 전 세계적으로 좀 더 널리 쓰이면서 패키징, 성능, 규모가변성(scalability) 같은 문제들이 점점 두드러지게 되었다. 물론 초창기에도 이런 문제점들을 간과하면 안 되었지만, 이제는 문제의 규모가 훨씬 커졌다. 이후의 논의는 특정 성능 문제 및 규모 확장 과제들을 우리가 분석하고 해결해 나간 방식을 중심으로 진행된다. khmer는 아직 개발 중인 연구 코드이기 때문에 일상적으로 새 기능들이 추가되며, 중심 코드 주변으로 일시적인 스크립트들이 계속해서 생겨난다. 성능이나 규모가변성을 개선하기 위한 변경들 때문에 기존의 인터페이스가 깨지거나 소프트웨어의 정밀함이나 정확함이 감소하는 일이 생겨서는 안 된다. 그래서 우리는 자동화된 검사와 세심한 점진적 최적화 및 병렬화를 결합한 전략을 따라 나아갔다. 소프트웨어에 관련된 다른 활동들과 연관해서, 이러한 공정은 본질적으로 끝이 없을 것이라고 예상한다.

그림 12.3 khmer 소프트웨어의 계층적 구조

소프트웨어의 핵심부는 C++로 작성되어 있다. 이 핵심부는 자료 펌프(온라인 저장소에서 물리적 RAM으로 옮기는 구성요소) 하나와 다양한 공통 서식들을 따르는 된 유전체 판독 단편들을 파싱하는 파서^{parser}들, 여러 개의 k-중합체 카운터들로 구성된다. 이 핵심부를 중심으로 하나의 *API*(application programming interface; 응용 프로그래밍 인터페이스)가 만들어진다. 이 API는 C++ 프로그램에서 사용할 수 있음은 물론이고(실제로 우리는 몇몇 시험용 구동기들을 C++로 작성했다), Python 래퍼^{wrapper}를 위한 기반으로도 작동한다. 그리고 우리는 그 Python 래퍼와 여러 Python 스크립트를 하나의 Python 패키지로 만들어서 배포하고 있다. 즉, khmer 소프트웨어는 속도를 위해 C++로 작성된 핵심 구성요소들과 쉬운 조작을 위해 Python을 통해 노출되는 고수준 인터페이스들, 그리고 여러 생물정보학 과제들을 간편하게 수행하기 위한 일단의 도구 스크립트들의 조합이다.

khmer 소프트웨어는 여러 단계들로 이루어진 일괄 처리(batch)를 지원한다. 일괄 처리 공정의 각 단계는 각자 자신만의 입력과 출력을 가진다. 예를 들어 하나의 단계가 일단의 판독 단편을 입력받아서 그 안에 있는 k-중합체들의 개수를 세고, 필요하다면 이후 용도를 위해 블룸 필터 해시 테이블들을 저장하는 것이 가능하다. 저장된 해시 테이블들을 나중에 새로운 유전체 판독 단편 집합에 대한 k-중합체 중복도 필터링에 사용해서 필터링된 자료를 저장할 수도 있다. 이처럼 출력을 저장해 두는 능력과 이전 출력들을 유연하게 재사용할 수 있는 능력 덕분에 사용자는 처리 절차를 자신의 요구와 저장소의 제약에 딱 맞게 조정할 수 있다.

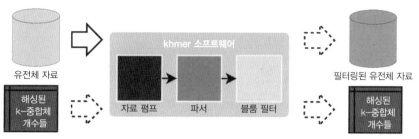

그림 12.4   khmer 소프트웨어의 자료 흐름

khmer가 디스크에서 메모리로 옮겨야 하는 자료의 양은 엄청나다(몇 테라바이트일 수도 있다). 저장소에서 CPU로의 입력 처리량이 물리적 RAM에서 CPU로의 자료 이동 처리량에 비해 수천 분의 1, 심지어 수만 분의 1일 수도 있으므로, 효율적인 자료 펌프를 갖추는 것이 아주 중요하다. 자료 파일의 종류에 따라서는 압축해제기(decompressor)를 반드시 사용해야 한다. 어떤 경우이든 파서는 주어진 자료를 효율적으로 처리할 수 있어야 한다. 파싱 작업에서는 주로 가변 길이 문자열 줄(line)들을 다루는데, 유효하지 않은 판독 단편을 처리하고 특정한 생물학적 정보를 유지하는 데에도 신경을 써야 한다. 그러한 정보는 이후의 조립 과정(서열 조각들의 끝을 맞추는 등의)에서 유용하게 쓰일 수 있다. 각각의 유전체 판독 단편은 일단의 서로 겹치는 k-중합체들로 분할되며, 각 k-중합체는 블룸 필터로 등록되거나 기존의 블룸 필터와 비교된다. 이전에 저장해 둔 블룸 필터를 갱신하거나 비교를 위해 사용하는 경우에는 반드시 저장소로부터 그 블룸 필터를 적재해야 한다. 블룸 필터를 이후의 용도를 위해 새로 생성하거나 갱신하는 경우에는 반드시 저장소에 저장해야 한다.

자료 펌프는 항상 파일들에 순차적으로 접근하며, 경우에 따라서는 커다란 자료 덩어리를 한 번에 읽어 와야 할 수도 있다. 이로부터 다음과 같은 질문들이 제기된다.

- 자료가 순차적으로 접근된다는 사실을 충분히 활용하고 있는가?
- 접근 잠복지연(latency)을 최소화하기 위해 충분히 많은 자료 페이지들을 메모리에 미리 적재하는가?
- 동기 입력 대신 비동기 입력을 사용할 수는 없는가?
- 메모리 안에서의 버퍼 대 버퍼 복사를 줄이기 위해 시스템 캐시들을 효율적으로 우회할 수 있는가?

- 자료 펌프가 파서에게 자료를 불필요한 접근자(accessor)나 의사결정 논리의 추가부담이 생기지 않는 방식으로 노출하는가?

자료가 상당히 자유로운 형식의 문자열로 입력되며 그것을 이후의 실제 처리에 사용하려면 반드시 내부적인 표현으로 변환해야 한다는 점에서, 파서의 효율성은 필수적이다. 개별 자료 레코드는 비교적 작지만(100~200바이트), 그런 레코드들이 수백만에서 수십억 개에 이르기 때문에 우리는 자료 레코드 파서를 최적화하는 데 상당한 노력을 기울였다. 그 파서는 본질적으로 자료 스트림을 유전체 판독 단편들로 분할해서 레코드들로 저장하고 그 과정에서 약간의 기본적인 유효성 점검도 수행하는 하나의 루프이다.

다음은 이 파서의 효율성에 관련한 몇 가지 고려사항이다.

- 파서가 메모리 안의 자료에 접근하는 횟수가 최적화되었는가?
- 자료 스트림으로부터 판독 단편들을 파싱하는 과정에서 수행되는 버퍼 대 버퍼 복사 횟수가 최적화되었는가?
- 파싱 루프 안의 함수 호출 추가부담이 최소화되었는가?
- 파서는 애매모호한 염기鹽基(base)나 너무 짧은 판독 단편이 포함된, 그리고 대소문자 구성이 다를 수 있는 지저분한 자료를 다루어야 한다. 이 DNA 서열 유효성 점검이 최대한 효율적으로 수행되는가?

하나의 판독 단편에서 k-중합체들을 훑으면서 해싱하는 코드에 대해서는 다음과 같은 질문을 던질 수 있다.

- k-중합체를 훑는 메커니즘이 메모리와 속도 모두에 대해 최적화되었는가?
- 블룸 필터 해시 함수들이 어떤 방식으로든 최적화되었는가?
- 해싱 적용 코드가 메모리 안의 자료에 접근하는 횟수가 최소화되었는가?
- 따뜻한 캐시(warm cache)를 활용하기 위해 일괄적으로 처리하는 해시 개수를 더 증가할 수 있는가?

12.3 프로파일링과 측정

소스 코드를 눈으로 읽는 것만으로도 성능을 개선할 만한 부분을 여러 곳 찾을 수 있다. 그러나 우리는 코드의 여러 부분이 소비하는 시간을 체계적으로 정량화하고 싶었다. 이를 위해 우리는 GNU 프로파일러(gprof)와 TAU(Tuning and Analysis Utilities) 등 여러 가지 프로파일러를 사용했다. 또한 우리는 소스 코드 자체에 계장(instrumentation)을 추가해서 핵심적인 성능 측정치들을 좀 더 세밀하게 살펴볼 수 있었다.

코드 검토

그런데 시스템(소프트웨어이든 아니든)을 측정하기 위해 무작정 도구를 적용하는 것은 그리 좋은 생각이 아니다. 그보다는, 먼저 시스템을 어느 정도는 파악한 후에 측정을 시작하는 것이 좋다. 이를 위해 우리는 먼저 눈으로 코드를 검토했다.

익숙하지 않은 코드의 실행 경로를 눈으로 추적해 보는 것은 좋은 방법이다. (이 글의 저자들 중 한 명인 에릭 맥도널드는 이 프로젝트에 참여했을 때 khmer 소프트웨어를 처음 접했다. 그가 바로 이런 식으로 코드를 검토했다.) 물론 프로파일러(그리고 기타 도구들)가 호출 그래프를 생성해 주긴 하지만, 그런 그래프들은 추상적인 요약일 뿐이다. 코드 경로를 손으로 집어 가면서 함수 호출들을 따라가 보면 몰입도 훨씬 잘 되고 깨닫는 것도 많다. 그런 여정에 디버거를 활용할 수도 있지만, 그리 자주 방문되지 않는 코드를 살펴보기에는 디버거가 그리 편하지 않다. 또한 하나의 실행 경로를 따라 단계별로 이동하는 것은 상당히 지루할 수 있다. 정상적인 실행 도중에 코드의 특정 지점에 도달하는지의 여부는 중단점(breakpoint)을 이용해서 검사할 수 있으나, 중단점을 설정하려면 코드에 대한 사전 지식이 어느 정도는 필요하다. 대안으로, 여러 개의 편집 창이 있는 편집기를 사용하는 것도 상당히 효과가 있다. 편집창 네 개를 띄워 두면 임의의 한 시점에서 한 사람이 알아야 하는, 그리고 머리로 감당할 수 있는 모든 정보를 동시에 잡아낼 수 있는 경우가 많다.

코드 검토(code review)를 통해서 우리는 여러 가지 것들을 알게 되었는데, 전부는 아니라고 해도 그중 일부는 이후 프로파일링 도구로도 확인했다. 우리가 주목한 것들을 몇 가지 들자면 다음과 같다.

- 우리는 자료 소통량이 가장 많은 부분이 k-중합체 개수 세기 논리일 것이라고 예상했다.
- 소통량이 가장 높은 코드에서는 toupper 함수가 불필요하게 여러 번 호출되었다.
- 판독 단편 입력은 줄 별로(line-by-line) 요구에 따라 수행되었으며, 미리 읽기(readahead) 조율은 전혀 되지 않았다.
- 판독 단편을 파싱하고 유효성을 검증할 때마다 해당 판독 단편 구조체가 값으로 복사되었다.

이러한 점들이 상당히 강한 자기비판처럼 보이겠지만, 우리의 최적화 작업이 시작되기 전까지는 소프트웨어의 유용성과 정확도가 좀 더 강조되었다는 점을 말하고 싶다. 우리의 목표는 기존의, 그리고 대부분 정확한 소프트웨어를 최적화하는 것이지 처음부터 새로 개발하는 것이 아니었다.

도구

기본적으로 프로파일링 도구는 코드의 특정 구역에 소비된 시간을 재기 위한 것이다. 시간 측정을 위해 프로파일링 도구는 컴파일 시점에서 코드에 계장을 주입한다. 그런데 이러한 계장 때문에 함수의 크기가 달라지며, 그러한 크기 변화는 컴파일러 최적화 도중의 함수 인라인화에 영향을 미친다. 계장은 또한 총 실행 시간에 직접적으로 부담을 가중한다. 특히, 소통량이 많은 코드 영역을 프로파일링하면 추가부담이 상당히 커질 수 있다. 따라서 프로파일링과 함께 코드의 전체 실행 시간도 측정해야 한다면 프로파일링이 전체 실행 시간에 미치는 영향을 고려할 필요가 있다. 이상적인 최적화 플래그들과 실행 매개변수들의 집합에 대해 프로파일링을 적용할 때와 적용하지 않을 때의 실행 시간을 /usr/bin/time 같은 간단한 외부 자료 수집 메커니즘을 이용해서 측정하고 비교해 보면 그러한 영향이 어느 정도인지 알 수 있다.

우리는 여러 가지 k 값들로 프로파일링이 적용된 코드와 적용되지 않은 코드의 실행 시간 차이를 측정해서 프로파일링의 영향을 가늠해 보았다. k 값이 작을수록 판독 단편당 k-중합체가 많아져서 프로파일러 관련 영향도 커진다. k = 20에서는 프로파일링되지 않은 코드가 프로파일링된 코드에 비해 19% 빠르지만 $k = 30$에서는 프로파일링되지 않은 코드가 프로파일링된 코드에 비해 14% 빠르게 나왔다.

성능을 조율하기 전에 프로파일링으로 얻은 자료를 보면 k-중합체 개수 세기 논리가 코드에서 소통량이 가장 큰 부분이었다. 이는 눈으로 코드를 검토하면서 예측한 것과 일치한다. 약간 놀랐던 것은, 그 부분이 전체 시간의 무려 83%를 차지한다는 점이었다. 반면 저장소에 대한 입출력(I/O) 연산들은 전체 시간의 약 5%밖에 차지하지 않았다(특정한한 매체와 저대역폭 연결에서). 우리의 두 시험용 자료 집합의 크기가 500MB와 5GB이었기 때문에, 캐시의 효과가 그렇게 클 것이라고는 예상하지 못했다.[1] 사실, 캐시의 효과를 제어할 수 있게 되자 우리는 그 부분이 길어야 몇 초도 되지 않음을, 따라서 전체 실행 시간들의 오류 한계보다 그리 크지 않음을 파악했다. 이로부터 우리는 코드 최적화 공정의 그 연결부에서 입출력이 주된 병목이 아님을 깨달았다.

khmer를 병렬화하기 시작하면서 우리는 여러 구성요소에 대한 병렬화를 시험하기 위한 몇 가지 구동 프로그램(driver program)을 OpenMP([mem])를 이용해서 작성했다. gprof는 단일 스레드 실행의 프로파일링에는 적합하지만, 여러 개의 스레드가 쓰이는 경우 스레드별 실행을 추적하는 능력이 없으며 OpenMP 같은 병렬화 설비를 인식하지 못한다. C/C++ 코드의 경우 OpenMP 병렬화는 컴파일러가 코드의 #pragma 지시자에 기초해서 적용한다. GNU C/C++ 컴파일러 집합 버전 4.x의 경우 컴파일 시 -fopenmp 플래그를 주면 컴파일러가 OpenMP 관련 #pragma 지시자들을 인식한다. 그런 지시자들을 만난 컴파일러는 스레드 처리 계장 코드를 그 지시자나 그 주변의 기본 블록 또는 기타 관련 영역에 주입한다.

gprof가 스레드별 보고 능력이 없고 OpenMP를 지원하지 않기 때문에 우리는 University of Oregon이 주도한 협업에서 비롯된 TAU(Tuning and Analysis Utilities; [eaa])라는 도구로 눈을 돌렸다. 병렬 프로파일링 도구는 많이 있으며, 그중 다수는 일부 과학 컴퓨팅 과제에 인기 있는 MPI(Message Passing Interface)를 이용한 프로그래밍에 초점을 둔다.

---

[1] 자료 캐시의 크기가 입출력 성능 벤치마크에 쓰이는 자료보다 크면, 자료를 원래의 자료원이 아니라 캐시에서 직접 가져오는 경우 일련의 벤치마크들의 측정치에 편향이 생길 수 있다. 자료 캐시보다 큰 자료원을 사용하면 캐시의 자료가 좀 더 잘 순환될 것이며, 그러면 반복되지 않는 자료의 연속된 스트림을 입력받는 듯한 상황이 만들어진다.

TAU도 MPI 프로파일링을 지원하지만, khmer 소프트웨어는 MPI를 사용하지 않으며 사용할 계획도 아직은 없기 때문에 우리는 TAU의 그 측면을 무시했다. 마찬가지로, TAU가 스레드별 프로파일링을 지원하는 유일한 도구도 아니다. 우리가 TAU에 느낀 매력은 스레드별 프로파일링과 OpenMP와의 밀접한 통합 능력의 조합이다. TAU는 또한 그 어떤 제조사에도 묶이지 않은, 소스가 완전히 공개된 오프소스 프로젝트이다.

gprof는 전적으로 컴파일 시 소스 코드에 주입된 계장에 의존하지만(링크 시점에서 연결되는 약간의 이진 코드와 함께), TAU는 그 외에도 다른 계장 옵션들을 제공한다. 하나는 주로 MPI 프로파일링에 쓰이는 라이브러리 개입(library interposition)이고 또 하나는 이진 실행파일의 동적 계장이다. 이러한 옵션들을 지원하기 위해 TAU는 tau_exec라는 실행 래퍼를 제공한다. 소스 코드의 컴파일 시점 계장은 tau_cxx.sh라는 래퍼 스크립트를 통해서 지원된다.

몇몇 프로파일링 활동을 위해서는 TAU를 좀 더 구체적으로 설정해야 한다. 예를 들어 밀접한 OpenMP 통합을 위해서는 OPARI를 지원하도록 TAU를 설정하고 빌드해야 한다. 또한 최근의 Linux 커널들이 제공하는 성능 카운터를 사용하려면 PAPI를 지원하도록 설정하고 빌드해야 한다. 그리고 일단 TAU를 빌드한 후에도, 좀 편하게 사용하려면 독자의 빌드 시스템에 통합하는 과정을 거쳐야 할 것이다. 예를 들어 우리는 TAU 프로파일링이 필요한 경우 tau_cxx.sh 래퍼 스크립트가 C++ 컴파일러로 작용하도록 빌드 시스템을 설정했다. TAU를 빌드하고 사용할 계획이라면 반드시 문서화를 읽어 보길 권한다. gprof보다 훨씬 강력하긴 하지만 그만큼 사용하기 쉽거나 직관적이지는 않다.

수동 계장

소프트웨어의 여러 부분의 실행 시간을 전반적으로 살펴보고자 할 때에는 그냥 독립적인 외부 프로파일러를 이용하는 것이 빠르고 편하다. 그러나, 예를 들어 특정 함수의 특정 회전 자물쇠(spinlock)가 소비하는 시간이나 자료의 입력 속도를 측정하고자 한다면 대체로 그런 외부 프로파일러들은 큰 도움이 되지 않는다. 외부 프로파일링 능력을 증강 또는 보충하기 위해서는 수동 계장(manual instrumentation)이 필요할 수 있다. 또한 수동 계장은 관찰할 부분을 프로그래머가 직접 제어할 수 있다는 점에서, 자동 계장보다 덜 개입적(intrusive)일 수 있다. 수동 계장을 위해 우리는 처리량, 반복 횟수, 원자적 연산이나 세밀한 단위의 연산들의 소비 시간 등을 소프트웨어 안에서 측정하는 확장성 프레임워크를 만들었다. 스스로에게 솔직해지고자 하는 수단으로, 우리는 외부 프로파일러들로 얻은 수치들과 비교할 만한 몇 가지 수치를 내부적으로 수집했다.

코드의 여러 부분마다 서로 다른 측정치들의 집합이 필요했다. 그런데 서로 다른 측정치 집합들에는 몇 가지 공통점이 있었다. 그중 하나는, 측정치들이 대부분 시간을 측정한 것이며 실행 기간 동안 누적된 시간인 경우가 많다는 것이다. 또 하나는 일관된 보고 메커니즘이 바람직하다는 것이다. 이러한 점들을 고려해서 우리는 모든 측정치 집합에 대해 `IPerformanceMetrics`라는 추상 기반 클래스를 마련했다. `IPerformanceMetrics`는 `start_timers`, `stop_timers`, `timespec_diff_in_nsecs` 같은 편리한 메서드들을 제공한다. 타이머를 시작하고 중지하는 메서드들은 경과된 실시간과 스레드별 CPU 시간을 모두 측정한다. 셋째 메서드는 표준 C 라이브러리 `timespec` 객체로 표현된 두 시간의 차이를 나노초 단위로 돌려준다. 우리의 목적에서는 나노초 단위의 해상도면 충분하고도 남는다.

수동으로 삽입된 내부 계장의 추가부담이 실제 코드에서는 존재하지 않게 하기 위해, 우리는 내부 계장 코드를 조건부 컴파일 지시자들로 감싸는 데 주의를 기울였다. 이 덕분에 필요하다면 빌드 시 내부 계장을 컴파일에서 제외시킬 수 있다.

12.4 조율

소프트웨어를 좀 더 효율적으로 개선하는 것은 상당히 만족스러운 체험이다. 특히 수조兆 단위의 바이트들을 처리하는 소프트웨어라면 더욱 그렇다. 이제부터는 khmer의 효율성을 개선하기 위해 동원한 여러 수단을 살펴보겠다. 전반적인 조율을 살펴본 후, 입력 자료의 읽기와 파싱에 관한 최적화를 설명하고 그런 다음 블룸 필터 내용의 조작 및 저장에 관련된 최적화를 이야기하겠다.

12.5 전반적인 조율

khmer 소프트웨어의 특정한 조율 방식으로 들어가기 전에, 전반적인 성능 조율 수단들을 간략히 언급하고 넘어가겠다. 현업 코드(production code)는 일단의 안전하고 간단한 최적화들을 활성화해서 빌드하는 경우가 많다. 대체로 그런 최적화들은 코드의 의미론을 바꾸지(이를테면 버그를 도입하지) 않음을 증명할 수 있는, 그리고 오직 단일한 컴파일 패스만 요구하는 것들이다. 그런데 컴파일러는 그 외의 최적화 옵션들도 제공한다. 그런 추가적인 옵션들은 크게 공격적 최적화(aggressive optimization; 컴파일러 문헌들에서는 상당히 표준적인 용어이다)와 프로파일 기준 최적화(profile-guided optimization, PGO; [Varf])로 나눌 수 있다. (엄밀히 말해 이 두 범주가 상호배타적이지는 않지만, 대체로 이들에는 각각 다른 접근방식들이 관여한다.)

공격적 최적화는 일부 경우 안전하지 않을 수 있으며(버그가 도입되는 등), 성능이 오히려 하락하는 경우도 있다. 공격적 최적화가 안전하지 않은 이유로는 부동소수점 정밀도에 관련한 허술함이나 서로 다른 메모리 주소에 연관된 서로 다른 피연산자에 관한 가정 등등 여러 가지가 있다. 또한 공격적 최적화는 특정 CPU 제품군에 특화된 것일 수 있다. 프로파일 기준 최적화는 컴파일 시점과 링크 시점에서 소프트웨어를 최적화하는 방법을 결정할 때 프로파일링 정보에 의존해서 좀 더 근거 있는 결정을 내린다. 자주 볼 수 있는 프로파일 기준 최적화들 중 하나는 국소성 최적화, 즉 상관관계가 큰 함수들을 실행 파일 이미지의 텍스트 구획에 인접하게 배치함으로써 실행 시점 시 그 함수들이 같은 메모리 페이지에 적재되게 만드는 것이다.

khmer의 최적화 프로젝트에서 우리는 그런 두 가지 추가적인 최적화들을 자제하고 대신 알고리즘 개선에, 즉 서로 다른 여러 CPU 아키텍처들에서 이득을 얻을 수 있는 개선에 주력해 왔다. 또한, 빌드 시스템의 복잡성 측면에서 공격적 최적화는 이식성 문제를 일으킬 수 있으며 프로파일 기준 최적화는 실패할 가능성이 있는 가동 부분들의 개수를 증가시킨다. 이러한 고려사항들 때문에 지금까지 우리는 그런 종류의 최적화가 아니라 알고리즘의 효율성을 개선하는 데 초점을 두었다. 그리고, 우리가 여러 아키텍처들에 대해 미리 컴파일된 실행 파일을 배포하지는 않으며 주된 대상 사용자층이 대체로 소프트웨어 개발이나 빌드 시스템의 복잡한 세부사항에 정통하지는 않다는 점을 생각하면, 이후에도 장점이 단점을 능가하리라는 확신이 들지 않는 한 그런 최적화들은 피하게 될 가능성이 크다.

자료 펌프와 파서 연산들

벤치마크 결과를 보면 k-중합체들을 세는 데 걸리는 시간이 저장소로부터의 입력에 걸리는 시간을 훨씬 능가한다. 이러한 흥미로운 사실에 비추어 볼 때, 모든 최적화 노력을 블룸 필터의 성능을 개선하는 데 쏟아 붓는 것이 바람직할 것이다. 그러나 당시에는 자료 펌프와 파서도 한 번 살펴볼 이유가 몇 가지 있었다. 그중 하나는, 기존의 자료 펌프와 파서의 설계를 규모가변성을 위해 다중 스레드를 활용할 수 있는 형태로 바꾸어야 했다는 점이다. 또 다른 이유는 메모리 대 메모리 복사 횟수를 줄이는 데 관심이 있었다는 점이다. 블룸 필터와 파서 사이의 메모리 복사가 줄어든다면 블룸 필터의 효율성이 높아질 것이다. 셋째 이유는, 만일 개수 세기 시간이 입력 시간에 맞먹을 정도로 k-중합체 개수 세기 논리의 효율성을 높일 수 있다면, 자료를 공격적으로 미리 읽어 들이는 능력을 갖추는 것이 필요해 질 것이라는 점이다. 그리고 성능 조율과는 무관하지만 유지보수성과 확장성에 관련된 문제들도 있었다.

결국, 위의 모든 이유는 새로운 설계로 수렴되었다. 이 설계의 스레드 안전성 측면은 나중에 좀 더 자세히 이야기하겠다. 일단 지금은 메모리 대 메모리 복사 횟수 줄이기와 상당히 공격적인 자료 미리 가져오기 능력에 초점을 둔다.

일반적으로 프로그램이 블록 저장 장치(하드 디스크 등)에서 자료를 가져올 때에는 운영체제가 일정한 개수의 블록들을 캐시에 담아 둔다(그 블록들이 다시 필요해 질 때를 대비해서). 그런데 이러한 캐싱 활동에는 일정한 추가부담이 붙는다. 또한, 운영체제가 캐시로 미리 가져오는 자료의 양을 사용자 프로세스가 세밀하게 조율할 수는 없다. 더 나아가서 사용자 프로세스는 캐시에 직접 접근할 수 없으며, 따라서 캐시의 자료를 반드시 사용자 프로세스의 주소 공간에 복사해야 한다. 이는 메모리 대 메모리 복사이다.

Linux 같은 운영체제들은 사용자가 미리 읽기 구간을 어느 정도 조율할 수 있게 한다. 예를 들어 특정 파일 서술자에 대해 posix_fadvise(2)와 readahead(2)를 호출하면 된다. 그러나 이를 통해서 제어할 수 있는 여지는 그리 크지 않으며, 캐싱을 완전히 우회하는 것은 불가능하다. 우리는 운영체제가 관리하는 캐시를 우회하고자 했다. O_DIRECT 플래그를 지정해서 파일을 열면 캐시를 사실상 우회할 수 있다(단, 파일시스템이 지원한다면). 직접 입력이 아주 간단한 것은 아니다. 저장소에서 읽는 바이트들의 개수가 반드시 저장 매체의 블록 크기의 정수배이어야 하며, 그 바이트들을 반드시 같은 블록 크기의 정수배인 기준 주소에서 시작하는 메모리 블록에 넣어야 한다. 이러한 요구사항 때문에, 보통은 파일 시스템이 해야 할 관리 작업을 응용 프로그램이 수행해야 한다. 우리는 필요한 관리 작업을 포함한 직접 입력 기능을 구현했다. 그러나 직접 입력이 제대로 작동하지 않거나 그리 바람직하지 않은 경우들이 있다. 그런 경우를 위해서는 여전히 미리 읽기 구간을 조율해 보아야 한다. khmer는 자료 저장소에 순차적으로 접근하므로 운영체제에게 보통보다 더 많은 자료를 미리 읽어도 된다고 힌트를 주는 것이 바람직한데, posix_fadvise(2)를 이용하면 그러한 힌트를 줄 수 있다.

버퍼 대 버퍼 복사를 최소화하는 것은 자료 펌프와 파서가 공유하는 과제이다. 이상적인 시나리오라면 저장소에서 khmer 내부 버퍼로 자료를 한 번만 읽어 들이고 유전체 판독 단편 하나당 그 버퍼를 한 번만 훑어서 각 서열의 경계를 말해 주는 버퍼 내 오프셋과 길이를 구하면 된다. 그러나 버퍼를 관리하는 논리와 파싱을 위한 논리가 꽤나 복잡하기(우리의 특정한 상황을 기준으로) 때문에, 임시 줄 버퍼를 두는 것이 프로그래머가 코드를 이해하는 데에는 상당히 유용하다. 임시 버퍼가 성능에 미치는 영향을 줄이기 위해 우리는 컴파일러가 코드의 이 부분을 다소 공격적으로 인라인화하게 했다. 이 부분의 코드의 성능이 충분히 큰 문제가 된다면 결국에는 임시 버퍼를 제거하겠지만, 그러면 소프트웨어 설계의 이해 가능성은 훼손될 것이다.

블룸 필터 연산들

khmer는 영문자 A, C, G, T로 이루어진 염기서열 문자열을 다룬다. 그런데 khmer는 사용자가 제공한 자료를 직접 다루기 때문에, 그 영문자들이 모두 대문자(또는 소문자)라는 보장은 없다. 입력 자료와 관련된 서열 판독 플랫폼들이나 기타 소프트웨어 패키지들의 대소문자 관례가 다양하기 때문이다. 유전체 판독 단편 하나에 대한 대소문자 일치 작업은 간단하지만, 문제는 그러한 작업을 수백만에서 수십억 개의 판독 단편에 대해 수행해야 한다는 것이다.

성능을 조율하기 전의 코드는 DNA 문자열의 유효성을 검증하고 해시 부호(hash code)를 생성하기 전까지는 대소문자를 구분하지 않는다. 유효성 검증 및 해시 부호 생성에서부

터는 C 라이브러리의 toupper 함수를 이용해서 염기서열을 대문자로 정규화하는데, 이때

```
#define is_valid_dna(ch) \
    ((toupper(ch)) == 'A' || (toupper(ch)) == 'C' || \
     (toupper(ch)) == 'G' || (toupper(ch)) - 'T')
```

나

```
#define twobit_repr(ch) \
    ((toupper(ch)) == 'A' ? 0LL : \
     (toupper(ch)) == 'T' ? 1LL : \
     (toupper(ch)) == 'C' ? 2LL : 3LL)
```

같은 매크로를 사용하기 때문에 호출의 중복이 심했다.

toupper 함수에 대한 매뉴얼 페이지를 읽어보거나 GNU C 라이브러리의 헤더들을 조사해 보면 이 함수가 사실은 간단한 매크로가 아니라 로캘^{locale} 인식 함수임을 알 수 있다. 이는 적어도 GNU C 라이브러리를 사용하는 경우 이 함수에 다른 어떤 자명하지 않은 함수의 호출 부담이 관여할 수 있음을 의미한다. 그러나 khmer는 단지 ASCII 영문자 네 개만 다루면 된다. 로캘까지 고려하는 함수는 과분하다. 우리에게는 그런 과분한 처리를 생략하고 좀 더 효율적으로 영문자들을 정규화하는 방법이 필요했다.

우리는 서열의 유효성을 검증하기 전에 먼저 서열을 대문자로 정규화하기로 했다. (그리고, 당연하겠지만 유효성 검증은 서열을 해시 부호로 변환하기 전에 일어난다.) 이 정규화를 파서에서 수행하는 것이 이상적이겠지만, 서열들이 다른 경로를 통해서 블룸 필터에 도입될 수도 있다는 점 때문에 그렇게 하지 않았다. 결론적으로 우리는 서열들을 유효성 검증 직전에 정규화하기로 했다. 이 덕분에 서열 유효성 검증 코드와 해시 부호화 코드에서 toupper 호출을 완전히 제거할 수 있었다.

서열 정규화 과정을 통과하는 유전체 자료가 수 테라바이트의 규모이므로, 정규화 과정을 최대한 최적화하는 것이 중요하다. 한 가지 접근방식은 다음과 같다.

```
#define quick_toupper( c ) (0x60 < (c) ? (c) - 0x20 : (c))
```

주어진 모든 바이트에 대해 매크로가 각각 한 번씩 수행된다. 이 매크로는 한 번의 비교와 한 번의 분기를 수행하며, 분기에 따라서는 한 번의 덧셈을 수행한다. 이보다 더 최적화할 수 있을까? 사실 가능하다. 모든 영문 소문자의 ASCII 부호 값은 해당 대문자의 부호 값보다 32만큼 크며, 32는 2의 거듭제곱이다. 즉, ASCII에서 대문자와 소문자는 비트 하나만 다르다. 이 점을 생각한다면 '비트마스크bitmask'가 바로 머릿속에 떠오를 것이다.

```
c &= 0xdf; // 더 빠른 toupper
```

이 코드는 비트별 연산만 한 번 수행할 뿐, 비교나 분기는 없다. 대문자들은 변경 없이 그대로 통과하고, 소문자는 대문자가 된다. 이는 우리가 원했던 것과 정확히 부합하는 행동이다. 이 코드를 적용했더니 전체 공정의 실행 시간이 13%나 빨라졌다(!).

블룸 필터의 해시 테이블들은 사실 비용이 크다. 특정한 하나의 k-중합체의 해시 부호의 개수를 증가하려면 거의 N개(N은 필터에 할당된 해시 테이블의 개수)의 서로 다른 메모리 페이지들에 접근해야 한다. 게다가, 다음번 k-중합체를 위해 갱신해야 할 메모리 페이지들이 이번 k-중합체에 대한 것들과 완전히 다른 경우가 많다. 그래서 메모리 페이지들이 주 메모리에서 대량으로 순환되어서 캐싱의 이득을 거의 보지 못하게 된다. 판독 단편 하나가 영문자 79개짜리 서열이고 그 판독 단편에서 길이가 20인 k-중합체들을 찾는다고 하자. 만일 해시 테이블이 네 개라면 최대 236(59×4)개의 서로 다른 메모리 페이지를 건드려야 한다. 그런 판독 단편들을 5천만 개 처리한다면 그 비용이 얼마나 클지 짐작이 갈 것이다. 이 문제를 어떻게 풀어야 할까?

한 가지 해법은 해시 테이블 갱신들을 묶어서 일괄적으로 처리하는 것이다. 여러 k-중합체들에 대한 여러 개의 해시 부호들을 모아 두고 주기적으로 그것들을 소비해서 테이블별로 해시 부호 개수를 증가한다면 캐시 활용도를 크게 높일 수 있다. 우리는 이를 위한 수정 작업을 시작했는데, 처음부터 상당히 희망적인 결과가 나왔다. 이 책이 나올 때면 이 수정 작업이 코드에 완전히 통합된 상태일 것이다. 앞에서 측정과 프로파일링을 이야기할 때에는 언급하지 않았지만, 이런 종류의 작업의 효율성을 측정하는 데에는 오픈소스 Valgrind 배포판([eac])에 포함된 cachegrind라는 도구가 아주 유용하다.

12.6 병렬화

다중 코어 아키텍처가 대중화된 요즘, 그런 아키텍처의 이점을 취하고 싶은 생각이 드는 것도 당연한 일이다. 그러나 계산 유체동역학이나 분자 동역학 같은 다른 문제 영역들과는 달리 우리의 거대 자료 문제는 자료의 높은 처리량에 의존한다. 즉, 병렬화에 의한 성능 향상에는 한계가 있으며, 결국은 입출력 속도가 제한 요인이 되는 것이다. 스레드 개수를 늘리면 성능이 높아지지만 특정 개수에서부터는 저장 매체에 대한 대역폭이 포화되어서 스레드가 더 많아도 도움이 되지 않는다. 오히려 스레드들 때문에 차단 시간이나 입출력 대기 시간만 늘어나게 된다. 그렇긴 하지만 다중 스레드가 이득이 되는 경우는 확실히 존재한다. 특히 처리할 자료가 물리적 RAM(대체로 온라인 저장소에 비해 대역폭이 훨씬 큰)에 있는 경우가 그렇다. 앞에서 논의했듯이 우리는 직접 입력과 관련해서 미리 가져오기 버퍼를 구현했다. 이 버퍼를 여러 개의 스레드들이 활용할 수 있는데, 이에 대해서는 아래에서 좀 더 이야기하겠다. 그런데 여러 개의 스레드들이 공유해야 하는 유한한 자원이 입출력 대역폭뿐인 것은 아니다. k-중합체 개수 세기에 쓰이는 해시 테이블들도 그런 자원이다. 이들에 대한 접근의 공유도 아래에서 이야기한다.

스레드 안전성과 스레드 적용

세부적인 사항으로 들어가기 전에 용어와 관련한 사항 몇 가지를 명확히 하고 넘어가는 것이 좋겠다. 스레드에 안전하다는 것과 스레드가 적용되었다는 것을 혼동하는 사람들이 있다. 뭔가가 스레드에 안전하다는(thread-safe) 것은 여러 개의 스레드가 동시에 그것에 접근해도 저장이나 조회에 문제가 생기지 않는다는 뜻이다. 뭔가에 (다중) 스레드가 적용되었다는 (threaded) 것은 그것이 여러 개의 실행 줄기(스레드)에 의해 동시에 운영된다는 뜻이다.

병렬화 작업의 일환으로 우리는 C++ 핵심 구현의 일부를 특정 스레드 적용 방식이나 라이브러리에 대한 어떠한 가정 없이도 스레드에 안전하도록 개편했다. 이 덕분에 핵심 구현을 감싼 Python 래퍼에 기초한 스크립트들에서 Python의 threading 모듈을 사용하거나, 핵심 구현을 이용하는 C++ 구동기 프로그램에서 앞에서 언급한 OpenMP 같은 고수준 추상들을 사용할 수 있다. 또한 이를테면 pthreads 라이브러리를 이용해서 다중 스레드 적용을 명시적으로 구현하는 것도 가능하다. C++ 라이브러리에 대한 기존 인터페이스를 깨지 않으면서도 특정 스레드 방식에 의존하지 않는 스레드 안전성 보장을 제공하는 것은 흥미로운 소프트웨어 공학 도전 과제였다. 우리는 스레드에 안전한 형태로 노출되는 API의 일부분이 자신만의 스레드별 상태 객체들을 관리하게 함으로써 그러한 과제를 완수했다. 이 상태 객체들은 C++ 표준 템플릿 라이브러리의 map에 저장되며, 스레드 식별 번호를 키로 해서 조회된다. 특정 스레드의 식별 번호는 스레드 자신이 시스템 호출을 통해서 OS 커널로부터 조회한 것이다. API를 통해 노출된 함수에 진입할 때마다 스레드가 자신의 식별 번호를 조회해야 하기 때문에 약간의 추가부담이 있긴 하지만, 대신 단일 스레드를 염두에 두고 작성된 기존 인터페이스를 전혀 깨지 않는다는 장점이 있다.

자료 펌프와 파서 연산들

HPC 분야에 쓰이는 다중 코어 컴퓨터에는 CPU들과의 신호 전달 거리가 서로 다른 여러 개의 메모리 제어기가 장착되어 있을 수 있다. 그런 구조를 비균일 메모리 접근(Non-Uniform Memory Access, NUMA) 구조라고 부른다. 이런 구조의 컴퓨터를 다룰 때에는 물리적 메모리 주소에 따라 메모리 조회 시간이 상당히 달라질 수 있다는 점을 주의해야 한다. 생물정보학 소프트웨어는 실행 시 상당히 많은 양의 메모리를 소비하는 경향이 있기 때문에, 실제로 그런 구조의 컴퓨터에서 실행되는 경우가 많다. 그런 구조에서는 프로그램의 여러 스레드가 다양한 *NUMA* 노드[node]들에 고정될 수 있기 때문에 물리적 RAM의 국소성을 반드시 고려해야 한다. 이 때문에 우리는 미리 가져오기 버퍼를 실행 스레드 개수와 같은 수의 구획으로 나누었다. 각 실행 스레드는 버퍼의 한 구획의 할당을 책임진다. 각 버퍼 구획은 스레드별 상태 객체를 통해서 관리된다.

블룸 필터 연산들

블룸 필터 해시 테이블들은 주 메모리의 대부분을 소비하기 때문에(그림 12.2 설명 참고), 여러 개의 복사본을 만들어서 스레드들에 나누어 주는 식으로는 이득을 보기 힘들다. 대신 하나의 테이블 집합을 모든 스레드가 공유해야 한다. 따라서 여러 스레드가 같은 테이블을 두고 경합을 벌이게 된다. 둘 이상의 스레드가 동시에 같은 메모리 장소에 접근하려는 시도를 방지하려면 메모리 장벽(memory barrier; [Vare])이나 잠금 등의 수단이 필요하다. khmer는 원자적 덧셈 연산들을 이용해서 해시 테이블의 카운터들을 증가한다. 그러한 원자적 연산([Varb])은 여러 플랫폼에서 여러 컴파일러 모음들이 지원한다. GNU 컴파일러들도 그중 하나이다. 그리고 이러한 연산들은 특정 스레드 적용 방식이나 라이브러리에 의존하지 않는다. 이 연산들은 갱신할 피연산자 주위에 메모리 장벽을 배치함으로써 해당 연산에 스레드 안전성을 추가한다.

우리가 해결하지 못한 성능 병목 하나는 k-중합체 개수 세기를 마친 후 해시 테이블들을 저장소에 기록하는 부분이다. 이 기록에 걸리는 시간이 입력 자료의 양과는 무관하게, 주어진 블룸 필터 크기에 대해 일정하기 때문에 우리는 이 병목의 해결에 우선순위를 높게 두지 않았다. 벤치마킹에 사용한 5GB짜리 자료 집합의 경우 k-중합체 개수 세기에 걸리는 시간이 해시 테이블 기록에 걸리는 시간의 6배가 넘었다. 더 큰 자료 집합에 대해서는 그 비율이 더욱 커진다. 그렇긴 하지만 언젠가는 이 부분의 성능도 향상시키고 싶다. 한 가지 가능성은 기록 비용을 k-중합체 개수 세기 과정 전반에 분산(상각)시키는 것이다. URL 단축 사이트인 bit.ly에는 dablooms([bsd])라는 개수 세기 블룸 필터 구현이 있는데, 그 구현은 출력 파일을 해시 테이블 메모리에 대응(mapping)시킴으로써 그러한 비용 분산을 실현한다. 그러한 접근방식과 해시 테이블들의 일괄 처리를 결합한다면 개수 세기 공정 내내 비동기 출력이 간헐적으로 일어나게 만들 수 있을 것이며, 그러면 실행 막바지의 전체 기록 시간을 줄일 수 있을 것이다. 그런데 khmer가 출력하는 것이 개수들의 표만은 아니다. khmer는 일정한 메타자료를 가진 헤더도 출력한다. 이 점까지 고려해서 파일-메모리 대응을 구현하려면 사려 깊고 조심스러운 접근방식이 필요할 것이다.

규모 변화

khmer 소프트웨어의 규모가변성을 개선하는 노력이 그만큼의 이득을 가져왔을까? 물론 속도가 완벽하게 정비례해서 증가하지는 않았다. 그렇긴 하지만, 코어 개수가 두 배로 늘어날 때마다 속도가 약 1.9배 증가했다.

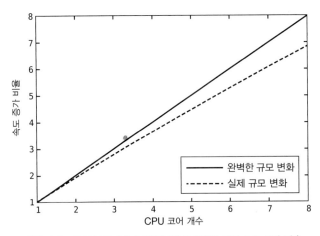

그림 12.5 CPU 코어 개수가 1에서 8에서 변함에 따른 속도 증가 비율

병렬 컴퓨팅에서는 반드시 암달의 법칙(Amdahl's Law; [Vara])과 수확 체감 법칙(Law of Diminishing Returns)을 염두에 두어야 한다. 병렬 컴퓨팅의 맥락에서는 암달의 법칙을 흔히 $S(N) = \frac{1}{(1-P)+\frac{P}{N}}$ 이라는 공식으로 표현한다. 여기서 S는 CPU 코어 개수가 N개일 때의 속도 증가량이고 P는 코드 중 병렬화된 부분의 비율이다. $\lim_{N \to \infty}$에 대해 $S = \frac{1}{(1-P)}$, 즉 하나의 상수이다. 소프트웨어가 활용하는 저장 시스템의 입출력 대역폭은 유한하고 규모가변적 이지 않다. 이것이 0이 아닌 $(1 - P)$에 기여한다. 더 나아가서, 병렬화된 부분에서의 공유 자원 경합 때문에 $\frac{P}{N}$ 대신 $\frac{P}{N^l}$가 더 현실적이다. 여기서 l은 이상적인 경우라면 1이지만 실제로는 1보다 작다. 따라서 유한한 개수의 코어에 대한 이득(수확)은 더욱 빠르게 감소한다.

하드 디스크 드라이브(HDD) 대신 고체상 드라이브(SSD) 같은 더 빠른 저장 시스템을 사용하면 입출력 대역폭이 증가하지만(따라서 $(1 - P)$가 감소하지만), 이는 소프트웨어의 범위 바깥의 문제이다. 하드웨어에 대해 할 수 있는 일이 별로 없다고 해도, l의 개선은 시도해 볼 수 있다. 해시 테이블 메모리 같은 공유 자원들에 대한 접근 패턴들을 더욱 개선하는 것은 가능할 것이며, 스레드별 상태 객체들의 활용도 더욱 원활화할 수 있을 것이다. 그 두 가지를 잘 해낸다면 l이 개선될 가능성이 크다.

12.7 결론

khmer 소프트웨어는 움직이는 표적이다. khmer에는 새로운 기능이 정기적으로 추가되고 있으며, 우리는 khmer를 생물정보학 공동체에 쓰이는 다양한 소프트웨어 스택들에 통합하는 작업을 진행하고 있다. 학계에 쓰이는 여러 소프트웨어처럼 khmer는 실험적인 프로그래밍 연습으로 출발해서 연구 코드로 진화했다. 프로젝트의 주된 목표는 예나 지금이나 정확성이다. 성능과 규모가변성을 부차적인 목표로 둘 수는 없겠지만, 그래도 정확성과 유용성이 더 중요하다. 그럼에도 성능과 규모가변성에 관한 우리의 노력은 단일 스레드 실행의 속도가 증가하고 다중 스레드 적용을 통해 전체 실행 시간을 크게 줄일 수 있게 되는 등의 좋은 결과를 낳았다. 성능과 규모가변성 문제들에 대한 고민은 결국 자료 펌프와 파서 구성요소의 설계를 뜯어 고치는 일로 이어졌다. 이 방향으로 계속 나아간다면 이 구성요소들의 규모가변성뿐만 아니라 유지보수성과 확장성까지 개선할 수 있을 것이다.

12.8 향후 개선안

기본적인 성능 문제점들이 해결된 상황에서 우리의 주된 관심사는 프로그래머용 API를 더 확장하는 것, 잘 검사된 용례(use case)들과 문서화를 제공하는 것, 그리고 더 큰 파이프라인에 통합하기 좋은, 특성화가 잘 된 구성요소들을 제공하는 것이다. 좀 더 넓게 보자면, 우리는 저(low) 메모리 자료구조 이론의 최근 성과를 활용해서 특정 용례들을 단순화하고자 한다. 또한 우리는 가까운 미래에 만나게 될 좀 더 다루기 힘든 자료 집합들이 제시하는 몇몇 난제들을 위한 분산 알고리즘들을 조사하는 데에도 관심이 있다.

khmer 개발에서 고려하고 있는 추가적인 개선안들로는 한 가닥으로 된 DNA에 대해 서로 다른 해시 함수들을 사용할 수 있도록 해싱 옵션들을 확장하는 것과 32보다 큰 k를 사용할 수 있도록 롤링^{rolling} 해시 함수를 추가하는 것 등이 있다.

우리는 이 소프트웨어를 계속해서 개발해 나갈 것이며, 이 소프트웨어가 분자생물학자들과 생물정보학자들이 마주치는 거대 자료 문제에 영향을 주길 기대한다. 과학 분야에 쓰이는 한 고성능 오픈소스 소프트웨어에 관한 이 글을 독자가 재미있게 읽었길 바란다.

12.9 감사의 글

의견을 제시하고 논의를 함께 한 Alexis Black-Pyrkosz와 Rosangela Canino-Koning에게 감사한다.

[ABB+86]   Mike Accetta, Robert Baron, William Bolosky, David Golub, Richard Rashid, Avadis Tavanian, Michael Young. Mach: A New Kernel Foundation for UNIX Development. *Proceedings of the Summer 1986 USENIX Technical Conference and Exhibition*, pp. 93–112, 1986년 6월.

[AOS+00]   Alexander B. Arulanthu, Carlos O'Ryan, Douglas C. Schmidt, Michael Kircher, Jeff Parsons. The Design and Performance of a Scalable ORB Architecture for CORBA Asynchronous Messaging. *Proceedings of the Middleware 2000 Conference*. ACM/IFIP, 2000년 4월.

[ATK05]   Anatoly Akkerman, Alexander Totok, Vijay Karamcheti. Infrastructure for Automatic Dynamic Deployment of J2EE Applications in Distributed Environments. *3rd International Working Conference on Component Deployment (CD 2005)*, pp. 17–32, Grenoble, France, 2005년 11월.

[BHZ+12]   CT Brown, A Howe, Q Zhang, A Pyrkosz, TH Brom. A reference-free algorithm for computational normalization of shotgun sequencing data. PLoS One 리뷰, 2012년 6월; http://arxiv.org/abs/1203.4802에 재게재, 2012.

[bsd]   bit.ly 소프트웨어 개발자들. dablooms: a scalable, counting Bloom filter. http://github.com/bitly/dablooms.

[BW11]   Amy Brown, GregWilson. *The Architecture Of Open Source Applications*. lulu.com, 2011년 6월.

[CJRS89]   David D. Clark, Van Jacobson, John Romkey, Howard Salwen. An Analysis of TCP Processing Overhead. *IEEE Communications Magazine*, 27(6):23–29, 1989년 6월.

[CT90]   David D. Clark, David L. Tennenhouse. Architectural Considerations for a New Generation of Protocols. *Proceedings of the Symposium on Communications Architectures and Protocols (SIGCOMM)*, pp. 200–208. ACM, 1990년 9월.

[DBCP97] Mikael Degermark, Andrej Brodnik, Svante Carlsson, Stephen Pink. Small Forwarding Tables for Fast Routing Lookups. *Proceedings of the ACM SIGCOMM '97 Conference on Applications, Technologies, Architectures, and Protocols for Computer Communication*, pp. 3–14. ACM Press, 1997.

[DBO+05] Gan Deng, Jaiganesh Balasubramanian,William Otte, Douglas C. Schmidt, Aniruddha Gokhale. DAnCE: A QoS-enabled Component Deployment and Configuration Engine. *Proceedings of the 3rd Working Conference on Component Deployment (CD 2005)*, pp. 67–82, 2005년 11월.

[DEG+12] Abhishek Dubey, William Emfinger, Aniruddha Gokhale, Gabor Karsai, William Otte, Jeffrey Parsons, Csanad Czabo, Alessandro Coglio, Eric Smith, Prasanta Bose. A Software Platform for Fractionated Spacecraft. *Proceedings of the IEEE Aerospace Conference, 2012*, pp. 1–20. IEEE, 2012년 3월.

[DP93] Peter Druschel, Larry L. Peterson. Fbufs: A High-Bandwidth Cross-Domain Transfer Facility. *Proceedings of the 14th Symposium on Operating System Principles (SOSP)*, 1993년 12월.

[eaa] A. D. Malony 외. TAU: Tuning and Analysis Utilities. `http://www.cs.uoregon.edu/Research/tau/home.php`.

[eab] C. Titus Brown 외. khmer: genomic data filtering and partitioning software. `http://github.com/ged-lab/khmer`.

[eac] Julian Seward 외. Valgrind. `http://valgrind.org/`.

[EK96] Dawson R. Engler, M. Frans Kaashoek. DPF: Fast, Flexible Message Demultiplexing using Dynamic Code Generation. *Proceedings of ACM SIGCOMM '96 Conference in Computer Communication Review*, pp. 53–59. ACM Press, 1996년 8월.

[FHHC07] D. R. Fatland, M. J. Heavner, E. Hood, C. Connor. The SEAMONSTER Sensor Web: Lessons and Opportunities after One Year. *AGU Fall Meeting Abstracts*, 2007년 12월.

[GHJV95] Erich Gamma, Richard Helm, Ralph Johnson, John Vlissides. *Design Patterns: Elements of Reusable Object-Oriented Software*. Addison-Wesley, 1995.

[GNS+02] Aniruddha Gokhale, Balachandran Natarajan, Douglas C. Schmidt, Andrey Nechypurenko, Jeff Gray, Nanbor Wang, Sandeep Neema, Ted Bapty, Jeff Parsons. CoSMIC: An MDA Generative Tool for Distributed Real-time and Embedded Component Middleware and Applications. *Proceedings of the OOPSLA 2002 Workshop on Generative Techniques in the Context of Model Driven Architecture*. ACM, 2002년 11월.

[HC01] George T. Heineman, Bill T. Councill. *Component-Based Software Engineering: Putting the Pieces Together*. Addison-Wesley, 2001.

[HP88]   Norman C. Hutchinson, Larry L. Peterson. Design of the *x*-Kernel. *Proceedings of the SIGCOMM '88 Symposium*, pp. 65–75, 1988년 8월.

[HV05]   Jahangir Hasan, T. N. Vijaykumar. Dynamic pipelining: Making IP-lookup Truly Scalable. *SIGCOMM '05: Proceedings of the 2005 Conference on Applications, technologies, architectures, and protocols for computer communications*, pp. 205– 216. ACM Press, 2005.

[Insty]   Institute for Software Integrated Systems. Component-Integrated ACE ORB (CIAO). www.dre.vanderbilt.edu/CIAO, Vanderbilt University.

[KOS+08]   John S. Kinnebrew, William R. Otte, Nishanth Shankaran, Gautam Biswas, Douglas C. Schmidt. Intelligent Resource Management and Dynamic Adaptation in a Distributed Real-time and Embedded Sensor Web System. Technical Report ISIS-08- 906, Vanderbilt University, 2008.

[mem]   OpenMP members. OpenMP. http://openmp.org.

[MJ93]   Steven McCanne, Van Jacobson. The BSD Packet Filter: A New Architecture for User-level Packet Capture. *Proceedings of the Winter USENIX Conference*, pp. 259–270, 1993년 1월.

[MRA87]   Jeffrey C. Mogul, Richard F. Rashid, Michal J. Accetta. The Packet Filter: an Efficient Mechanism for User-level Network Code. *Proceedings of the 11th Symposium on Operating System Principles (SOSP)*, 1987년 11월.

[NO88]   M. Nelson, J. Ousterhout. Copy-on-Write For Sprite. *USENIX Summer Conference*, pp. 187–201. USENIX Association, 1988년 6월.

[Obj06]   ObjectWeb Consortium. CARDAMOM – An Enterprise Middleware for Building Mission and Safety Critical Applications. cardamom.objectweb.org, 2006.

[OGS11]   William R. Otte, Aniruddha Gokhale, Douglas C. Schmidt. Predictable Deployment in Component-based Enterprise Distributed Real-time and Embedded Systems. *Proceedings of the 14th international ACM Sigsoft Symposium on Component Based Software Engineering*, CBSE '11, pp. 21–30. ACM, 2011.

[OGST13]   William Otte, Aniruddha Gokhale, Douglas Schmidt, Alan Tackett. Efficient and Deterministic Application Deployment in Component-based, Enterprise Distributed, Real-time, and Embedded Systems. *Elsevier Journal of Information and Software Technology (IST)*, 55(2):475–488, 2013년 2월.

[OMG04]   Object Management Group. *Lightweight CCM FTF Convenience Document*, ptc/04-06-10 edition, 2004년 6월.

[OMG06]   OMG. *Deployment and Configuration of Component-based Distributed Applications, v4.0*, Document formal/2006-04-02 edition, 2006년 4월.

[OMG08]   Object Management Group. *The Common Object Request Broker: Architecture and Specification Version 3.1, Part 2: CORBA Interoperability*, OMG Document formal/2008-01-07 edition, 2008년 1월.

[PDZ00]   Vivek S. Pai, Peter Druschel, Willy Zwaenepoel. IO-Lite: A Unified I/O Buffering and Caching System. *ACM Transactions of Computer Systems*, 18(1):37–66, 2000.

[PHCK+12] J Pell, A Hintze, R Canino-Koning, A Howe, JM Tiedje, CT Brown. Scaling metagenome sequence assembly with probabilistic de bruijn graphs. 2012년 7월 PNAS에 등재, 2012년 http://arxiv.org/abs/1112.4193에 미리 발행.

[RDR+97]   Y. Rekhter, B. Davie, E. Rosen, G. Swallow, D. Farinacci, D. Katz. Tag Switching Architecture Overview. *Proceedings of the IEEE*, 85(12):1973–1983, 1997년 12월.

[SHS+06]   Dipa Suri, Adam Howell, Nishanth Shankaran, John Kinnebrew, Will Otte, Douglas C. Schmidt, Gautam Biswas. Onboard Processing using the Adaptive Network Architecture. *Proceedings of the Sixth Annual NASA Earth Science Technology Conference*, 2006년 6월.

[SK03]   Sartaj Sahni, Kun Suk Kim. Efficient Construction of Multibit Tries for IP Lookup. *IEEE/ACM Trans. Netw.*, 11(4):650–662, 2003.

[SNG+02]   Douglas C. Schmidt, Bala Natarajan, Aniruddha Gokhale, Nanbor Wang, Christopher Gill. TAO: A Pattern-Oriented Object Request Broker for Distributed Real-time and Embedded Systems. *IEEE Distributed Systems Online*, 3(2), 2002년 2월.

[SSRB00]   Douglas C. Schmidt, Michael Stal, Hans Rohnert, Frank Buschmann. *Pattern- Oriented Software Architecture: Patterns for Concurrent and Networked Objects, Volume 2*. Wiley & Sons, New York, 2000.

[SV95]   M. Shreedhar, George Varghese. Efficient Fair Queueing using Deficit Round Robin. *SIGCOMM'95: Proceedings of the conference on Applications, technologies, architectures, and protocols for computer communication*, pp. 231–242. ACM Press, 1995.

[Vara]   위키백과 기여자. Amdahl's Law. http://en.wikipedia.org/w/index.php?title=Amdahl%27s_law&oldid=515929929.

[Varb]   위키백과 기여자. atomic operations. http://en.wikipedia.org/w/index.php?title=Linearizability&oldid=511650567.

[Varc]   위키백과 기여자. big data. http://en.wikipedia.org/w/index.php?title=Big_data&oldid=521018481.

[Vard]   위키백과 기여자. Bloom filter. http://en.wikipedia.org/w/index.php?title=Bloom_filter&oldid=520253067.

[Vare]   위키백과 기여자. memory barrier. http://en.wikipedia.org/w/index.php?title=Memory_barrier&oldid=517642176.

[Varf]   위키백과 기여자. profile-guided optimization. http://en.wikipedia.org/w/index. php?title=Profile-guided_optimization&oldid=509056192.

[Var05]   George Varghese. *Network Algorithmics: An Interdisciplinary Approach to Designing Fast Networked Devices.* Morgan Kaufmann Publishers (Elsevier), San Francisco, CA, 2005.

[VL97]   George Varghese, Tony Lauck. Hashed and Hierarchical Timing Wheels: Data Structures for the Efficient Implementation of a Timer Facility. *IEEE Transactions on Networking,* 1997년 12월.

[WDS⁺11]   Jules White, Brian Dougherty, Richard Schantz, Douglas C. Schmidt, Adam Porter, Angelo Corsaro. R&D Challenges and Solutions for Highly Complex Distributed Systems: a Middleware Perspective. *the Springer Journal of Internet Services and Applications special issue on the Future of Middleware,* 2(3), 2011년 12월.

[WKNS05]   Jules White, Boris Kolpackov, Balachandran Natarajan, Douglas C. Schmidt. Reducing Application Code Complexity with Vocabulary-specific XML language Bindings. *ACM-SE 43: Proceedings of the 43rd annual Southeast regional conference,* 2005.

찾아보기